广视角 · 全方位 · 多品种

权威 · 前沿 · 原创

皮书系列为
“十二五”国家重点图书出版规划项目

两岸文化蓝皮书

BLUE BOOK OF
CROSS-STRAITS CULTURE

两岸文化产业合作发展报告（2014）

ANNUAL REPORT ON DEVELOPMENT OF COOPERATION OF THE CROSS-STRAITS CULTURAL INDUSTRIES (2014)

主　编／胡惠林　李保宗
副主编／单世联
主　办／上海交通大学—文化部两岸文化研究基地

社会科学文献出版社
SOCIAL SCIENCES ACADEMIC PRESS (CHINA)

图书在版编目（CIP）数据

两岸文化产业合作发展报告. 2014/胡惠林，李保宗主编.
—北京：社会科学文献出版社，2014.7
（两岸文化蓝皮书）
ISBN 978-7-5097-6166-3

Ⅰ.①两… Ⅱ.①胡… ②李… Ⅲ.①海峡两岸-文化产业-产业合作-研究报告-2014 Ⅳ.①G124

中国版本图书馆 CIP 数据核字（2014）第 129072 号

两岸文化蓝皮书
两岸文化产业合作发展报告（2014）

主　　编／胡惠林　李保宗
副 主 编／单世联

出 版 人／谢寿光
出 版 者／社会科学文献出版社
地　　址／北京市西城区北三环中路甲 29 号院 3 号楼华龙大厦
邮政编码／100029

责任部门／皮书出版分社（010）59367127
责任编辑／陈　颖
电子信箱／pishubu@ssap.cn
责任校对／朱润锋
项目统筹／邓泳红　陈　颖
责任印制／岳　阳
经　　销／社会科学文献出版社市场营销中心（010）59367081　59367089
读者服务／读者服务中心（010）59367028

印　　装／北京季蜂印刷有限公司
开　　本／787mm×1092mm　1/16
印　　张／19.75
版　　次／2014 年 7 月第 1 版
字　　数／319 千字
印　　次／2014 年 7 月第 1 次印刷
书　　号／ISBN 978-7-5097-6166-3
定　　价／79.00 元

《两岸文化产业合作发展报告（2014）》
编　委　会

主编简介

胡惠林 博士，上海交通大学东森特聘教授，博士研究生导师，校学术委员会委员，享受国务院特殊津贴专家；国家文化产业创新与发展研究基地办公室主任、文化部两岸文化研究基地负责人、首席专家；中共中央宣传部《文化体制改革总体方案》《文化发展纲要》起草专家组成员，财政部中央文资办决策咨询专家委员会委员；《中国文化产业评论》（CSSCI）主编、《中国文化产业发展指数报告》主编、《文化战略与管理》主编。主要从事文化产业理论与政策、国家文化安全、文化战略与管理、文化经济研究，著有《文化产业学》《中国国家文化安全论》《国家文化治理：中国文化产业发展战略论》《文化经济学》和《文化政策学》等。先后主持教育部哲学社会科学研究重大课题攻关项目、国家社科基金项目和上海市社科规划基金项目多项，是我国文化产业管理学科建设的主要开创者之一，其重要研究成果“国家文化安全”理论为中央决策部门所采纳。

摘　要

按照惯例，2014 年的“总报告”继续对两岸文化产业合作的年度发展形势做了一个鸟瞰式的梳理，以反映一个发展中的历史进程与特点；发展文化产业园区，推进经济结构调整与转型，推进文化创意更深入地与其他相关产业相融合，业已成为两岸文化产业发展的共同经验，本年度的“总报告”对此做了一个基于比较视角的分析，对于更好地把握两岸文化产业发展的特质提供一个参照。“两岸文化论坛”本年度做了三个专辑：专家见解、紫金山峰会和承德论坛。创建论坛沟通两岸，推进两岸文化产业发展，已经成为两岸和平发展的重要机制，也是本年度报告的一个探索。“地区文化产业合作与交流”，本年度报告收录了来自上海、南京、台湾、山西和福建的报告。《原乡》是两岸在影视产业领域里的一个成功的合作项目，作为一个个案，对于今后更好地深入两岸文化产业在项目领域里的合作，具有重要的参考价值，也是本年度报告的一个亮点。

Abstract

By convention, The General Report of this year continues to take a comprehensive review at the overall situation of the annual progress of Cross-strait cooperation and development, reflecting the historical agenda and characteristics of the certain period.

Constructing Cultural Industry Parks, promoting economicrestructuring and structural adjustment, and impelling the integration of culture and creativity with other associated industries has become the common experience of Mainland and Taiwan in Cultural Industry development. The General Report of this year adopts a comparative analysis perspective to provide a benchmark, through which the characteristics of Cross-straits Cultural Industry development could be better understood.

"Cross-straits Cultural Forum" of this year contains three special reports, which are Expert Opinion, Zijinshan Summit, and Chengde Forum. Establishing forums to realize Cross-straits communication and enhance cultural industry development becomes an important mechanism in peaceful cross-strait development, as well as an explorative trial of this year's report. In the part of "Regional Exchange and Cooperation of Cultural Industries", reports from Shanghai, Taiwan, Nanjing, Shanxi and Fujian are included. *Home* (《原乡》) is a successful case of Cross-strait cooperation in the field of Film and Television Industry, with great reference value for further cooperation in co-programming projects of cross-strait cultural industries. This case analysis is also considered to be a major highlight of this report.

目录

𝔹Ⅰ 总报告

𝔹Ⅱ 两岸文化论坛

（一）专家见解

（二）两岸企业家紫金山峰会文化创意产业专辑

BⅢ 两岸文化产业合作与交流

BⅣ 两岸文化产业合作与交流大事记

BⅤ 两岸共识

BⅥ 附录

CONTENTS

𝔹 I General Report

𝔹 II Cross–straits Cultural Forum

BⅣ Chronology of Cross-strait Cooperation in Cultural Industries

BⅤ Cross-straits Common Understanding

BⅥ Appendix

总 报 告

General Report

B.1

碰撞与弥合：从区域向全球视野转变

——2013 年两岸文化产业交流与合作发展报告

总报告课题组*

摘　要：

2013 年，在“一中框架”的认同之下，两岸政界保持着频繁而有开创性的互动，切实推动了两岸文化产业合作在政策和产业实践层面更为务实的发展，使之成为两岸和平发展的重要标志之一。随着全球化进程的加速，两岸在文化产业领域的需求和利益关联更为紧密，交流与合作有待从区域性文化、经贸优势互补的自然需求上升并作用于全球文化产业市场体系重构的努力与实践。

关键词：

两岸文化产业合作　市场体系重构　两岸文化交流制度化

---

* 执笔人：胡惠林、段莉。

一　制度曲折前行，互动持续升温

2013 年，两岸政治交往良序发展，经贸合作的制度化机制渐次推进，为两岸文化产业合作奠定基础。总体来看，2013 年两岸文化产业合作领域有民间持续升温、制度化曲折前行的态势。2013 年以来，中共中央新一届领导集体以“两岸一家亲”为理念，推动“习萧会”“习吴会”等高层对话，并公开强调“要解决两岸长期存在的政治分歧，不能一代一代传下去”[①] 等主张。随后，台湾“陆委会主委”王郁琦与大陆国台办主任张志军在会面时互称官衔，受到两岸舆论界及学界的高度关注。两岸努力探索开拓创新政治对话的平台和机制，2013 年年初全国政协主席俞正声强调，要着力提高两岸交流的品质和效益，鼓励两岸学术界从民间角度就解决两岸政治问题展开对话。当年 10 月即在上海举办了首届两岸和平论坛，两岸 120 多位专家学者和有关人士就两岸政治关系、两岸涉外事务、两岸安全互信、两岸和平架构等四个“深水区”议题展开讨论。种种迹象表明，两岸政治互信正稳步前行。与此同时，两岸互设办事处的推进、“两会”第九次会谈的成果、《海峡两岸服务贸易协议》（以下简称《服贸》）的签署等，都是制度化建设，事务性合作推进的重要成果，对两岸文化交流与文化产业合作有着重大意义。

1. 常规性合作的紧密化

近年来，两岸文化产业交流合作基本呈现政策利导、社团交流、业界实践的趋势，在民间与政策性交往方面基本形成了较为成熟的合作模式。从政策层面看，对台优惠政策的出台频率和优惠度更为宽松、灵活；从民间来看，两岸文化产业机构组织间的合作，特别是台湾往来内地的合作已常规化。

从政策层面来看，早期两岸文化产业领域的政策措施以对台优惠、对台让利为主要方式，这种政策模式似不对等但内含合理性。从某种程度上看，让利是大陆基于两岸各自优势而选择的合作方式，客观上有利于两岸共同市场建构的路径实践。台湾文创产业比内地发展早，在创意和管理类人才储备、产业管

---

① 杜尚泽、刘慧：《习近平会见萧万长一行》，《人民日报》2013 年 10 月 7 日，第 2 版。

理、资金运作等方面都有着明显的优势；而大陆拥有台湾所无法比拟的市场优势。纵观近年来的政策发展可发现，惠台政策以内地市场开放为主，通过市场的开放，台湾文创方面的优质资源进入大陆，有利于台湾文创产业的体量扩容，对大陆文创产业转型、升级有较为显著的带动作用。2013 年两岸签署的《海峡两岸服务贸易协议》中大陆对台开放内容共 80 条，台湾对大陆开放内容共 64 条，协议涉及旅游、娱乐文化和体育等文化产业领域，其中大部分大陆对台开放内容的“出价高于对 WTO 承诺的水平，一次性出价涵盖的类别行业之多、开放力度之大，在大陆已签署的类似协议中前所未有”。[①] 在 2013 年 6 月召开的第五届海峡论坛上，大陆颁布的惠台政策中包括较多文化交流与合作相关内容：在既有 17 个海峡两岸交流基地的基础上，增设 11 个海峡两岸交流基地；设立首批 10 个海峡两岸文化交流基地；同时为进一步推进两岸出版交流合作，同意福建省设立国家海峡版权交易中心和海峡国家数字出版产业基地等。此外，各地在以文化交流加速台湾文创企业引进、两岸产业合作深化方面的积极性不断升温，在合作规模、形式等方面快速发展。特别是两岸文化产业合作基地，以及地方对台文化产业合作项目的实践与运作将形成独特的资源配置、利益结算模式，深度促进两岸文化产业合作的紧密化和融合度。

从实践发展来看，两岸文化产业合作持续升温，同时出现了主体、合作模式多元化、深入化发展趋势。海峡两岸文博会目前已发展成为国家级展会，2012 年即实现了签约项目和总金额为首届 1.4 倍和 6.1 倍的成果。第六届文博会上，两岸文化产业投资签约项目 126 个，总签约额 375.4 亿元，签约项目整体质量有较大的提升，其中合同项目 68 个，合同金额达到 169.8 亿元，同比增长 66%；文化商品与文化服务现场交易含现金交易、订单交易总成交额为 7.4 亿元，同比增长 22%。在台北举办的 2013 年海峡两岸文化创意产业展上，签约合作协议 11 项，金额超过 4.7 亿元人民币。据报道，自 2009 年北京参加台北文化创意产业展览以来，成交额从 5000 万元人民币到 2013 年的 2.4 亿元人民币，2014 年约 8 亿元人民币，5 年中增加了 15 倍。两岸交易额客观

① 姜泓冰：《〈海峡两岸服务贸易协议〉签署　大陆以迄今最大力度开放服务市场》，人民网，2013 年 6 月 21 日，http://politics.people.com.cn/n/2013/0621/c1001-21932384.html。

反映了两岸文化贸易与投资合作持续升温的基本现实。

目前台湾在大陆开展交流、合作的主体不断多元化，包括较多协会组织、企业机构与个体法人，因其关注重点不同，对两岸合作的作用力也有所不同。企业与个体的内地合作多以具体业务和项目为主，而协会组织则在一些全局性、战略性交往与合作方面有着显著的关注和优势。例如，2013 年 2 月成立的台湾文化创意产业联盟协会，一成立即积极开展了两岸文创的对接计划，已与北京、上海、天津、浙江、福建、山东、江苏等多地政府及文创企业建立了合作关系。2014 年 1 月，在天津北宁文化创意中心设立了协会大陆代表处。特别值得一提的是，该组织与歌华集团等企业和地方政府签订了人才培训基地合作协议。共同培育产业人才是近些年来两岸文创产业融合发展的重要机制，在福建等地也有大量相关实践，这对未来两岸产业共同发展将起到深刻的影响。

2. 制度化博弈：《服贸》与“文协”

两岸文化交流与合作的制度化进程的发展与曲折在《海峡两岸服务贸易协议》商签之后的落实方面，以及两岸文化交流协议的对话方面有较为集中的反映，特别是台湾地区民众对其不同的观点和行动，反映了台湾文化经济领域的政治敏感度和矛盾心理。

2013 年 6 月两岸“两会”签署的《海峡两岸服务贸易协议》是《海峡两岸经济合作框架协议》（ECFA）后续协商的阶段性成果，就其本质而言，是一种以协议的方式制度化设计两岸服务贸易的交往程式，且是一项大陆多处“让利”而更多惠及台湾的协议，却在台湾受到了部分群体的“反对”，虽反对者多数以其通过的程序漏洞为理由，但在本质上是台湾部分民众的经济前景担忧和部分政见者的两岸关系制度化发展的博弈。

台湾地区 2014 年初发生的“反《服贸》”与“反‘反《服贸》’”行动其后有着复杂的政治背景和生态，在两岸文化协议商签问题上也有所反映。截至 2012 年，中国政府已同 145 个国家和地区签订政府间文化合作协定和近 800 个年度文化交流执行计划，与上千个文化组织保持着密切的合作关系①，因此基于两岸文化交流的机制化、制度化考虑，有关部门和学界多年来一直呼吁两

① 张贺：《我国已同 145 个国家签订政府间文化合作协定》，《人民日报》2012 年 5 月 15 日。

岸应签署两岸文化协议。2013 年 6 月 13 日，在首次举行的“习吴会”上，国民党荣誉主席吴伯雄经马英九授权，首次正式提出“未来推动文化交流协议”。这表明台湾当局开始正视两岸文化交流的机制化、制度化、法规化，并期望通过两岸文化交流协议的协商、谈判、签署，进一步推动两岸关系的发展。①

台湾方面首次公开提出“文化协议的商签问题”，虽是重大突破，但在台湾政策层面这一建议的推进还任重道远。台湾“文化部部长”龙应台、“陆委会”副主委刘德勋等人曾在不同场合表示异见，认为两岸文化交流中以文化产业及权益保障最受关注，短期内以落实 ECFA 与两岸智慧财产保护协议为重点，目前“海基会”并无与大陆海协会签署文化协议的规划。② 2013 年 1 月 23 日，“海基会”董事长林中森强调，只有符合台湾需要、“国会”监督、民意支持等前提，才会考虑签署两岸文化协议。③ 2014 年 4 月 20 日，台湾新成立的民间组织“台湾出版自由阵线”向政府提出九大诉求，出于台湾出版产业保护目的，“要求文化部参与服贸与两岸文化协议相关谈判应受监督，并对出版产业未来发展政略提出执行细节”。并要求“文化部应出具《印刷及其辅助服务业》《批发交易服务业》《零售服务业》等出版业上下游产业，受到服贸开放影响的环境评估报告；落实统一图书批价制及图书定价销售制”等。④

可见，两岸文化交流与合作制度化发展的难度在于其是两岸政治、经济、文化中各种利益博弈的综合成因和表征。文化交流协议是事关“意识形态范畴的重要协议”，没有现成的条文可以借鉴，可以套用，唯一可行之路须经双方对应、平等反复协商⑤，从当前世界文化产业发展态势和两岸文化、经济利益的角度来看，这一协议早进议程才可能不致机遇尽失。

---

① 周天柱：《两岸文化交流必须重视的若干问题》，《联合时报》2013 年 9 月 3 日，第 7 版。

② 台湾“陆委会”：《谈文化协议时候未到》，http://www.zhgpl.com/doc/1015/9/4/7/101594761.html? coluid = 53&kindid = 0&docid = 101594761。

③ 林中森：《不排除签署两岸文化协议》，（台湾）《旺报》2013 年 1 月 24 日，第 A12 版。

④ 管婺媛：《出版自由阵线成军吁文化劳工上街》，《中国时报》2014 年 4 月 21 日；郑景雯：《文化部：从未推动两岸文化协议》，台湾“中央社”，http://news.msn.com.tw/news3662277.aspx。

⑤ 周天柱：《两岸文化交流必须重视的若干问题》，《联合时报》2013 年 9 月 3 日，第 7 版。

二　合作发展文化产业已经成为两岸和平发展的重要标志①

合作发展文化产业不仅是出于两岸共同的文化渊源以及文化经济发展的客观需求，是文化、经济共同发展的重要途径与标志，更是两岸政治文化生态对话、交流的重要平台和关系发展状况的重要标志。

1. 民间文化经济发展的自然选择

两岸文化产业领域的合作密切化、深入化是两岸文化交流和业界实践的自然需求和必然结果。据不完全统计，2013 年两岸人员往来规模达 808 万人次，台湾自由行新增 13 个城市，大陆 26 个城市居民可去台湾旅游，进一步推动两岸人员交往和旅游业的共同发展。2013 年前 9 个月，大陆居民赴台个人游同比增长逾 200%，人数达 168 万人次，全年大陆居民赴台 292 万人次。2013 年，两岸文化交流项目有 2116 项，参与者 11604 人次，两岸图书、报纸、期刊、音像、电子出版物等进出口品种 2012 年就已达 48.66 万种，进出口额为 2243.76 万美元。近年来，台湾演艺人员近 600 人次参与大陆电视剧和广播电视节目制作，两岸影视方面交流合作包括互相参加展览、研讨会，合拍影视剧、连线制作晚会、赈灾演出等，2011 ~2013 年，有 21 家台湾电影企业参与两岸合拍影片的制作，ECFA（海峡两岸经济合作框架协议）实施以来，每年有多部台湾电影在大陆放映。②

从产业经济发展的角度来看，台湾和大陆在发展文化产业方面，“两岸心有灵犀一点通”③。文化创意产业是 2009 年之后台湾六大新兴产业之一，2010 年台湾颁布《文化创意产业发展法》之后，2010 ~2013 年间，约投入 262 亿

① 上海交通大学胡惠林教授观点，详见刘燕枫、赵洋《两岸文化产业合作发展已成为和平发展重要标志》，国际在线，2013 年 10 月 27 日，http：//gb.cri.cn/42071/2013/10/27/7211s4298923.htm。

② 叶克冬：《倾听台湾文化界诉两岸交流合作的“成长烦恼”》，2014 年 2 月 28 日，中国新闻网，http：//www.gwytb.gov.cn/newsb/201403/t20140304_5765113.htm。

③ 林中森：《两岸发展文创产业心有灵犀》，2013 年 6 月 24 日，中国新闻网，http：//www.gwytb.gov.cn/lajlwl/lawhjl/201306/t20130624_4359560.htm。

元新台币用以推动台湾成为亚太地区文化创意产业中心，预计 2013 年台湾文化创意产业产值将突破万亿元新台币，并创造 4.3 万个就业岗位。[①] 文化创意产业的发展涉及资源配置、产业流程、市场拓展等系统配套和协调，大陆是台湾文创产业发展的多维拓展地。

作为首个直接涉及两岸文化产业合作的协议，《海峡两岸服务贸易协议》在内容和业务等方面较为符合台湾经济现实和发展需求。有学者的实证研究表明：其一，海峡两岸的服务贸易总额 GDP 占比都有显著的上升趋势，尽管海峡两岸服务贸易结构总体没有太大变化，但劳动密集型服务项目的比重正呈现逐年下降的趋势，技术和知识密集型服务项目所占比重正在提高[②]，这与两岸文化产业的发展与合作相关，表明未来两岸文化产业领域的合作在两岸经贸往来中的地位将不断提升；其二，在 ECFA 早收计划中开放的非金融服务业类别里，台资到大陆设立的 186 家企业中有六成以上是中小企业，这表明两岸服务业的开放可以为业者特别是台湾的业者提供更多的选择，为民众创造更多的就业机会。[③] 例如，近年来台产影片市场占有率由 0.3% 增长到 11.9%，增长了约 39 倍，影视产业有完整的产业链，台湾本地市场无论是中间市场还是消费市场都极为有限。在两岸签署服务贸易协议中所涉及电影后制产业为两岸资源和市场互补价值的实现提供了出路。“大陆一年要拍 800 多部电影，后制市场非常庞大。台湾后制厂商水平很高，这将是台湾文创产业很大的商机。”[④]

基于两岸文化交流和产业发展的共同需求，两岸文化产业合作从个别厂商“单打独斗”到“集团式营运”[⑤]，在民间、业界、学界到政府的全社会合力推动下深度展开，从单向到双向，现已发展为一种交互共融的发展局面，开始整合上、中、下游相关产业进行合作，形成相互关联投资格局，开始出现以产

① 史可：《台湾发展文化创意产业的经验与启示》，《发展论坛》2013 年第 3 期。

② 尹晓波、钟小英、洪鑫：《服务贸易对海峡两岸经济增长贡献度实证研究》，《华侨大学学报（自然科学版）》2013 年第 7 期。

③ 王平：《支持两岸民间政治对话》，《人民日报（海外版）》，2013 年 6 月 27 日，第 3 版。

④ 马英九：《善用大陆市场让台湾文化产业进一步发展》，凤凰网，2014 年 1 月 22 日，http://news.ifeng.com/taiwan/3/detail_2014_01/22/33257525_0.shtml。

⑤ 余霖：《闽台文化创意产业合作历史的发展分析》，《当代传播》2013 年第 2 期。

业协会组织的行业对接会、交流会甚至合作机制的建立①，两岸文化产业方面已经从原先的单一模式合作开始向整体性、系统性合作模式发展。②

2. 文创合作：辐射引领两岸综合发展

由于文化（创意）产业具有推动传统产业增值、优化的功能，因而两岸文化产业合作发展水平也成为激活两岸其他产品市场的重要因素，同时因其关涉城市转型发展问题，正日渐发展成为两岸城市交往与国际影响力提升的重要方面。

文化产业合作在两岸经济交往中具有助推两岸多产业合作的潜力，特别是两岸会展业的发展不仅是两岸文创产业合作的重要领域，会展业对传统产业产、供、销方面的促进作用使之成为两岸经济合作的重要途径。2013 年，大陆与台湾贸易额逾 1972.8 亿美元，较 2012 年增长 16.7%。其中，大陆对台湾输出 406.44 亿美元，同比增长 10.5%；自台湾输入 1566.37 亿美元，同比增长 18.5%。大陆学者高欣研究了两岸会展业发展现状后发现，2012 年上半年，两岸共举办会展活动 112 个，其中节事活动占 18%，展览占 23%，会议占 59%，在 25 个展览中有 18 个专业展，占展览总数的 72%，其中有 14 个属于书法、绘画、摄影、艺术品等行业，占 77.8%③。以上数据从一个方面反映了两岸文化产业合作对于传统经济发展的带动作用，在传统产品设计、文化价值增值、产品和营销质量提升等方面，两岸文化产业合作对于两岸传统产业转型升级具有普遍的辐射力和带动力。

近年来，两岸城市互访成为两岸交流的新热点，继北京、上海、广州等发达省市之后，四川、湖北、江苏、河北，甚至内蒙古等省市也加紧了在省市层面与台湾城市间的交流与互动。2013 年举办的省市互动有“台湾·浙江文化节”、青岛海峡两岸城市发展论坛、“湖南两岸文化创意产业合作周”、“高雄特色周”、“双城新年公益音乐会” 等。与传统两岸交流合作模式不同，城市

---

① 余霖：《闽台文化创意产业合作历史的发展分析》，《当代传播》2013 年第 2 期。

② 刘燕枫、赵洋：《两岸文化产业合作发展已成为和平发展重要标志》，国际在线，2013 年 10 月 27 日，http：//gb.cri.cn/42071/2013/10/27/7211s4298923.htm。

③ 高欣：《后 ECFA 时期借力会展业促进两岸经贸合作的对策研究》，《当代经济管理》2013 年第 2 期。

互访系列以“文化（创意）产业”为主要内容，两岸城市合作是文化合作的平台①，“文化创意产业将成为两岸城市文化交流再上一个新台阶的重要产业动力”②。

综合来看，两岸已把文化产业合作放在区域经济合作与两岸文化融合的水准上来考察，但基本上，它尚处在“水平维度”上，即在规模上的拓展与延伸，而在“垂直维度”方面，即在整合经济结构和促进文化的融合上尚有极大的提升空间。③

3. 文化产业合作：两岸关系发展水平风向标

两岸文化产业合作垂直维度的发展需要更为细致、稳定的政策环境。台湾与大陆的经贸合作是其融入区域一体化的重要路径，这需要首先完成制度性框架的建构。两岸“两会”恢复商谈以来，两岸共签署了21项协议，一直以来台湾地区都有反对的舆论存在，却一直都在稳步推进和发挥作用。《海峡两岸服务贸易协议》签署后在台湾后续推动阶段发生的青年学生反对行动，在舆论上引起两岸共同的高度关注，这表明两岸关系进入“深水区”后，显著涉及两岸文化、经济更密切交往的文化产业交流与合作实践可能对政治对话与交往形成倒逼压力。

台湾反《服贸》运动虽以“诸条审议”方式暂时缓和，但其后是对于政治、文化、经济安全的综合考量，也有台湾对两岸问题的典型性“泛政治化”意识倾向，种种不协调因素在根本上指向两岸政治互动发展和优化的诉求。“如果两岸政治对话，超越了两岸关系和平发展的节奏，则两岸政治对话签署的协议和达成的共识，多半会因为缺乏落到实处的基本条件而沦为一纸空文，拉大其票面价值和实际价值的差距”④。两岸文化、经济议题今后可能都将或多或少受制于政治议题的发展，因而提示两岸“先经后政”的路径依赖需要有所突破。

文化领域的交流合作需要政治相配合的例子在两岸文物交流领域较为明

① 倪鹏飞：《城市：两岸合作的平台、途径与引擎》，《发展研究》2011年第10期。

② 孙金诚：《城市文化为媒牵手两岸城市交流》，《人民政协报》2012年6月9日，第B2版。

③ 叶世明：《两岸文化共同市场构想与策略选择》，《亚太经济》2014年第1期。

④ 李义虎：《作为进程的两岸政治对话之研究》，《台海研究》2013年12月。

显。例如两岸文物交流过程中相关法律文书中大量涉及两岸政治的表述问题、权利伸张等问题，如“目前台湾方面对台北故宫博物院的文物到大陆参展，以要求有‘国立’完整名称及司法互免协议为由提出抗拒”① 等，类似问题都有待政治沟通以推动事务性进展。法治路径是确保两岸文化产业对接合作规范有序推进的必然选择②，两岸文化产业相关法律的对接是两岸合作框架协议后续工作的重要部分。

《海峡两岸经济合作框架协议》（ECFA）是“典型的进程式协商谈判”③，《海峡两岸服务贸易协议》与此前签署的《海峡两岸知识产权保护合作协议》等协议都是两岸制度化、机制化发展文化产业的重要路径和保证。作为进程的两岸制度化、机制化文教合作需不断在碰撞中对话、前进，在《两岸高等教育交流合作协议》④ 等涉及具体事项合作协议的商签过程中不断具体化落实、精细化实践。

基于以上分析，两岸文化产业合作因广泛涉及两岸文化、经济甚至政治方面的碰撞、交流、对话、弥合，不仅包括彼此理念方面的认同度、包容度，也包括具体实践的操作性、程序的协同度，因而已成为两岸关系发展水平的风向标。

三　两岸文化产业共同发展的国际性定位诉求

早在两岸文化交流广泛开展、文化产业领域的合作逐步启动之初，就有学者开始呼吁要共建华语文化产业的共同市场。从产业发展进程来看，随着内地与香港、澳门间合作的紧密化，台湾地区如何融入四地文化产业体系和文化市场，台湾文化产业如何利用区域市场来发展自身，是其迫切需解决的发展路径问题。对此，较多学者建议，两岸要在区域产业一体化、区域性市场发展的基

① 程洪莉、王建民：《2013 两岸关系：呈错位发展之势》，《台海关注》2013 年 8 月。

② 李兴国：《海峡两岸文化产业对接合作中的法律问题及其完善》，《中南大学学报（社会科学版）》2013 年第 4 期。

③ 李义虎：《作为进程的两岸政治对话之研究》，《台海研究》2013 年 12 月。

④ 就此问题大陆学者多有路径讨论，参见张宝蓉、邹莎《〈两岸文教交流合作协议〉的生成与建构——基于对〈两岸高等教育交流合作协议〉的思考》，《台湾研究集刊》2013 年第 3 期。

础上，共同谋求国际性的发展定位。

1. 拓展华语文化产业的国际视野

目前来看，两岸在具体的文化产业政策和实践中，基本视野还局限于一种区域性的竞争与合作关系，合作的深入基本上基于产业比较优势选择，而碰撞也集中于区域间利益分配、综合效应竞争等方面。2013 年以来，两岸领导人和学界开始强调两岸合作的国际视野，基于国际视野的两岸在顶层设计方面的认同与合作或是未来解决焦点矛盾的路径之一。

两岸文化共同市场是一个开放的市场，在促使两岸文化产业整合过程的同时仍可涵容两岸以外的区域分工与国际合作。① 2013 年中国国民党荣誉主席吴伯雄在第九届两岸经贸论坛上强调两岸文化产业合作的全球定位。他认为，随着大陆经济的表现与大中华经济圈的成型，中华文化已逐渐成为全球关注焦点与学习的对象。由于文化产业的发展源自深厚的文化底蕴，两岸均同属拥有五千年历史的中华文化圈，有相同的文化血缘与地缘关系，对文化产业的发展，将有广泛合作的契机，盼望透过这次的机会，让两岸文化产业发展出互补共荣的结果。②

从两岸文化渊源来看，走出“两岸”的区域性思维，不仅是经济性考虑，而且在文化本质上也是有可能性的。两岸共同推动中华文化走出去是有中华文化传播史基础的。以闽南文化为例，2013 年两岸共同举办了旨在弘扬闽南文化的世界闽南文化节，该活动辐射了闽南文化广布的我国东南沿海和台港澳地区，以及东南亚许多国家，台湾多个南音社团、布袋戏团近 200 人，专家学者 20 人，各界人士近 300 人参加了文化节的活动。③

从两岸产业发展现状来看，包括文化产业内容的服务贸易方面是迫切需要国际化突破的领域。数据表明，2001 ~ 2010 年间大陆服务贸易出口增长了 4.32 倍，进口增长了 4.93 倍，国际市场占用率从 2.2% 上升为 4.6%；同期台湾地区出口增长 90.7%，进口增长 16.0%，国际市场占用率从 1.39% 下降为 1.1%。无

---

① 张植荣、王俊峰：《两岸共同市场：理论与实践分析》，《国际政治研究》2012 年第 2 期。

② 吴伯雄：《在第九届两岸经贸文化论坛上的致辞》，2013 年 10 月 26 日。

③ 刘益清、何金：《世界闽南文化节：让两岸同胞找到“同一个家”》，《福建日报》2013 年 6 月 20 日。

论在总量、增速，还是国际市场占有率方面，大陆服务贸易发展都呈现明显成长性优势。然而在显示性比较优势指数方面，两岸服务贸易在国际上处于微弱比较劣势①。台湾已基本步入服务经济时代，服务业占 GDP 比重已高达七成以上，吸纳就业人口超过六成，产业整体发展水平较大陆更具比较优势。两岸加强服务贸易领域的合作，是台湾经济解困、内地产业升级、区域产业一体化优势显现的重要途径，更是国际文化市场和产业分工体系重构的重要力量。两岸文化共同市场不仅有“贸易创造”效应，还有“贸易转移”效应，建立后可在涉及贸易谈判时相联合，以“中华共同市场”的身份去讨价还价，以获得对两岸都更为有利的贸易条件，提高两岸文化产品的国际竞争力，产生贸易转移效应。②

由此，两岸文化产业的合作发展应积极探索在全球文化市场领域里的“定价权”，即文化市场交易制度的议程设置，两岸文化产业合作发展的世界眼光应当成为两岸共同关注的战略基点。③

2. 合作全面深化要防止机制性扭曲

全球视野的区域合作需要理顺要素流动、资源整合的政策性和市场化机制，否则会形成区域产业系统的扭曲，不利于两岸产业系统的健康可持续发展。两岸文化市场的不对等开放、不平衡发展虽然保护了台湾文创产业体系及就业水平的稳定，但也存在导致其产业空心化发展的可能。两岸政策既有的大陆让利模式在其合理性基础上必然自生对等性的诉求。

台湾方面对于市场的不对等关系深有所知，台湾地区领导人马英九 2014 年 1 月 22 日在台北召开的“中常会”上，特别提到：“2011～2012 年期间，大陆销来台湾 20 部影片的票房 6700 多万元，台湾销到大陆 21 部影片的票房达 30 亿元。”④ 他在近年多次提到台湾文创产业要深度拓展、利用大陆出版、

---

① 李碧珍：《海峡两岸服务贸易竞争力比较及合作前景》，《集美大学学报（哲学社会科学版）》2013 年 7 月。

② 叶世明：《两岸文化共同市场构想与策略选择》，《亚太经济》2014 年第 1 期。

③ 上海交通大学胡惠林教授的观点。参见张捷、赵博、管浩《两岸人士热议做好文化产业合作“大文章”》，新华网，2013 年 10 月 27 日，http：//news. xinhuanet. com/tw/2013 －10/27/c_117887575. htm。

④ 黄少华：《马英九：善用大陆市场让台湾文化产业进一步发展》，中国新闻网，2014 年 1 月 22 日，http：//www. chinanews. com/tw/2014/01 －22/5769242. shtml。

影视等产业市场的问题。

随着两岸文化产业合作的深入，内地仅有市场，台湾提供创意、资金的思维定式、合作模式早已有所突破。两岸要建立双向、平等的文化消费市场，相互融合的文化生产系统，必须尽快通过“产业接轨”与“文化再平衡”的成长期，两岸更为深入的合作才“有机会缩短全球接轨的时程与阵痛，快速推升中华文化全球的能见度与高度”①。

两岸基于全球视野的文化产业合作需要重新审视华语文化产业在全球市场中的比较优势、发展目标、实现路径；在两岸的华语文化产业结构调整方面深度整合资源，展开产业分工。台湾出版人陆又雄曾就陆、港、台出版产业分工提出过一种模式建议，认为大陆应为出版制作中心，香港应为发行中心，台湾应为企划中心②，类似的产业分工体系设想还有多种，归根结底，两岸文化产业的融合发展与体系建构要在两岸顶层设计、制度导向、市场和产业实践中不断探索和完善。

“两岸关系是一种典型的分裂性政治”，“具有超越所有双边关系的复杂性”③。两岸文化产业合作因广泛的文化、经济、政治议题涉入，已成为两岸关系的重要风向标。因而未来的发展中不仅要深入思考、实践探索如何跳出“泛政治化”敏感的怪圈，让类似的服贸争议与其“自陷于蓝绿统‘独’的内斗层次，不如放在‘台湾全球化生存战略’的大形势来看”④。两岸文化产业合作需要突破区域经济平衡、区域市场建构的局限，合力提升华语文化产业的整合实力，提升国际市场竞争力，参与国际市场体系建构，从而共同推进文化经济时代的中华文明复兴与发展。

---

① 卢扬、肖湘女：《两岸联手缩短接轨全球的时程与阵痛》，《北京商报》2013 年 4 月 26 日。

② 参见陈信元《两岸合作进军华文出版市场之探讨——华文出版市场的整合与交流》，《“中华民国”2005 版年鉴》，2006。

③ 林红：《“渐进”及“有选择的激进”：两岸关系和平发展的路径选择》，《台湾研究集刊》2013 年第 4 期。

④《马英九谈服贸协议：台湾需要大陆广大市场》，2014 年 4 月 21 日，来源：大公中原新闻网综合，http：//zy. takungpao. com/2014/0421/119656. html。

B.2

文化产业园区：两岸文化产业发展的共同经验

王晓玲 *

作为文化产业发展载体之一的文化产业园区建设在中国爆发式增长，伴随文化产业成为国民经济支柱性产业。2013 年 11 月，中国文化创意产业网发布《世界文化创意产业集聚区分布图 2013 ~2014》，凭借“汇聚全球 5000 个创意园区，全球唯一首发”而引起各界关注。① 分布图以热力图形式集中展示了世界及中国各地文化创意产业园区分布，为宏观上把握世界范围内文化产业园区发展和布局情况提供了数据支持。从分布图的统计数据来看，世界文化创意产业集聚区数量从 2009 年起，每年保持着暴增速度，从 2010 年 24.4% 到 2011 年的 48.1%，再到 2012 年的 189.3%；其中中国从 2011 ~2013 年贡献了 203% 的增长率，成为主要增长点。目前世界文化创意产业园区为 2181 个，其中中国营运的创意产业园区共有 1127 家，在建的还有 2000 余家。②

一　文化产业园区研究综述

欧美文化产业园区萌芽于 1980 年代，其兴起与国家经济结构转型密不可分，大多为以文化艺术开发带动都市转型，主要表现为对旧城改造及工业遗产空间再利用，成功的经验如伦敦西区、百老汇戏剧产业园区、好莱坞影视产业园区等。中国大陆文化产业园区是伴随着文化产业进入高速增长阶段而兴起

* 王晓玲，上海交通大学国家文化产业创新与发展研究基地特约副研究员。

① 《十大事件：世界文创产业集聚区分布图发布》（组图），中国文化创意产业网，2013 年 12 月 13 日，http：//www. ccitimes. com/yejie/other/2013 -12 -13/9683896838. html。

② 《如何辨别真伪文化产业园》，《中国文化报》2014 年 2 月 22 日，第 5 版。

的，在欧美文化产业园区发展形态外，还出现了新建园区及依托大学智力因素建设创意园区的形态，由此也带来了一定程度上的概念混用，如艺术园区、艺术产业园、创意产业园、文化创意产业园（区）等。

早期大陆对文化产业园区的研究萌芽于对文化产业集群的探讨。康小明、向勇①认为根据文化产业的创意属性的强弱，可以将文化产业集群划分为如下类别：核心文化产业集群、外围文化产业集群和相关支撑机构等。刘保昌②基于对产业集群概念演进的研究，认为文化产业集群由产业集群发展而来，是在文化产业领域中由众多独立而又相互关联的文化企业以及相关支撑结构，根据专业化分工和协作关系建立并在一定区域积聚而形成的产业组织。其构建需满足资源、资本、人才和设施等要素条件，发挥着资源重组、规模放大、技术竞争和人才聚集功能，由此带来不同文化之间交流、碰撞，成为文化产业活力与动力的来源。依据上述学者的观点，可以说，大量文化企业、金融机构以及相关支持体系在空间上集聚，就组成文化产业园区。在园区内，相关资源能得以有效整合，从而使文化产品的创造、生产、分销和利用最优化，在该区域内形成文化产业竞争合作的发展态势。随着文化产业在我国蓬勃发展和随之而来的文化产业园建设的逐步升温，对文化产业园的规划与研究越来越多。

（1）文化产业园区与空间布局研究。王伟年③等人在探讨我国文化产业园的概念、内涵、类型及目前我国发展现状的基础上，对城市文化产业园区在建设过程中的区位因素进行了探讨分析，认为现阶段影响我国城市文化产业园区建设的主要区位因素为文化资源禀赋、制度因素、信息技术、人才智力资源。在此基础上讨论了城市文化产业园区区位选址中应注意文化积淀深厚区域、比邻大专院校和科研机构密集地区、具备文化产业超前发展意识区域、艺术氛围活跃和生活服务设施便利的区域及交通通信畅通区域等五个影响文化产业园区

① 康小明、向勇：《产业集群与文化产业竞争力的提升》，《北京大学学报》（哲学社会科学版）2005 年第 2 期，第 17 ~ 21 页。

② 刘保昌：《文化产业集群研究三题》，《江汉论坛》2008 年第 6 期，第 135 ~ 138 页。

③ 王伟年等：《城市文化产业园区建设的区位因素分析》，《人文地理》2006 年第 1 期，第 110 ~ 115 页。

发展的区位因素。戴钰[①]认为，目前的研究主要集中于文化产业的经济贡献、竞争力等方面，关于产业集聚的研究大多侧重于制造业，对文化产业集聚的研究尚少，且缺乏系统研究。

（2）文化产业园区与产业集群研究。关于文化产业园区与产业集群关系的深入研究更多着眼于园区的经济特征。学者们普遍认为文化产业园区具有集群特征和集聚效应，同时应该具有完整的产业链条。陈少峰[②]认为，建设文化产业园，就是以产业集聚的方式来推动文化产业发展。赵迎芳[③]认为，具有孵化器功能和文化企业集聚物理空间的“孵化基地”，包括创意产业园区、文化产业园区、创意产业集聚区等。解学芳[④]认为，文化科技产业园区是文化企业的集群生态化系统，自组织、地域根植性、创新网络与创新驱动是文化科技企业集群演化的四大助推要素，并从园区、文化科技企业及政府不同角度提出建议以不断完善政策支撑体系、优化角色定位，了解集群动态与演化机理，优化园区生态环境，提高文化科技产业园企业集群的效能。总之，从产业集群角度研究文化产业园区的学者普遍强调的共同点是文化产业园区是一种产业集群现象。尽管张凌云[⑤]提出了文化产业园区应该以文化资源禀赋深厚的地方为依托开发与文化相关的系列文化产品，满足当地居民及外来旅游者特定的文化需求，但在园区对内、对外功能界定上依然偏向于经济层面的考量，文化产业园区表现为通过产业链为精神消费商品生产企业提供一体化解决方案和构建多元化发展平台。

（3）文化产业园区与经济效益研究。有关经济效益的研究大体上分为运营效果和赢利模式研究以及评价体系研究两大类，从微观层面具化园区经济功能。朱海霞[⑥]等依据多级模糊综合评价法对西安曲江文化产业园区运营效果进

---

① 戴钰：《文化产业空间集聚研究》，武汉理工大学博士学位论文，2012 年。

② 陈少峰：《文化产业读本》，金城出版社，2009，第 35 页。

③ 赵迎芳：《山东省文化产业基地建设的对策研究》，《文史哲》2009 年第 3 期。

④ 解学芳：《文化科技产业园区企业集群生态化与绩效评估体系构建》，《社会科学研究》2014 年第 1 期，第 35 ~41 页。

⑤ 张凌云：《文化产业园区有关理论问题重述》，《东岳论丛》2011 年第 8 期，第 109 ~113 页。

⑥ 朱海霞等：《西安曲江文化产业园区的运营效果评价及对策建议》，《第六届（2011）中国管理学年会——城市与区域管理分会场论文集》，2011 年 9 月。

行研究，从环境建设、管理绩效、经济发展、社会效益等方面做出了评价，据此对具体运营中的现实问题提出了解决办法。矫霞①从多元统计回归分析和广义灰色关联度进行了定量分析，研究文化产业对 GDP 的影响程度及各因素的影响大小。以西安为研究样本，阐明文化产业对 GDP 的影响仅次于第二产业，高于第一产业，并以国家级文化产业园区曲江新区为例，从带动旅游、提升品牌及招商引资三个方面说明文化产业园区建设对西安经济的影响。张干峰②通过对文化园区的营收渠道分析入手，将由收入来源渠道决定的赢利模式分为单一的赢利模式（主要收入只有一种来源渠道，通常为房屋租赁）、组合赢利模式（通常有产权投资、项目投资等多种创收手段获取最大收益）和动态组合赢利模式（通过不断调整收入来源重点，丰富来源渠道，形成动态组合赢利模式增强竞争能力）三种。在园区评价体系研究方面，占绍文等③从文化产业园区特有的特征与功能出发，从园区外部环境、发展水平、经济效益、社会效益以及可持续发展等五大层面构建出文化产业园区发展的评价指标体系。尽管评价体系填补了一定程度上的园区评价空白，具有较高的可行性和操作性，但一旦进入量化考评体系，文化产业园区终究还是陷入了重经济轻文化的窠臼。

（4）文化产业园区与文化政策研究。赵渊④在分析当前文化产业园区建设和发展中存在的问题基础上，提出了文化产业园区可持续发展的原则。并基于政策供给与治理结构创新的视角，提出了文化产业园区可持续发展路径抉择，即加强文化产业园区建设的统筹规划、加强政策配套及公共服务体系等的建设、加强文化人力资源供给及知识产权保护等支撑体系建设等。周礼红⑤在谈及政府在文化产业园区发展过程中的作用时认为，政府如何引导文化产业原创力的开发是当前十分重要的问题。他以深圳市文化创意产业为例，认为深圳的政策对正处

---

① 矫霞：《文化产业园区建设对周边经济的影响研究》，2010 年西安建筑科技大学硕士论文。

② 张干峰：《文化创意产业园区的盈利模式》，《新闻前哨》2012 年第 1 期，第 88～90 页。

③ 占绍文、辛武超：《文化产业园区的界定与评价指标体系研究》，《天府新论》2013 年第 1 期，第 125～130 页。

④ 赵渊：《文化产业园区：政策供给与治理结构创新》，《经济论坛》2011 年第 11 期，第 113～134 页。

⑤ 周礼红：《政府如何引导文化产业原创力的开发——以深圳文化创意产业为例》，《郑州航空工业管理学院学报》2011 年第 4 期，第 37～40 页。

在发展时期的文化创意产业原创力开发显得尤其重要。政府可以从加大文化产业园区的建设、培育个人创造文化的环境、制定保护原创力的政策和保障非营利文化产业等方面加强对文化产业原创力的开发。除学者之外，来自政府文化行业人士①也指出，政府在文化产业园区发展过程中应充分履行扶持引导和发挥财税政策杠杆作用来正确定位政府在文化产业园区建设中的角色。

从总体上看，目前关于文化产业园区的研究更多的是从经济学、管理学等角度进行的，这与现时期文化产业园区处于初级发展阶段的现实相吻合；作为被普遍看好的经济增长点和拉动消费着力点而言，首先也主要表现为对经济效益的提升和刺激。大陆对文化产业过于偏重于经济功能自有其历史因素，与此不同，台湾发展文化产业的思路和着眼点截然不同。台湾经过 20 世纪 90 年代的黄金发展期，社会物质财富充裕，人民文明程度高，虽然发展文化产业亦是经济转型的必然之路，但其要义是强调文化和艺术作为文化创意产业发展核心，关注经由提高民众美学素养扩大市场。作为一种新的经济增长方式和增长点，文化产业必须体现全新的发展理念，将美学融入生活，赋予社会生活和经济活动以意义和审美，快乐创造价值，勇敢追求意义。这一点也正是大陆文化产业及园区在未来发展中需要借力之处。此外，Anthony Y. H. Fung 和 John Nguyet ERNI② 也关注到中国文化产业园区快速发展的背后，国家利益和政府利益凌驾于文化之上，造成文化产业园区各不同利益阶层直接的紧张和冲突，使得中国文化产业园区发展也与西方国家发展模式不同。

二　两岸文化产业园区发展现状

文化产业园区作为文化产业发展的主要特征和基本途径，是推动文化产业发展的重要依托和有效载体。尽管对文化产业园区的研究也认识到其与当地资源禀赋之间的关系，但园区的文化功能，尤其是文化传承和文化复兴功能长期

① 方世忠：《政府在文化产业园区建设中的角色定位——以现代戏剧谷为例》，《上海人大》2009 年第 10 期，第 15 页。

② Anthony Y. H. Fung, John Nguyet ERNI, Cultural Clusters and Cultural Industries in China, *Inter - Asia Cultural Studies*, 2013, Vol. 14, No. 4, pp. 644 - 656.

被忽略。Bianchini 尽管也强调“文化产业区及文化园区是地方经济发展的主要策略”以完成园区规划建设，但“园区开发的主要目标系提升文化生活素质、凝聚社区意识”并“增加文化生产者之间的交互效益”①。

1. 大陆文化产业园区发展现状

文化产业园区近年来发展迅猛，作为推动文化产业发展的主要抓手，被各地政府视为招商引资的工具和吸引民间资本投资的亮点。到 2014 年，大陆各类文化产业园区共 1735 个，与 2011 年相比增加了 1.07 倍；地理分布上，园区分布与区域经济发展状况呈正相关关系，经济发达地区园区建设繁荣，也呈现“东高西低”特征，华东、华北、华南地区因其发达省份和地区较多，拥有排名前三的园区数量；西北、东北地区受制于经济发展水平和结构问题，园区数量明显偏少，当地经济结构转型和文化素养提升任重道远。

表 1　大陆文化产业园区增长情况（数据采集年度为 2011 年、2014 年）

分布地区	2011 年(个)	2014 年(个)	增长率(%)
华北地区	151	257	70.19
华东地区	373	865	132.17
西南地区	51	118	131.37
东北地区	46	78	69.56
西北地区	34	74	117.64
华南地区	103	202	96.11
华中地区	83	140	68.67

数据来源：时代·中国文化创意产业网，http://yuanqu.ccitimes.com/index.php?m=yp&c=index&a=list_company&catid=13。

为了发挥文化产业园区的引领和示范作用，国家有计划、有批次、有重点地分别建设了国家文化产业园、文化产业示范基地、文化产业示范园区及特色文化产业园等。其中，自 2007 年以来，共分四批命名了 8 个国家级文化产业园区，以点带面，通过示范效应整合文化资源，发挥产业集群效应，通过园区发展带动中国文化产业更快更好地发展。

① 杨敏芝：《创意空间：文化创意产业园区的理论与实践》，台北：五南图书出版股份有限公司，2009，第 104 页。

表 2　大陆四批国家级文化产业园区简况

名称	命名时间	所属省份	面积（公顷）	建成年份	园区历史建筑情况	园区定位
西安曲江新区	2007 年 6 月	陕西	5150	2002	4 个国家级、3 个省级文物保护单位，4 个国家 4A 级景区①	历史底蕴丰厚，依托西安六朝古都优势
华侨城集团公司	2007 年 6 月	广东	900	2004	—	依托现代科技，集旅游、文化、娱乐、体育、休闲于一体
曲阜新区文化产业园	2008 年 5 月	山东	52	—	6 处国家级、21 处省级在内的 111 处重点文物保护单位，其中著名的孔庙、孔府、孔林为世界文化遗产②	依托儒家及孔子文化遗产
沈阳棋盘山开发区	2008 年 5 月	辽宁	20300	—	—	依托自然风景
开封宋都古城文化产业园区	2011 年 2 月	河南	1300	—	3 个国家级文物保护单位，3 个省级文物保护单位，5 个市级文物保护单位等③	历史底蕴丰厚，依托开封七朝古都优势
张江文化产业园	2011 年 2 月	上海	20	2004	—	以科技研发、金融支持、创新服务为特色的文化产业园区
长沙天心文化产业园区	2012 年 9 月	湖南	850	2008	—	依托中南地区五省优势，发展娱乐业、艺术品业、文化旅游业、文化传媒业、文化创意业
成都青羊绿舟文化产业园区	2012 年 9 月	四川	1066	2004	—	以国际非物质文化遗产博览园为核心，联动园区内运动、绿岭、中华情、滨河四大公园，形成以文化旅游和总部经济为核心的复合型生态产业集群

注：①西安曲江新区内古建筑具体构成为：4 个国家级文物保护单位分别为大雁塔、青龙寺、汉宣帝陵、唐长安城遗址，3 个省级文物保护单位为秦上林苑宜春宫遗址、曲江池遗址、唐城墙遗址，4 个国家 4A 级景区为大慈恩寺、大雁塔景区、大唐芙蓉园、曲江海洋世界。

②曲阜新区文化产业园 6 处国家级文物是：鲁国故城、孔林、汉鲁王墓群、孔庙及孔府、颜庙及尼山孔庙和书院；21 处省级文物为西夏侯遗址、少昊陵遗址、仙源县故城、梁公林、东颜林、林放墓、孟母林墓群等 21 处。另有济宁市文物保护单位 5 处、曲阜市文物保护单位 79 处，共计 111 处。

③开封宋都古城文化产业园区内古建筑具体构成为：3 个国家级文物保护单位分别为铁塔、北宋东京城遗址、繁塔等，3 个省级文物保护单位分别为相国寺、禹王台、宗公祠，5 个市级文物保护单位有挑筋教碑、古州桥遗址、孟子游梁祠、午门石狮、一赐乐业教清真寺旧址。地下历史遗址有新郑门遗址、古州桥遗址、汴河故道遗址等，馆藏珍贵宋代文物 650 件。还有各个历史时期的文化遗存如开封城墙、山陕甘会馆、刘青霞故居、延庆观、河南留学欧美预备学校旧址、开封东大寺、龙亭等，总量达 837 处。

数据来源：各园区网站数据整理。

由表 2 可见，8 个国家级文化产业园区分布于华东和华中地区各 2 个，西北、华南、东北和西南地区各 1 个，从区域分布上涵盖了除华北地区的整个大陆地区；而华北地区尽管没有挂牌的国家级文化产业园区，但由于其优越的地理区位优势，以 798 艺术区为首的文化产业园区早具规模，形成了独特的发展模式，已成为中国文化产业园区发展的典范代表。

在雨后春笋般发展的背后，其经济效益、社会效益及文化效益如何，园区发展是否与预期相匹配，文化产业园区发展之路通向何方，政府、企业、园区及民众，各自如何看待并扮演好怎样的角色，这一系列正在实践中产生并逐步深化的问题值得社会各界深思。

2. 台湾文化产业园区发展历程与研究

台湾“行政院”于 2002 年发布《挑战 2008：国家重点发展计划》，大力推动文化创意产业发展，并将建设“文化软体”作为集中建设的重大工程；尽管在 2002 ~2007 年间园区建设基本停留在闲置状态，但对历史空间的活化利用以及跨领域整合奠定了初步却也是最重要的空间基础。[①] 2007 年度，该计划执行完毕；经“行政院”核定的《文化创意产业发展第二期（2008 ~2011）修正计划》[②]，致力于产业集聚效应计划，由此切实推动了台北、台中、花莲、嘉义及台南的五大创意园区，以文化创意产业为驱动力，带动相关产业串联，由此实现文化创意产业整体发展、人才培养，从而获取聚集产业最大利益。这一举措不仅实现相关产业互相激发与互惠互利，也建立了健康、良性的竞争机制，促进了文化创意产业内部良好业态环境的塑造和循环。

五大园区之台北、花莲、台中、嘉义园区前身为台湾烟酒公司酒厂旧址，台南园区原为台南仓库群，这些工业时代的闲置空间利用不仅使旧有空间焕发了新的活力，而且丰富了城市的历史记忆和印象。目前，各园区硬件建设工程基本结束，华山及花莲文化创意产业园区还引进了民间机构以增强经营活力和

① 林炎旦：《台湾文化创意产业现状》，2011 年 1 月 12 日，新浪财经，http：//finance. sina. com. cn/hy/20110112/09189239149. shtml。

② 林炎旦、林义斌：《台湾文化创意产业发展概况》，载《两岸文化产业合作发展报告》，社会科学文献出版社，第 126 ~145 页。

表 3　台湾五大文化创意产业园区简况

名称	所属区域	面积（公顷）	建成年份	历史建筑概况	园区定位
华山 1914 文创园区	台北市	7.21	2002	古迹 2 栋、古迹烟囱 1 处、历史建筑 2 栋、红砖区历史建筑 1 区，其他 10 栋	文化创意产业、跨界艺术展现与生活美学风格塑造
花莲文化创意产业园区	花莲市	3.3	2011	历史建筑 22 栋、其他 4 栋	文化艺术产业与观光结合之实验场域
台中文化创意产业园	台中市	5.6	2007	历史建筑 16 栋、其他 28 栋	台湾建筑、设计与艺术展演中心
嘉义文化创意产业园	嘉义市	3.92	2006	历史建筑 9 栋、其他 12 栋	传统艺术创新中心
台南文化创意产业园	台南市	0.6108	2007	古迹 1 栋、其他 3 栋	台南创意生活媒体中心

招商运作机制，通过民间参与及优良资质的相关产业入驻，促进并带动园区整体发展。

以华山 1914 文化创意产业园区为例。该园区定位为“文化创意产业、跨界艺术展现与生活美学风格塑造”，以“酷”（时尚、前卫、实验）与“玩”（玩乐、享乐、娱乐）为规划主轴，凸显园区作为跨界创意的发挥空间，扮演媒合跨界艺术、产业互动的场所，建构异业、异质交流联盟的平台，并发展成文化创意产业人才培育中心。为活络园区氛围，华山园区设定固定展演与滚动展演两类，前者指每年 10 月份固定的为期 1 个月的表演艺术产业活动“华山艺术生活节”，以达到表演艺术产业化、扩大艺术产业欣赏人口、开拓潜在人力资源及培育相关人才等目的，后者指主题灵活的滚动活动（范例见表 4），通过主题各异的跨界文化艺术活动，吸引不同文化艺术领域从业者、爱好者前往，以多变的形式弥补固定活动之不足，两者整合将华山塑造成为独特的文化场域和空间，进而形成产业集聚效应。

表 4　华山 1914 文化创意产业园区活动主题* 一览（2014 年 1～4 月）

月份	活动主题
1	源于酝酿 成于分享 华山文创园区 100 年 创茶艺之先——老严茶圃笑傲江湖展 打开锅炉说故事 美好年代的当代展演 摇滚 vs 灵魂 家家 & 乱弹阿翔专辑签唱会@华山剧场 华山 1914 文创园区祝您新春快乐来华山过艺年各项展演活动热力持续
2	倒数 4 天，韩国艺术家崔正化作品《会呼吸的莲花》完美谢幕！ 《不合作音乐祭》！10 组音乐人带给你体验音乐无限 美好年代的想望@华山木栈板小农市集带来的纯粹滋味
3	倒数三天华山 100 年 xKANO 特展再次启动你我的棒球魂 相约华山度周末！霹雳、RODY、夜光 3D 强档特展倒数三日！ 当时间遇见手特战，彩笔与发明家的浪漫颂诗 台北瑜伽生活节“爱生活也爱自己！”
4	用百年书写时光的故事 用创意堆叠建筑的巧思 古艺映华山 TAFA 第二届台湾古董艺术博览会开展 华文朗读前导宣传“瓦舍说金庸”相约华山之巅

注：* 根据台北华山 1914 文化创意产业园区网站信息整理，http：//www. huashan1914. com/。因篇幅所限，仅列举 2014 年 1 月至 4 月的活动。

三　两岸文化产业园区发展的共同模式

大陆和台湾同以中华文化为根，基于不同的社会发展水平和文明程度，在文化产业园区建设上进行了风格迥异的探索，它们之间有交集有共鸣；共性较多体现在文化产业园区本身，包括园区类型、空间展示以及叙事策略等。

（一）园区类型

大陆具备庞大的人口市场、经济实力的增强和产业结构的调整以及文化消费需求日益增加，特定的历史发展阶段使得文化产业更多地偏重于其经济效益，具备更广大的发展空间和投资价值。国家和地方政府积极推动文化产业园区建设，结合当地资源及实际情况，大体上园区有如下类型。

1. 依托传统文化资源建设的文化产业园区

具备深厚的历史文化资源是此类园区的最大亮点，通过产业聚集和产业链优化，传承过去并实现传统文化的现代转化和转型，如国家级文化产业园区中的西安曲江新区和开封宋都古城文化产业园区就属此种类型，但二者也略有不同。西安曲江新区依托盛唐文脉，展现唐代长安之魅力和风雅，汇聚展现唐代在建筑、园林、绘画、诗歌、宗教等方面的盛景；曲江园区演绎盛唐文化，以曲江文化景区为中心，联合西安城墙景区、大明宫遗址保护区、楼观道文化展示区以及临潼旅游度假区等，成为西安乃至整个陕西建设文化高地的重要承载区，以开发为主形成全新的园区发展格局。各地尚有许多依托当地文化资源建立的园区。而开封宋都古城文化产业园则以宋文化为生发点，与古都历史遗存保护一起弘扬宋文化精髓，在空间布局上建成“一城两环八区”，结合城区改造，建设宋韵袅袅、产业发达、文化传承的文化产业园区。以当地文化资源为依托的园区目前分布较广，起到了开发和利用、宣传当地文化资源的作用和功效。另外，运用不当也饱受诟病，部分项目被地产绑架而造成空心化，如出现山东、安徽两省三地争夺西门庆故里等的闹剧①。类似事件为文化产业及文化产业园区建设敲响了警钟，作为传递和树立正确的社会主义核心价值观之一的文化产业园区应展示何种文化观和价值观？西门庆如果都能被追捧为文化产业英雄，是文化产业发展的悲哀，更是社会价值观的悲哀?!

2. 依托工业遗产空间转化建设的园区

与城市产业结构转型与城镇化快速推进相伴随，传统工业升级转型，大批占据中心城区的土地资源和工业建筑失去了原有价值。在土地价值之外，老厂区所记载的历史价值如何被正确认识？工业遗产作为城市遗产的重要组成部分之一，其历史、文化、科技、美学价值尚未被充分挖掘出来，国家历史文化有待于进一步充实和完善，以见证国家、城市和产业发展与进步。通过文化产业园区建设活化旧有空间，重塑城市空间关系和城市文化，鲜活地呈现社会转型和更替，是园区建设的应有之义。西方园区早在20世纪70~80年代即开始了对工业遗产进行创意开发的实践，如德国鲁尔区、加拿大格兰湖岛创意园区、

① 《山东安徽两省三地争夺西门庆故里》，《中国经济周刊》2010年5月4日。

利物浦艾伯特码头区等。在西方影响下，目前两岸文化产业园区中大部分园区属于这种类型，如台湾五大园区均依托日治时代酒厂而建，其建筑风格既体现了当时的历史特征，也表现出中日两种不同文化的交融；8 号桥上海时尚创意中心、北京 798 和南京世界之窗东八区、杭州 Loft 49 等均为典型代表性园区。作为我国近代工业的发祥地，上海拥有 4000 万平方米的老厂房；现存的工业遗产主要分布于黄浦、杨浦、普陀、闸北、长宁、徐汇、浦东等中心城区。处在中心城区的老厂房大部分则被改造为创意产业园区。8 号桥上海时尚创意中心由上海一汽厂房改造，凭借现代感十足的外观和对于“桥”概念的时尚、现代转化，及其汇集品牌与策动创意的优势，已成为上海新时尚地标和示范点。旧工业厂房显示其固有的特殊建筑风格和历史底蕴；汇集现代与创意相关的各行各业而成为名副其实的文化时尚聚集地。8 号桥集中体现了经济价值、历史价值、艺术价值和建筑价值，为历史注入时尚、创意元素，使保留旧厂房成为现代城市景观新景象，促进了设计创意产业的产业链形成。其他园区如建于 1927 年的四行仓库改造成为 2 万平方米的“四行创意仓库”；1932 年建成的老纺织厂改建成为 4 万平方米的莫干山路“春明创意园区”；1933 年建造的原工部局宰牲场改造成为大型创意园“老场坊一九三三”等。

3. 依托媒体类和设计类产业建设的园区

文化产业作为融合创意、跨领域与跨部门的跨产业活动，其核心是创意的产业与转化，与媒体类及设计类产业有天然的密切关系。文化产业园区在振兴艺术产业、发展重点媒体文化产业和设计产业，以及产业研发和人才培养方面大有可为。大陆的长沙天心文化创意产业园区、成都青羊绿洲文化产业园区、深圳华侨城 Loft 文化产业园区等都属此种类型，园区以文化产业相关行业的研发、展示、创意孵化为主，展示为平台搭建和业态聚集。台湾园区虽没有明确属于这一类型的园区，但园区均涵盖了上述功能，并且在设计、传媒等产业卓有建树，如台北松山烟厂文化创意产业园区及坐落于其内部的台湾创意设计中心。2012 年，坐落于台北信义区的松山园区被定位为“台北市的原创基地”，以此与临区相隔的中正区华山 1914 园区有所区别。目标设定上，前者为培养原创人才及原创力，激发创意与创新，主打“设计牌”；而后者在于引进产业，成为创意与创新的展示平台，主打“跨界牌”。代表台湾设计水平的“财团法人台湾创意设计中心”于2004年启动，于2011年成功承办“台北世界设计大会”，更以“设计图书馆”和“台湾设计馆”使得台湾创意设计中心不仅承担起设计图书展示、设计师聚集交流及设计产品展览的功能，更带动设计领域和其他领域的交流互动与前瞻性思考突破，宣称 Design in Taiwan 的时代已经来临。

（二）空间展示方式

空间是事件发生和展开的场所，对空间的研究早已从物态的、静止的拓展至精神的、动态的。从时间的观点看，空间代表着、展示着场所经历的印记，是历史的记忆和沉淀。文化产业园区，无论是依托传统文化资源还是工业遗产空间再利用，都是所在地的历史记载，是人类经历的展示，其保存价值及对现实状况的可追溯价值才是其意义所在。

园区空间展示方式主要表现在两个方面。第一，空间关系的再造。在全球大力发展和促进文化创意产业的时代，两岸文化产业园区在物理空间上都获得了极大发展。一方面，物理空间的拓展要以地产开发、基础设施建设相关联，由此带动相关产业的发展；另一方面，经济结构的转型，也要求过去高度依赖于硬件的基础设施建设进行全方位转型，地产浸入文化无可厚非。但在融合过程中，必须处理好“硬”和“软”的关系。文化产业园区是对文化的集聚、培育、孵化和扶持，而非对文化单纯地利用、消费和消耗，文化是目的而非手段。所谓园区空心化，也正是未能正确把握和处理这二者之间关系后出现的必然现象。第二，空间价值的重生。目前，两岸文化产业园区已基本完成了园区的初级建设阶段，如何在已有空间展示之外，实现深层次的转化和再利用？如何展示所在城市及产业的历史与特殊内涵？文化产业的兴起伴随着服务经济的兴起，势必表现为以游览观光、休闲体验的形式，这样的形式是否能肩负历史传承的重任？对传统空间概念的延伸和现代化，必须回答好如何传递文化资产的价值和意义问题，唯其如此，才能深化参与者的认识、激发和展开讨论，由此使园区所要传递的理念深入人心并有所扩散。这是两岸园区在今后实践中均需着力探索的问题，尚无成熟的理论和经验可以借鉴。

此外，两岸园区在空间展示手法和形式上也多种多样，各有千秋。受惠于现代科技的发展，许多园区展示上出现了各种不同的动态陈列的形式，超越以往仅仅是点、线、面、色、光的结合，通过现代科技手段，利用声像、摄影、计算机模拟仿真技术等方法，在展示现场中创造一个更为逼真的场景，使观众完全置身于一个更为真实的虚拟空间之中，一场展览、参观或作品展示往往可能就是一场跨越时空的“穿越”。经由时空的模拟变化，参观者以自身心理变化来体验外部客观世界，形成不同的体验和感悟。

（三）叙事策略

叙事策略亦即视角，是文化产业园区理念出发点和归属地。任何一个园区都是通过特定的叙事视角，以一定的叙事策略进行叙事；是园区设计者和参观者/受众的心灵结合点，是将园区理念转化为可被参观者/受众接受的基本角度，同时也是参观者/受众受到激发、开始反思的途径。园区的叙事策略起着决定性的作用。

文化产业的发展在文化本身发展之外，还应重视产业文化的部分。一部文化史应包含丰富的产业文化史，其婉转承和、跌宕起伏讲述着历史上曾经发生的故事。文化产业园区如何通过现代的讲述方式讲好过去的故事并给未来以引领，这是园区灵魂之所在。文化产业园区必须要会讲故事、讲好故事。无论是哪种类型的园区，都要回答好“我是谁?”“我从哪里来?”“我以后会怎样?”等反映人内在生命追求与意义的问题，激发人们了解历史、融通现在并认识自己，认同现在，进而获得自在与平和。在当今以经济发展为主流的单一文化支配下，更要倍加珍惜均质空间的丰富多样性和多元性。文化产业园区必须承担起讲述不同的故事、带来不同的感受和体验、激发不同的思考和反思的任务，唯其如此，才能建构其影响现实和改变世界的能力，这是两岸文化产业园区发展中都必须关注的问题。

不同类型的园区使用不同的叙事策略。任何一个故事背后都可归结为现代人对传统的追思和认同，由此重新认识自身、获得归属感，获得自在和平衡。文化产业园区要承担起提供价值取向、提升文化品质、挖掘文化生态系统和增进文化认同的作用。通过讲好自己的故事，凝聚认识，为大众提供参与和建构归属的机会，通过故事原型，赋予意义，进而提升生活品质和生命价值，是两岸文化产业园区共同的目标。正如哈佛大学桑德尔教授在《正义》课程中所言，生命中美好的事物，一旦被转化为商品，就会沦为腐化或堕落。因此，在经济故事主宰的时代，讲好文化的故事意义非同凡响。当一切以经济利益最大化为衡量标尺的时候，所幸，还有文化故事关注我们的精神空间，还有文化园区可以让灵魂短暂休憩，找回人类最珍贵的价值。

两岸文化产业园区建设前路漫漫。在以经济发展为主要研究核心，分析和考量数据和指标之外，同时应关注生活于其中的人的需求与感受，与当地历史文脉相连，展示并代表当地文化的特殊性与多样性，建立起文化认同与文化尊重，这才是经济发展最终目的所在。

两岸文化论坛

Cross-straits Cultural Forum

编者按：

通过创建论坛，交流信息、分享经验、廓清分歧、传达诉求、凝聚共识，日益成为推动两岸和平发展的重要机制。近年来，为共同推进两岸文化产业合作发展，构建两岸共同文化市场，提高中华文化产品的世界竞争力，两岸举办了为数众多的、各种形式的文化产业论坛。两岸文化产业论坛为推动两岸文化产业发展发挥了积极的作用，业已成为两岸和平发展的重要机制。其中，由两岸有关民间机构共同主办的“两岸企业家紫金山峰会”和“两岸文化产业发展（承德）论坛”是有重要影响的论坛。为反映这一领域里取得的成果，在“两岸企业家紫金山峰会秘书处”和中华文化促进会的大力支持下，2013 年度报告分别编发了两个论坛的专辑。今后，我们将进一步探索这一合作方式，以更好地反映两岸文化产业合作发展的历史进程。

·（一）专家见解·

B.3

作为进程的两岸政治对话

李义虎*

两岸政治对话应被视为一个不断前进、不断发展、不断演绎的进程。作为一种进程，两岸政治对话可从内容上分为程序问题对话和实质问题对话；亦可从阶段上分为政治接触、政治协商和政治谈判三个阶段。为推动两岸政治对话进程，笔者认为，公权力问题而非主权问题应当成为开启两岸政治对话进程的切入点，作为两岸政治对话的第一步；台湾当局在台澎金马地区拥有的治权应当得到承认，作为两岸政治对话的驱动力；两岸政治对话进程中应当积极寻找能够实现双方对接的纽带，“宪法一中”可作参考；两岸政治定位是两岸政治对话进程中的难点和症结，应按“两岸同属一中”来作出。

自2008年5月以来，两岸关系实现历史性转折。在“九二共识”的基础上，“两会”领导人举行了9次会谈，签署19项协议，达成两项共识，解决了经贸、社会、民生等领域的一系列问题，惠及两岸民众，并对两岸交往与合作做出了制度性安排。在两岸关系持续发展、逐步向“深水区”迈进的时空背景下，两岸政治对话受到社会各界的期待和热议。笔者认为，两岸政治对话应被视为一个不断前进、不断发展、不断演绎的“进程”，而不谋求一次性地对两岸关系做出终局安排。换言之，两岸政治对话须本着“先易后难、先低后高、先急后缓、把握节奏、循序渐进”的原则，分层次、分阶段、分步骤进行，而非以一揽子或一项协议、一次（轮）谈判解决所有问题；同时，两岸政治对话在称谓上可以叫做“两岸政治对话进程”。

---

* 李义虎，北京大学台湾研究院院长，教授。

一　视两岸政治对话为进程的必要性

1. 与经贸、社会、民生等领域相比，两岸在政治领域的矛盾多是结构性的，难以在短时间内达成共识、获得解决

两岸在60多年的各自发展与彼此政治对立中，形成了许多结构性矛盾，在诸如两岸政治定位、台湾“国际空间”、军事互信机制等政治问题上，分歧甚大，积重难返，解决起来绝非一日之功。倘若过于操切，在短时间内触动或激进变革两岸在政治领域的现有存量，肯定马上带来两岸关系的动荡失序，并造成各自内部的紧张，其可能带来的严重后果恐怕海峡两岸均难以承受。因此，解决两岸政治领域的问题，应当选择增量改革的路径，在保持和维护现状的基础上，不断增加和集聚新成分、新因素，特别是新的体制性成分和因素，最终达到变革与整合的效果。① 增量改革是一个所需时程较长、内容不断嬗变的过程，因而两岸的政治对话也注定是一个渐进的、持续的进程。

2. 岛内复杂的政治生态，蓝绿阵营对“九二共识”的不同态度，为两岸政治对话增添了脆弱性、多变性、不确定性，使之不可能一蹴而就

自政治革新以来，历经两次政党轮替，蓝绿阵营轮流坐庄成为岛内政治生态的重要特征之一。蓝营虽然接受“九二共识”，但始终对于与大陆开展政治对话存有顾虑，担心在两岸政治对话中被“矮化”和落入大陆的“一中”陷阱；马英九主政以后，台湾当局部分人士试图把与大陆的交流交往停留在经济层面，把大陆不断让利标榜为自己的“执政功绩”，并企图使之尽可能长期存在，只捞好处不谈责任。与承认“九二共识”的泛蓝阵营不同，以民进党为主的泛绿阵营仍固守“台独”意识，反对以“九二共识”作为两岸政治对话的基础和前提。蔡英文曾经公开表示，反对两岸以“九二共识”为前提签署任何协议；强调若两岸基于“九二共识”签署相关协议，一旦民进党重新执政将不予接受。尽管民进党已经意识到两岸政策是其问鼎“大位”的“最后

① 参见李义虎《以增量改革作为两岸关系发展的路径选择》，（香港）《中国评论》月刊，2013年3月号，第3~7页。

一里路”，近期接连举办“华山会议”，研讨“对中”政策，其间有动议弹性对待“九二共识”，但从整体上看，未见民进党接受“九二共识”的迹象。台湾内部在推动两岸政治对话的前提上不能达成共识，势必影响两岸政治对话的稳定，使之不可能“毕其功于一役”。

3. 美国、日本等国际势力对两岸关系深入发展存有疑虑，难免要给两岸政治对话设置障碍

虽然美日表示对两岸关系和平发展乐见其成，但出于以台湾遏制中国崛起的战略考虑，他们不希望两岸关系走得太近，害怕两岸绕开自己，置他们的利益于不顾。2013 年 3 月 15 日，“美国在台协会”（AIT）前台北处长司徒文应邀在台湾“独派”团体发表演讲时指出，随着两岸关系的发展，“台湾正越来越向大陆靠拢”，他称这种变化对大陆有利，对台湾则大为不利。稍作分析不难发现，司徒文所谓的“对台湾大为不利”，其实是对美国不利。那就是：两岸关系越来越密切，两岸走向和解，不利于美国在两岸之间见缝插针、左右逢源，利用台湾问题一边制约大陆发展，一边对台湾颐指气使、予取予求。[①] 日本国内素来有把台湾当做其“战略生命线”的声音，倾向于使用“亲台制华”的手段，近年来，更为追随和配合美国所谓“再平衡”不断提升对台关系。[②] 可以预见，美日等国际势力会通过各种手段向台湾当局施加影响，破坏两岸政治对话，以防止两岸关系的发展程度超出他们的“乐见”范围。

4. 两岸政治对话需要配合两岸关系和平发展的节奏，使得视两岸政治对话为进程更加必要

实践已经证明，两岸关系和平发展，是一个由浅入深、从低到高的历史演变进程。两岸政治对话，应当与两岸关系和平发展的节奏相协调、相适应、相统一。如果两岸政治对话，落后于两岸关系和平发展的节奏，则难以巩固两岸关系和平发展已经取得的成果，也难以推动甚至将会阻滞两岸关系继续向前发展。如果两岸政治对话，超越了两岸关系和平发展的节奏，则两岸政治对话签署的协议和达成的共识，多半会因为缺乏落到实处的基本条件而沦为一纸空

---

① 参见《台声》2013 年第 4 期。

② 参见《社会观察》2012 年第 4 期。

文，拉大其票面价值和实际价值的差距，辜负社会各界的期望，降低双方推动继续对话的热情，损害两岸政治对话的公信力，从而对两岸政治对话造成相当负面的影响。从这个角度说，把两岸政治对话视为一个进程，妥善地把握两岸政治对话的节奏，是两岸政治对话收到实效、取得成功的关键所在。

二　视两岸政治对话为进程的可行性

1. 视两岸政治对话为进程有案例可循

视两岸政治对话为一种进程，主要是由两岸政治议题的复杂性和敏感性决定的，且有案例可循。ECFA 的全称是“海峡两岸经济合作框架协议”。所谓框架协议，是指在签署正式协议之前所拟订的纲目，先确定范围和整体目标，具体内容则有待日后协商。换言之，ECFA 既非最终协议，亦非一揽子协议。这种具体内容留待日后协商的办法其实就是视 ECFA 谈判为一种进程。两岸商签 ECFA 的过程也证明了这一点，该过程经由双方个别研究，双方共同研究、协商、签署，民意机构审核与生效实施等几个阶段，是典型的进程式协商谈判，而非结局式的一揽子协商谈判。另一个典型案例是中东和平进程。巴以冲突长达半个多世纪，涉及耶路撒冷地位、边界划分和犹太人定居点等诸多问题，不是以一项协议、一次（轮）谈判就能解决的。1993 年 9 月，巴以双方在奥斯陆经过 14 次谈判，最终在华盛顿签署的《临时自治安排原则宣言》（即“奥斯陆协议”）其实就是一项框架性协议，而非永久性和平协议（该协议被认为开启了“中东和平进程”或“奥斯陆和平进程”；当然，该进程后来中断了）。[①] 从“奥斯陆协议”可以看出，巴以问题谈判实际上是一种进程，而非以一揽子或一项协议、一轮谈判解决所有问题。这两个案例证明了把两岸政治对话作为一种进程的可行性。

2. 视两岸政治对话为进程有经验依托

两岸“两会”自 2008 年 6 月复谈以来，历经九度商谈，签署 19 项协议，

① 参见中国国际关系学会主编《国际关系史》（第十二卷），世界知识出版社，2006，第 388 ~ 405 页。

积累了许多极其丰富而宝贵的经验。其中之一即是，遵循“先易后难、先经后政、把握节奏、循序渐进”的对话思路。国台办原主任王毅曾经指出，该谈判思路是“一条已经被实践证明是成功和有效的经验”，符合两岸关系发展的客观状况。王毅还认为，“先易后难、先经后政并不意味着刻意回避复杂和敏感问题。恰恰相反，我们要未雨绸缪，前瞻性地思考如何把握和对待两岸之间存在已久的矛盾和分歧，为最终破解这些难题开辟道路，创造条件”。① 两岸两会事务性协商的宝贵经验，对于两岸政治对话而言，无疑是可资借鉴的。把两岸政治对话协商视为一个进程，恰恰体现了“先易后难、先急后缓、把握节奏、循序渐进”的思路，因时制宜、因事制宜地运用了两岸两会事务性协商经验。

3. 视两岸政治对话为进程有民意支持

虽然岛内民意比较复杂，对台湾前途和两岸关系的终局安排有不尽相同甚至截然相反的考量，但多数民众渴求两岸之间的和平、稳定和发展，这就为我们把两岸政治对话视为一个进程来渐进式地推动提供了社会基础。近来岛内民调机构的调查结果显示，对两岸领导人会晤、签署和平协议以及两岸两会复谈等，表示满意和肯定的居多数。据台湾“今日新闻网”报道，台湾未来事件交易所2013 年7 月17 日公布“两岸政治谈判”调查结果，对于两岸政治谈判可能涉及的方面，相关支持度都超过半数。② 台湾指标民调 2013 年 8 月份的数据显示，43.2%的民众赞成马英九在 2016 年卸任前，与习近平会谈两岸关系。③ 此前，该民调机构 3 月份的数据显示，有高达 56.4%的台湾民众支持国台办主任张志军赴台访问。④ 台湾民意的这种趋向表明，促进两岸关系和平发展在岛内具有相当的社会基础，为两岸政治对话营造了一定的社会氛围和

① 《王毅主任在旧金山侨界招待会上的讲话》，中国台湾网，http：//www.taiwan.cn/twrwk/zxdt/200906/t20090623_ 927360.htm。

② 《台民调：台湾民众大多赞同两岸进行政治谈判》，中国台湾网，http：//www.taiwan.cn/xwzx/bwkx/201307/t20130717_ 4465436.htm。

③ 台湾指标民调：《“台湾民心动态调查、马习会与台美中”民调新闻稿》，http：//www.tisr.com.tw/？ p=3245#more-3245。

④ 《台湾民调：近六成民众支持张志军访台》，凤凰网，http：//news.ifeng.com/gundong/detail_2013_ 03/29/23682589_ 0.shtml。

条件。

4. 视两岸政治对话为进程有理论根据

建构主义指出，行为体的自我认知及其基于理性的利益判定是实践产物和后验建构，可以在与其他行为体的互动进程中被解构、被改变、被重新定义，也可以建构起新的利益判定和诉诸新的行为，其实质是强调进程因素对于行为体的重要作用。① 视两岸政治对话为进程，正是因为预见到两岸会在就政治问题开展对话的持续互动中，改变各自认知和利益判定，从而突破结构束缚和惯性延续，并建构起新的观念和行为，从而逐渐地弥合歧见，达成共识；如果不是这样，两岸政治对话很有可能被局限于自言自语、各说各表的程度上。尽管两岸政治对话不属于国际关系范畴，但建构主义所强调的进程因素，从理论层面说明了视两岸政治对话为进程是可行的，也为不断开创两岸关系和平发展和政治整合新局提供了有益的参考借鉴。

三　两岸政治对话作为进程的节奏感

作为进程的两岸政治对话并非一上来就对两岸关系做终局安排，而是一种节奏感很强、开放式的过程。对话所需要的是设计目标明确但又富于弹性的路线图，而主要不是设置确定的时间表。对话的内容可以分层，对话的问题可以分类，先急后缓，从低到高，先对话和谈判相对容易解决的事宜。具体而言，笔者认为，可以从对话内容和对话阶段两个维度来把握。

从对话内容上来看，两岸政治对话可分为程序问题对话和实质问题对话，前者包括政治对话的名义、对象、议题、时间、地点和方式等；后者包括两岸政治定位、台湾参与“国际空间”、两岸建立军事互信机制与签署和平协议等问题。

从对话阶段上来讲，两岸政治对话可分为政治接触、政治协商和政治谈判等三个阶段。政治接触是两岸政治对话的初级阶段。在此阶段，两岸主要以

① 参见秦亚青《权力·制度·文化》，北京大学出版社，2005，第143~156页。

“二轨”渠道的形式就两岸间复杂而敏感的政治问题展开交流和探讨，即由两岸之间的专家学者、退休官员和退役军人等就国家尚未统一特殊情况下的政治关系展开学术交流。学术交流的地点不一、议题灵活、形式多样、过程不限、结论开放。双方可以按照各自的政治立场，就政治谈判的程序问题和实质问题畅所欲言、各抒己见。2009 年 11 月在台北举行的“两岸一甲子”学术研讨会和 2010 年 4 月在日本佛光山举行的“本栖会谈”、2011 年在澳洲举行的“南天会谈”及“北京会谈”等都是很好的开始。

政治协商是两岸政治对话的第二阶段。在此阶段，由两岸官方各自指定代表进行，地点协商、议题开放、形式多样、公秘结合。双方可以按照各自的政治立场，就两岸面临的政治问题，阐述自己的政治见解和主张，以互相摸底，寻找认同点，达成某些共识。尤其需要提及的是，两岸应在政治协商阶段，争取就政治谈判的程序问题达成共识，以利于对实质问题的谈判。关于两岸政治谈判的对象，大陆已明确表示，只要承认两岸同属一个中国，愿与台湾任何政党进行政治商谈，如胡锦涛于 2008 年 3 月 4 日在看望全国政协十一届一次会议的部分委员就发展两岸关系提出重要意见时指出：“台湾任何政党，只要承认两岸同属一个中国，我们都愿意同他们交流对话、协商谈判。谈判地位是平等的，议题是开放的，什么问题都可以谈。”① 至于政治谈判的名义和方式，可以参照两岸事务性协商谈判的模式，即谈判是一个中国内部的海峡两岸平等谈判，但不能以会谈的方式进行，因为海协会和海基会是官方授权的民间组织，可以互谈事务性议题，但无法互谈政治性议题。此外，两岸政治对话也不能按照国共两党对等谈判的方式开展，因为目前国民党虽然是执政党，但已不能“以党领政”。

政治谈判，即正式上桌谈判，是两岸政治对话的第三阶段。此阶段的主要任务是对两岸政治定位、台湾参与“国际空间”、两岸建立军事互信机制与签署和平协议等政治对话的实质问题进行谈判。在这些实质问题之中，由于两岸政治定位问题的解决是其他实质问题解决的前提和条件，因此笔者仅

① 《胡锦涛强调牢牢把握两岸关系和平发展主题》，新华网，http: //news. xinhuanet. com/newscenter/2008 - 03/04/content_ 7716664. htm。

对此问题做进一步阐述。笔者认为两岸对政治定位问题的谈判，应遵循两个原则。

第一，恪守“一中框架”。中国的主权和领土完整不容分割、在国际上绝对不允许出现“两个中国”或“一中一台”是大陆坚持不移的立场，因此在两岸政治定位问题上，一定要恪守“一中框架”。“一中框架”是对一个中国原则的进一步解释，其扩大了一个中国原则的容量和解释力，也创造了一定的弹性空间。换言之，“一中框架”在坚持一个中国原则的同时，并未在一个中国的内涵上做过死过严的界定，而是留下了探讨和协商的空间。一个中国的内涵是两岸最大的分歧之处。如果两岸在一个中国的内涵问题上争论不休，不能同意分歧，可能就会造成两岸关系的紧张和双方政治对立的持续，两岸政治对话更是无从谈起。而“一中框架”具有很大的包容性，不仅有自己的想法，也有他者的想法，这就为两岸对“一中”内涵的不同认知提供了对话余地，有利于缩小歧见，进行合作。①

第二，不以目标定位作为目前定位。因为政治定位问题是两岸关系中最复杂、最敏感的问题，所以它既有一个目前定位问题，也有一个目标定位问题。目前定位要解决的是两岸以什么样的身份来进行政治协商谈判的问题，目标定位则是要解决两岸关系的最终政治定位问题。显然，两岸只有在都认可的目前定位基础上先谈起来，才可能解决将来的目标定位。两岸在目标定位上分歧很大，现阶段很难达成共识。大陆一直坚持“和平统一、一国两制”的目标定位；而台湾方面的目标定位因内部政治分歧而远未定型，有“三民主义统一中国”“邦联制”“联邦制”“国协”“台湾独立建国”等。因此，若两岸用各自的目标定位作为目前定位来处理两岸关系，政治对话就根本无法进行。

需要特别指出的是，两岸政治对话作为一个进程，虽不急于求成，又要谋求发展，其内容和阶段均有很强的节奏感。那些在对话进程中已经达成共识的议题，可以归类归档，它们可以作为持续对话的基础，却不必再做过多的重

① 参见李义虎《“两岸同属一中”：作为“强共识”和新共识》，《北京大学学报（哲学社会科学版）》2002 年第 5 期。

复、赘述、纠缠，避免无谓的空转与虚耗。这意味着，作为一种进程，两岸政治对话的“节奏感”，既有缓急快慢的分际，又要把握“已有项”（已经达成的共识）与“未来项”（有分歧、待对话的议题）的关系，使“已有项”成为“未来项”的基础，让“已有项”给“未来项”铺路，不断推动两岸政治对话进程稳健地向前发展。

四　推动两岸政治对话进程的具体建议

为妥善地把握好两岸政治对话的节奏，推动两岸政治对话进程的发展与稳定，笔者有针对性地试提以下四点建议。

（一）公权力问题应当成为开启两岸政治对话进程的切入点，作为两岸政治对话的第一步

前文已述，两岸政治对话进程要遵循“先易后难、循序渐进”的原则。相对于主权及定位问题而言，公权力问题比较容易谈拢，适合先行探讨对话，作为开启两岸政治对话进程的切入点。两岸对公权力问题进行对话，目的是为两岸同胞提供更多更好的公共物品（安全、通信、秩序等），以维护他们的切身利益。公权力的行使可分为行政性事务和政治性事务两个层次。在低阶的行政层面的问题上，两岸民意支持大、政治分歧小，即便有干扰因素，也可巧妙地进行规避。因此，两岸政治协商可先从行政层面的问题入手，逐步向高阶的政治议题过渡。目前，两岸已通过“两会”在金融合作、打击犯罪、食品安全等方面达成诸多协议。这些成果维护了两岸人民的利益，增进了两岸互信。为了推动政治对话，两岸可开拓更多合作领域，签署更多合作协议。而随着公权力协议数量的增多、内容的扩展及深入，两岸势必累积互信，为推动政治对话进程打下良好的基础。

（二）台湾当局在台澎金马地区拥有的治权应当得到承认，作为推动两岸政治对话进程的驱动力

台湾当局在“台澎金马”地区拥有和实施着治权，或者叫管辖权，是客

观存在的事实，也是一种既有的存量。在过去很长时间，由于政治对立，这样的事实并未得到承认。近年来，两岸关系有了很大发展，例如两岸签署 19 项协议，两会举行了多次会谈，台湾当局公权力部门的官员也走到谈判桌了；因此，通过政治对话，通过签订协议等方式，对其公权力予以承认，对其治权予以承认，既可以推动两岸关系的发展，解决实际问题，又可以表明对政治对话的诚意，进一步推动两岸政治对话进程，还可以由此产生解决政治议题、推进双方整合的具体方案。

（三）两岸政治对话进程中应当积极寻找能够实现对接的纽带，“宪法一中”可作参考

推动两岸政治对话进程，总要找到双方能够良性互动、实现法理与政策对接的纽带。台湾当局曾将“中华人民共和国”先后视为“叛乱团体”“对等政治实体”和“另一个国家”。就大陆对台政策而言，“中华民国”的定位问题成为一个棘手的问题。在这方面，大陆需要找到能够与对方政策对接的表述。从大陆法的角度来看，两岸可以以“宪法一中”的原则处理相互关系。因为大陆《宪法》中规定台湾是中国的一部分，即在法理上确定，世界上只有一个中国，中国的主权遍及包括台湾在内的整个中国。大陆认定的“九二共识”，也是两岸各自口头表述的“世界上只有一个中国”。而按照台湾地区的“中华民国宪法”，“中华民国”的主权遍及包括蒙古国在内的整个中国地区，之后通过的“宪法增修条文”则明确“台澎金马”地区为“中华民国之自由地区”，但依然承认中国的主权，台湾地区是中国的一个部分。这样，将台湾方面的“宪法”作为宪制性文件加以认可，既可以使“宪法一中”在岛内获得合法性地位，拥有完整和权威的法源，从而使其大陆政策能够建立在“一中框架”的基础上，又可以使其能够成为与我一中原则对接的法律性基点。从总体上看，两岸的“宪法一中”不是主权的分裂，不是对中国的主权统一抱有异议，而仅仅是在政权的代表性上有分歧。以“宪法一中”作为大陆法的对接，既能坚持“一个中国”原则不动摇，又能充分照顾到“特殊情况下”，能顾虑到台湾民众的切身考虑，并为“合情合理安排”找到现实路径。在某种意义上讲，“一国两

宪”在岛内体现的是“宪法一中”，在两岸间体现的是“一中框架”和“两岸同属一中”。

（四）两岸政治定位是两岸政治对话进程中的难点和症结，应按“两岸同属一中”来作出

两岸要开启和推动政治对话进程，绕不开双方政治身份的确定，因为开始政治谈判须先明确谈判人和签署人身份，此乃常识。政治定位问题是两岸关系中最核心、最敏感的问题，也是两岸政治对话进程中的难点和症结。在两岸关系的政治定位问题上，台湾学者，包括蓝营学者往往将其拉到“中华民国政府”与“中华人民共和国政府”的关系定位上，就此提出了不少理论构想，如“大屋顶理论”“一中三宪”“一中两宪”“一国两区”“一国两制”“共同市场”理论等；在大陆，先后提出过“一中原则”“一中框架”“增量一中”“球体理论”“法政系统”“政治法人”“政治实体”等，着眼点是把定位问题限制在大陆与台湾，而非 PRC 和 ROC 之间。时任中共中央总书记胡锦涛于 2008 年 12 月在纪念《告台湾同胞书》发表 30 周年的讲话中指出：“两岸在事关维护一个中国框架这一原则问题上形成共同认知和一致立场，就有了构筑政治互信的基石，什么事情都好商量。”① “一中框架”是大陆在考虑到台湾对“一中原则”的顾虑的基础上提出的，其扩大了“一中原则”的容量和解释力，创造了一定的弹性空间，目的是希望找到两岸都可以接受的政治定位。笔者认为，应当进一步系统论述“一中框架”，用“两岸同属一中”定位两岸政治关系，避免把定位问题无限制扩大到 PRC 和 ROC 的关系上，避免将“一中各表”无限制拉抬到“两国论”。

五　结语

在两岸关系发展步入“深水区”的时空背景下，摆脱“先经后政”的

① 胡锦涛：《携手推动两岸关系和平发展　同心实现中华民族伟大复兴——在纪念〈告台湾同胞书〉发表 30 周年座谈会上的讲话》，人民出版社，2009，第 7 页。

"路径依赖"势在必行，开启两岸政治对话成为势所必然。面临两岸在政治领域存在的一系列结构性矛盾，两岸政治对话应被视为一个不断前进、不断发展、不断演绎的进程，分层次、分阶段、分步骤地加以推动，而不应激进地谋求为两岸关系做出终局安排。唯有如此，两岸政治对话方能稳健开展，两岸关系和平发展新局方能不断开创。

B.4

抓住机遇　深化两岸出版合作

魏玉山*

自2012年7月第八届两岸经贸论坛召开以来，在两岸出版界的共同努力下，两岸出版交流与合作进一步扩大，取得了许多新进展、新成果。2013年以来，新一届政府促进两岸合作的新政不断推出，其中许多方面与出版交流合作直接相关，为两岸出版合作带来新的机遇，也必将为两岸出版交流与合作开辟新天地。

一　一年来两岸出版合作的成就回顾

一年来两岸出版交流与合作进一步深化，在两岸出版人共同努力下，取得了一系列突破性的进展，可以用“三个第一、一个新高”来概括。

第一个两岸合资的出版公司在大陆成立[①]。2013年3月，由台湾的城邦媒体控股集团和大陆的福建海峡出版发行集团共同投资成立的海峡书局股份有限公司正式成立。3月24日，海峡书局在台北、福州同时挂牌，标志着两岸出版合作进入一个新阶段。海峡书局股份有限公司是大陆第一家获得网络出版许可及加值电信业务经营许可的台商投资企业。书局以纸本图书编辑出版为基础，同时发展数字出版，实现全媒体出版，以开拓全球华文市场为目标。

第一个服务海峡两岸的国家级数字出版基地获得批准、建立[②]。2013年4月，经新闻出版总署批准，海峡国家数字出版产业基地在福建建立，这是两岸第一个数字出版基地。基地以福州和厦门数字出版产业为中心，构筑包括福

---

* 魏玉山，中国新闻出版研究院副院长。

① 百度百科：海峡书局股份有限公司。

② http：//www. fj. xinhuanet. com/wh/2013－04/24/c_ 115518914. htm.

州、厦门、漳州、泉州、莆田等在内的沿海数字出版产业带，并向平潭综合实验区延伸，设立福州园区、厦门园区和平潭综合实验区等5个产业园区，重点发展数字图书、数字报刊、海峡数据库出版、动漫游戏、移动互联网出版、数字印刷、数字版权等七大业务板块。

第一套台湾的国学教科书进入大陆学校①。2013年秋季，由中华书局从台湾引进并改编的台湾国学教科书《中华文化基础教材》，正式进入大陆，包括北京市第四中学、河北衡水中学、安徽省合肥市第一中学、湖北武汉市第四中学、复旦大学附属中学等在内的几十所著名学校，将该教材纳入选修或必修课程。这是大陆中华书局与台湾康熹文化公司版权合作的结果。

两岸版权贸易总量创新高。据国家新闻出版广电总局2012年统计②，大陆引进台湾图书版权1424种，比2011年（1295种）增加129种，输出到台湾的版权1781种，比2011年（1644种）增加137种。2012年两岸图书版权贸易数量达到3205种，创三年以来新高。2012年两岸版权贸易数量占大陆对外版权贸易总量（23683种）的1/7左右。两岸版权贸易数量仅次于中美版权贸易数量。也可以说，台湾是大陆第二大的版权贸易对象。

二　两岸出版合作面临的新机遇

两岸出版交流合作的机遇很多，笔者把它概括为三大机遇，即政策性机遇、市场性机遇、技术性机遇。

2013年6月，习近平主席在会见中国国民党荣誉主席吴伯雄和他率领的中国国民党访问团全体成员时说③：今天，两岸关系已站在新的起点上，也面临着重要机遇。我们应该认真总结经验，清醒认识并主动因应形势发展变化，坚定不移走两岸关系和平发展道路，巩固和深化两岸关系和平发展的政治、经济、文化、社会基础，推动两岸关系不断取得新的成就。在这一背景下，大陆方面出台了一系列促进两岸出版业交流合作的新措施，为两岸出版合作提供了

① http://news.xinhuanet.com/edu/2013-09/12/c_117348242.htm.

② 国家新闻出版广电总局：《新闻出版统计资料手册》，2013。

③ http://www.chinanews.com/gn/2013/06-13/4925518.shtml.

政策性机遇。

2013 年 6 月，海协会会长陈德铭先生与海基会董事长林中森先生，在上海签署《海峡两岸服务贸易协议》（以下简称《协议》）。根据该《协议》，双方将在 100 多个服务行业进一步扩大开放，包括放宽市场准入条件、取消股权限制、放宽经营范围和经营地域、下放审批权限及为市场准入提供便利等。为两岸逐步减少或消除双方之间涵盖众多部门的服务贸易限制性措施，促进服务贸易自由化奠定了基础。按照“大陆方面非金融服务部门的开放承诺”，与出版业相关的有如下条款。

（1）允许台湾服务提供者在大陆设立合资、合作企业，从事出版物和其他印刷品的印刷业务，大陆方投资者应当控股或占主导地位。

（2）允许台湾服务提供者在大陆设立合资、合作或独资企业，从事包装装潢印刷品的印刷业务。

（3）台湾服务提供者在大陆设立包装装潢印刷品印刷企业的最低注册资本要求，比照大陆企业实行。

（4）允许台湾服务提供者在大陆设立合资、合作或独资企业，从事图书的校对、设计、排版等印前工作。

（5）简化台湾图书进口审批程序，建立台湾图书进口绿色通道。

（6）对台湾服务提供者在大陆设立的出版物分销企业的最低注册资本要求，比照大陆企业实行。

除此之外，在复制、娱乐、视听等方面也有一系列新的开放承诺。与此同时，台湾方面也在印刷、复制、分销、视听等服务领域做出开放的承诺。《协议》一旦实施，将为台湾出版企业及出版人在大陆的投资、创业、就业等提供更多的领域、更多的便利，也为两岸出版业的合作提供制度框架。

2013 年 6 月，在第五届海峡论坛·海峡新闻出版业发展论坛上，国家新闻出版广电总局副局长邬书林先生，发布了五项支持福建先行先试、惠及台胞的新闻出版政策[①]：批准设立海峡国家数字出版产业基地，加强两岸在数字出版领域的合作；批准设立国家海峡版权交易中心，推进两岸版权贸易和版权产

① http://news.xinhuanet.com/politics/2013-06/16/c_116162855.htm.

业发展；同意设立新闻出版总署教育培训中心福建分中心，促进两岸新闻出版人才交流和培训；允许在福建新闻出版单位从业的台湾业者参加出版职业资格考试，为在闽从业台胞提供工作便利；同意福建省新闻出版局开展加强国产网络游戏属地管理试点工作，为在闽网游企业提供便捷的行政服务。这些为加强福建与台湾之间的合作提供了更多、更加具体务实的支持。

除政策性机遇外，来自市场的机遇更多。在欧美传统出版业不景气的情况下，大陆的传统出版仍然保持较快的增长势头。2012 年，大陆共出版图书 41.4 万种，较 2011 年增长 12.0%，图书总印数 79.3 亿册，增长 2.9%；期刊总印数 33.5 亿册，增长 1.9%；报纸总印数 482.3 亿份，增长 3.2%。大陆图书纯销售 68 亿册，增长 3.86%，纯销售额 713 亿元，增长 9%。中国已经成为第三大图书市场。印刷复制实现营业收入 10360.5 亿元，较 2011 年增加 1055.1 亿元，增长 11.3%①。巨大的出版市场为两岸出版合作带来无限的生机与活力。

数字技术的发展带来的机遇则更大。近几年来大陆数字出版产业的平均增长速度超过 40%，2012 年数字出版实现营业收入 1935.5 亿元。除手机出版、游戏动漫外，电子书、数字期刊、数字报纸的发展明显提速，2012 年的营业收入增长 52.6%②。大陆传统出版企业已经进入转型升级阶段。数字出版的产业链很长，产品形态很多，合作的空间更大，合作的机会与机遇更多。

三　深化两岸出版合作的建议

充分利用文化产业园区，提高企业实力。近几年来，为加快文化产业发展，大陆建立了多种形态的文化产业园区，为入驻的企业提供更加便捷、更加优惠的服务，这些园区包括出版、印刷、数字出版、动漫、音乐、物流等多个领域，遍布在各地。就数字出版来说，除今年刚刚成立的海峡数字出版产业基地外，还有 10 个国家数字出版产业基地，已有台湾数字出版相关企业入驻。

① 国家新闻出版广电总局：《2013 年新闻出版产业分析报告》。

② 国家新闻出版广电总局：《2013 年新闻出版产业分析报告》。

希望有更多的台湾企业入驻大陆的文化产业园区，特别是出版产业、印刷产业、数字出版产业基地或园区，也希望大陆的出版文化企业能够进驻台湾的相关文化、科技园区，通过园区或基地的政策扶持，加速企业发展。

加快数字出版领域的合作。2013 年 8 月，国务院颁布了《关于促进信息消费扩大内需的若干意见》，提出：大力发展数字出版、互动新媒体、移动多媒体等新兴文化产业，促进动漫游戏、数字音乐、网络艺术品等数字文化内容的消费。加强数字文化内容产品和服务开发，建立数字内容生产、转换、加工、投送平台，丰富信息消费内容产品供给等要求。可以预见，新一轮的数字出版发展热潮即将到来。两岸在数字出版领域的合作已经多年，在电子书硬件生产、数字内容加工等领域已经具有较好的合作基础。希望两岸进一步加强数字出版技术、数字出版标准、数字内容加工、数字产品对外销售等方面的协调、合作，共享数字出版红利。

尽快落实《海峡两岸服务贸易协议》。《协议》自 6 月签署以来，在台湾出现了两种截然相反的声音，反对者更是用“空前浩劫”“台湾沦陷”等耸人听闻的口号[①]，反对《协议》生效。其实，仔细研究一下《协议》文本就可以发现，大陆对台湾的开放远远多于台湾对大陆的开放。就出版业相关领域看，大陆对台湾的开放力度也是前所未有的，引进台湾资本进入大陆印刷等服务业，对大陆相关企业肯定也有很大的影响，一些落后的企业可能破产。2001 年中国加入 WTO 之前，许多人担心加入以后，会对我们的某些产业带来毁灭性打击，出版业当时也有担心，比如开放分销，会不会出现发行渠道被冲垮的问题。但是经过 10 年的发展，已经完全消解了我们的担心。实施《协议》无论对大陆还是对台湾，都可以用利大于弊来概括，甚至可以说对台湾出版业界的利大于对大陆出版业界的利。因此我们希望《协议》尽快生效。

---

① http：//fujian. people. com. cn/n/2013/0701/c234605 – 18972606. html.

B.5

台湾文化创意产业发展的启示

王 杰*

台湾文化创意产业在推动经济发展、提升和调整传统产业升级、提高社会和民众素质等方面发挥了重要作用，取得了令人瞩目的成绩，为大陆提供了若干可以借鉴的启示。

一 正确发挥政府部门的作用

政府在文化创意产业发展中的作用主要是宏观方面：一是要为文化创意产业发展制定战略规划产业政策，引导产业发展。2002 年台湾制定“文化创意产业发展计划”，2009 年提出“创意台湾：文化创意发展方案”，2010 年颁布《文化创意产业发展法》。二是要成为推动文化创意产业发展的牵头人，带领各部门共同推动文化创意产业发展。台湾由“行政院”牵头成立“文化创意产业推动小组”，“行政院院长”任召集人，六个“部会”负责人和产业界代表担任委员，小组负责制定、审议重大产业政策规划，协调各主管部门关系，促进跨“部会”合作，经济、文化、教育等部门共同推动保证台湾文化创意产业快速发展。同时，当局要放权，不能利用行政手段干预文化创意具体项目，要发挥专家、专业人才和专业团体的作用。

二 做好文化资源整理和文化环境建设工作

文化资源整理和文化环境建设是文化创意产业发展的基础，台湾开展 30 多年的文化资源整理和文化环境建设工作，为文化创意产业发展奠定了坚实的

* 王杰，中国九洲文化传播中心副主任。

基础。2009 年提出的“创意台湾：文化创意发展方案”的一个主线就是文化环境整备。台湾文化创意产业的成功案例，如高雄驳二文化创意产业特区、台南府中街等，都是在文化资源整理和文化环境建设基础上发展起来的。没有文化资源和文化环境做基础，发展文化创意产业尤其是异地复制和建设文化创意产业园区最终要失败的。

三　企业家与艺术家跨界合作

文化创意产业的发展，必须跨越企业家与艺术家对艺术价值与财富价值认识和追求的不同。企业家坚守财富价值，艺术家坚守艺术价值，政府要发挥作用，通过政策、资金、设施建设等手段引导企业家和艺术家合作；同时还要发挥民间的力量，搭建企业家与艺术家合作的平台。台湾文化创意产业联盟协会就是一个企业家与艺术家跨界合作的很好平台。

四　民众参与

文化创意产业发展只有立足本地、让民众参与，才可能成为有特色、有竞争力、有生命力的产业。台湾最早的文化创意产业是从 1994 年“小区总体营造”开始，小区营造立足小区民众参与，突出本地特色，进行总体规划，对历史文化资源进行保护和开发，在文化创意的基础上成为文化消费和文化产品加工基地，利用民间资本，政府资助，进行产业化开发。立足本地、让民众参与，可以形成各具特色的文化创意产业。本地民众参与特别重要，因为民众本身就是文化资源和文化环境。台湾民众通过两种方式参与：参与经营和文化义工。

五　培养文化创意人才

文化创意产业需要大量创造型复合式人才，既要懂文化、艺术、设计、管理、市场、营销，又要具备创新能力、科技素质等。文化创意人才不仅包括创作者，也包括评论者、展演策划人、经纪人、融资人等。文化创意产业最缺少的就是人才。一个人才就可能将一个地区的文化创意产业带动起来。台湾2003年制定《大学校院艺术与设计系所人才培养计划》，并选定五所院校建立创意人才培养基地。随着台湾文化创意产业发展，文化创意人才培养体系也建立起来，一是文化创意课程纳入院校通识教育，鼓励培养学生创新能力；二是院校和文化创意企业合作，鼓励“订单”式培养人才；三是实行“青年艺术家培植计划”，鼓励优秀文化创意人才脱颖而出；四是培养文化行政管理人员。

六 保护知识产权

文化创意产业的核心是创造力，创造力强弱决定文化创意产业发展快慢，保护好知识产权才能保护好创造力，才能保护好文化创意产业。台湾文化创意产业发展迅速得益于知识产权的保护。

七 建立投融资机制

从事文化创意产业的企业，尤其是创业初期的企业大多规模较小，面临资金和产业发展困难，必须建立投融资和产业辅导机制，才能保证文化创意产业顺利发展。

台湾基本形成文化创意产业投融资机制。一是文化创意产业补助机制。2008年颁布“文化创意产业补助作业要点”，对从事文化创意的个人、工作室、小型企业、学术单位给予资金补助，同时在税收方面给予优惠。二是文化创意产业融资机制，给予文化创意企业优惠贷款。台湾“经济部”于2012年提出“数字内容及文化创意产业优惠贷款计划”，“文建会”驱动250亿元新台币的文创产业优惠贷款。三是多层次的文化创意产业投资机制。1亿元新台币以上的大型项目由“行政院国发基金”投资，5000万~1亿元新台币中型项目由“国发基金”与“经济部”“文建会”共同成立“文创投资审议委员会”，下设创投公司，并吸纳民间资本，台湾当局资金占49%，民间资本占51%；5000万元新台币以下的项目由“经济部”委托7家投资公司进行投资管理。

八　全力打造国际化的文化创意品牌

文化创意产业的快速、持续、高效发展需要国际化的文化创意品牌的带动。台湾当局协助业者，通过在台湾举办“台北艺术博览会”“台湾国际文化创意产业博览会”和参加国际文化创意展览、评奖活动提升台湾文化创意品牌，强化文化创意产业的国际营销，打造许多国际化的台湾文化创意品牌。台湾国际化的文化创意品牌，又进一步推动台湾文化创意产业的发展。台湾文化创意品牌成为台湾文化创意产业发展的成功标志。另外，台湾文化创意产业发展过程中还特别注重科技手段和消费体验的作用，使文化创意产业得到最新科技和消费者的推动，获得快速发展。

大陆各级政府和大小企业都认识到文化创意产业的重要性，都在下大力气推动文化创意产业发展，但是还存在认识上的偏差和操作上的误区，可以借鉴台湾的成功经验。

B.6 交流实务　探索两岸文化产业发展

陈春霖*

前　言

自1987年海峡两岸恢复往来迄今，交流日益频繁与密切。虽亟须促进、改进与精进之处仍多，但回首来时路，27年中所不断累积的、与两岸民众福祉有关的各项成就，是包括产官学研界、广大民间组织与有识之士在内的无数人与机构，用岁月、汗水与智慧所换取而来的结果，不仅得来不易且属于两岸全民所共享与共有。

回顾两岸过去这段交流历程，乃以台湾"老兵返乡运动"的亲情召唤为触媒，继而在持续的文化交流中梳理本即一体的历史脉络，从工商活动里开展互利互惠的经济成果。最近十多年以来，结合文化内涵与商业操作的文化产业、文化创意产业课题，成为两岸热衷追求的经济与文化发展目标。新的市场领域、经营理念、营运模式、产品与服务，以及新出台的鼓励政策与配套法规等不断推陈出新，令人目不暇接，呈现一副欣欣向荣的景象。

笔者多年来从事两岸文化交流工作，长期参与及观察两岸文化产业发展与学术活动（特别是对于大陆地区），持以实务角度将所见所思写成本文，希望对有志于两岸文化产业工作者、有志于中华文化发扬者有些促进思考的作用。

一　文化与文化产业

在两岸文化交流工作中听过许多对于"文化"一词的诠释，自然是各有

---

* 陈春霖，台湾·威京集团/财团法人沈春池文教基金会秘书长。

侧重，莫衷一是。经由不断思考，笔者以为，“文化是人类文明长期累积的结果”这句言简意赅的话，很能传达文化的形成与意义。能称得上文明者，已经是人类生活与生命实证千百年才能去芜存精所累积而成的优质内容部分；而能以文化为名，又得累积人类文明多少时间与内容后才能成就？文化——何其平凡，又何其不凡！文化从人而来，与人的关系极为密切，自然呈现在不同地区的人群生活与生命的特质与特征。因而，文化的特质与特征，是一个民族文化、地域文化的生活印记与生命密码，是独树一帜的识别符号，在全球各地分别呈现多样性文化的丰富样貌。

近年来，两岸都在谈的文化产业，吾人可以视其为在经济蓬勃发展、社会普遍富裕后，社文界、产经界与其他领域所必然关注的一个发展走向。此一方面固然是源自对西方发达地区与国家发展经验的观察与吸收；另一方面则是感受到自身社会在经济迅速发展后，对于文化相关产品与服务有所需求或预期需求的产生有以致之。

如同对于文化的多元诠释一般，各界对于文化产业的解释也是各有巧妙。经由吸收、思考与归纳，笔者的看法是：“文化产业乃以‘文化内容’经由‘智慧加工’，可以产出‘经济产值’的部分；并且以文化传播为手段，传递文化讯息，彰显文化感染效应。”

其中前段乃常见的“文化/价值”“创意/加值”“产业/产值”的三段论法，说明的是从文化内容、加工、营销到市场的关系。后段则是笔者认为最为重要的部分，也就是文化产业如果要从各产业类别中单独的挑出、有意义的成立，就必须深刻关注其是否承载适当的“文化讯息含量”（内容），是否具有较大的“文化传播力量”（传递），是否形成较大的“文化感染力量”（效应）。如果仅以文化内容与内涵作为产品与服务的构想源头，而没有置入“三量”的思考与行动，所谓的文化产业便与一般产业无异，要特别以文化为名提出，便显得多余并失去意义。

此外，实务界也有“文化产业”或“文化创意产业”之辨，笔者以为，“创意”是创新的点子，可以是发明，也可以是改良；可以施行于产品，也可以展现于服务。创意是各行各业在适应市场、发展市场、创造市场时本应具有的“积极寻求有意义改变”的精神。“产业创新”是现代经济活动中最为重要的竞争法则之一，因此将文化产业特别冠以“创意”二字，实在有些多余。这就如同我们不必将汽车工业、通信产业的不断创新称为“汽车创意产业”、“通信创意产业”的意思一样。

二　常见的文化产业发展话题与问题

1. 不能为文化产业而文化产业

固然有些文化内容有发展产业经济的机会，但如一味地将文化产业视为流行或不断追逐将文化内容转化为产值的作为，生怕没有和文化产业搭上边、没有产出产值便显得落伍、没有绩效，到了最后，变成了为文化产业而文化产业，则不仅将逐渐失去文化的精神与内涵，也将离真正的文化产业越来越远。例如有些公办演艺馆所在其所保留的年度若干自营时段里汲汲推出市场性节目，结果不仅与民争利，更将失去公办馆所经营的客观性与公益性，失去对促进表演产业发展的助力，偏离保护及推广弱势文化艺术的使命。

例如，有些民族地区在特殊日子所举办的民俗活动甚有可看性，但为了发展观光经济，而将理应定期隆重举办的仪典改成每周末都举行，或者将仪典搬至城市地区舞台上演出，如此一来，便失去了原有仪典的神圣性及文化意义。长此以往，甚至可能对于当地文化生态造成难以恢复的影响。

文化产业必须在尊重文化精神的基础上发展；失去文化精神，文化产业的发展将失去依托。不是所有的文化内容都有经济产值。事实上，从维护文化正常、多元发展的角度来说，吾人也不应该处处追求以文化内容来产出产值；有很大一部分的文化内容在社会急促追求现代化的过程中处在极为弱势的境地，稍加不留神，便将从我们的身边永远消逝。这一大部分的文化内容，更需要以国家社会之力来寻求保护，它们是国家、民族、社会、社群、社区、家族的精神基因及与先民联系的纽带。失去了它们，便如失去了根！

2. 复制与抄袭无法真正发展文化产业

毫无疑问的，现阶段工艺类以及艺术性的文化产品仍然是文化产业的大宗。但从各地所见，绝大多数产品千篇一律、千人一面，仿佛是同一个店家及工厂所生产。具有个性化、独特性以及与现代化生活质量兼容的产品甚为少见。其中如单纯复制各朝代青铜文物，或将其材质由金属转成琉璃、陶瓷；或高仿历代著名书画作品，或将其材质由纸类印刷改为丝绸织绣；等等。这些产品以博物馆商店与“具公办背景的民营机构”所产制者居多。又如在各地景区常见的竹简商品，常以历代著名诗词与通俗金玉良言不断用印刷字体刻印其上，却没有进一步思考到，以竹简作为载体，除了注意刻印文字不要出错外——特别是由简化汉字转为传统汉字时——应该如何进化与发展，让竹简焕发文化的魅力、材质的新意、艺术的美感及与现代生活的联结性。

再如因为无力原创或投机心态作祟，故转而抄袭具有创意的新上市文化商品，甚至剽窃设计师初步提案的原创内容。笔者曾访问一家琉璃制品公司，经理感慨地说，由于坊间抄袭速度飞快，导致该公司原创商品只有短短三个月的生命周期，之后同款仿品以较低的价格在市场铺货完成后，正品销售便会受到影响。还有，设计师获邀参与企业的新文化产品开发提案，最终虽未能获选，却在日后惊讶地发现自己的创意已被企业开发成商品上市！这些都还只是有形商品内容被抄袭与剽窃的情况，另如数字音像产业因为具有高复制性，受到非法复制的沉重打击而发生的惨痛故事早已是众所皆知了。社会及法律对于知识产权的尊重与维护，是文化产业可否有序发展的重要指标。

还有，北京恭王府与和珅这个历史人物有密切的关联性及故事性，因此以和珅为题材的书刊在府内商店有一定的销量。当走出大门后，胡同内小贩迎面兜售的同类书刊，价格却比府内商品七折八扣后还要低。又如笔者曾前往北京文博会参观，按例于离开时到服务台购买会刊带回台湾。如同恭王府一般，广场外有几位小贩在叫卖会刊，价格却只有大会的1/3。这些或许是大陆特殊的“倒卖”情况或发行因素之故而非兜售盗印本，但对于市场秩序同样具有严重的不利影响。

3. 当老旧厂房或成片土地开发成文创基地、文化产业园区成为一种不可落于人后的流行时，园区开发已然成为一种文化产业流行病

近年来，各地只要有列入工业遗址的厂房厂区，地方领导就不假思索地想要改装成文创基地、文化产业园区；只要有成片老房要拆迁、原有土地要重新规划时，就不约而同地想要开发成影视基地、动漫基地、设计基地、物流基地等。殊不知，这种“先射箭再画靶”的急就章模式，要是在各地不断上演，不仅将使得文创基地或文化产业园区的开发沦为炒作地皮及房产、出租场地的取巧途径，更将使得这个发展议题成为浮夸、泛滥的代名词。可以仔细想想，迄今为止，在各地数以千计的各类园区中，哪些是营运成功的？占有多大比率？园区内外与原订文化产业发展无关的商品房开发情况又是如何？

文化产业不是工商产业，在很多方面实际上很难用“有形的空间”框住一群文化领域工作者与机构做“集中式的管理”，来企图达到群聚、整合、凸显与创造绩效等目标。例如某地以位于风景区的别墅赠送文化名人，并以此号召，希望该风景区可以成为文化创作基地。但事实上此举除了宣传之外，很难对当地文化产业带来什么新的带动与发展机会。而文化名人也不会持续待在那个地方创作，不管当地风景有多么美。

又如许多设计工作室进驻以文创基地、文化产业园区为名的老旧厂房，其实大多是因为租金便宜，并非期待行业群聚效应带来什么好处，因为园区内外实际上并无关联性产业、学术机构、金融机构或行政服务机关的规划、支撑与服务的带动，无市场联系及营销的便利性，也无整体政策的实质支撑。而随着哪天租金调高到第一代厂商受不了时，便会产生轮替与排挤效应，自然更替一些忍受度较高的第二代厂商进驻。但如此一来，可能原先规划的，期望可以进驻的业别势将发生变化，园区业种及业态分布便将日趋凌乱，结果是许多厂商变成以店面陈列的零售模式在运作，无论对于厂商或服务对象而言，这都是园区运作上很难接受的情况，于是在热潮消退后便陷入乏人问津、门可罗雀的窘况甚至悄然收场。我们也可以仔细想想，到目前为止，有哪些园区是按照原有诉求定位与计划目标而能坚持实现且确有成绩的？

地方欲以基地、园区模式发展文化产业，关键在于区域条件的妥适性及有关政策的正确引导。最重要的是，所谓影视、动漫、设计等各式文化产业基地规划，不应仅在省市等级打转，尤应从国家级的发展位阶，按整体的文化战略，从区域分工、内容发展、人才培育、资金投入、创新技术、市场营销、法律与授权、衍生产品与服务、社会环境支撑等面向进行跨区跨界、虚实整合的规划与推动。因此，任由各地一窝蜂地投入的结果，便是虎头蛇尾、有头无尾甚至挂羊头卖狗肉等负面情况的不断浮现，不仅造成国家整体资源的浪费，也耽误了正确发展的良机。

4. 将现况的博览会模式视为发展文化产业的促进平台，意义不大

从两岸来说，文化产业博览会模式的兴起是最近十多年的事。各类科技、工商展览会的牵线与签约成绩，曾经给文化产业会展带来若干的想象空间。但是，笔者长期观察与关注两岸各项文博会后不免要问：到底办理文化产业博览会的目的及意义何在？是要政策倡导、创造产值、同业观摩、引领潮流、推广新知还是其他？不管各展会侧重的是哪些，都得搞清楚弄明白，而且不只在会展举办的三至五天，更要在全年其他时间里持续地、有计划地体现出来。否则，按现在所见，以开幕式所邀请高阶长官领导与文化名人若干、形式化宣布签约业绩若干、参观人数若干、参展厂商若干等作为大会成果，而会展现场除几个主题展区、特装展位外，其他则仿如“小贩”林立，一派假日市场的喧嚣景况——许多摊位甚至与文化产业的概念差距甚远，层次也不高——而活动结束后，绚烂归于平静，大家等待来年下届再相见。这些“大拜拜”做法并无法真正带动及发展文化产业。

二 “古迹活化再利用”不等同于文化产业

近几年来，两岸很流行将历史建筑、古迹、传统老街等经过适当整建及维护后，导入企业、工作室、画廊、个性餐厅、影院及零售店等业种业态，并以“古迹活化再利用”之名列入文化产业的范畴。但事实上，“古迹活化再利用”必须同时关注历代在此地生活、身心与此地相连的原有住民及其历史，妥为思索如何将其生活与生态纳入总体规划考虑，而非一股脑儿强制搬迁、修缮后导入不相干的商业活动，甚或导致街坊邻居因为不适应住家周遭环境的逐渐商业化而被迫离去，形同社区生态受到破坏的不良影响。

有形的“古迹活化再利用”必须结合无形的“住民生活生态保护”，文化的意涵才能彰显，文化的光华才能再现，文化传播的能量才能蓄积与发挥。否则充其量仅能称为一种“带有文化氛围的商业空间”或“类文化产业”。较大规模者，如大陆的丽江古城（即使它是人类文化遗产）、上海新天地、成都宽窄巷子，台湾的彰化鹿港老街、台南安平与神农老街、金门古民居群等丰富的例子，都值得吾人进一步深入思考。而单一建筑体量的例子那就更多了，按前述的概念，基本上都更难称得上是文化产业。

1. 要关注博物馆商店对发展文化商品的正确认识

近年来，两岸博物馆事业蓬勃发展，各界对于博物馆商品开发的关注度也越来越高。以其丰富的文化含量及传播力道，博物馆商店的商品当然也是文化产业的一环。但从实务所见，诸多博物馆商店相关主事者对于博物馆商品开发多数乃以创收角度视之。事实上，博物馆商品应该是博物馆“整体服务与教育推广策略”的重要一环，与典藏部、研究部、展览部、教育推广部甚至公共关系部应放在较为接近的位置看待。因此，博物馆商品首要关注的不是经济产值问题，而在于如何透过博物馆商品的推广与销售，让目标消费群得以将“博物馆带回家”；换言之，博物馆商品应该承载着丰富但适量的博物馆、重要展览或重要展品的相关讯息，使得消费者离开博物馆后，仍可透过所选购的博物馆商品，不仅回顾与留念，更能发现与吸收这些讯息并足以采取珍藏行动以及愿意与旁人分享。

在这样的认知下，博物馆商店从经营理念、服务流程、人员服装与培训、选址动线、装修风格、商品线发展与构成、定价策略、与大展互动及衍生服务等，都是博物馆商店成立与营运时的必要功课。若非如是观，则复制各朝代青铜文物、高仿历代著名书画作品等商品，又将一如既往地占据博物馆商店最重要的空间。

2. 要彰显非物质文化遗产在文化产业发展上的价值

非物质文化遗产类的工艺产品具有极为鲜明的地域与民族文化特色，文化信息含量极高。但因为型制、功能等为历代先民为生活所需而创造，许多已明显与现代生活有兼容性不足的脱节问题。因此，如何以在地的传统工艺技术，从新的生活需求角度切入，研制具有创新性的老工艺制品，让传统工艺巧妙走入千家万户的“现代生活”之中，不仅对于当地民间民俗工艺有着具体进行“生产性保护”的重要意义，也是文化产业发展极为重要的课题之一。

三　整体社会对于文化的关注程度、参与意愿与欣赏水平是文化产业发展的先决环境指标

有什么样的社会环境，就会有什么样的文化产业样态。如果社会还在普遍

追求温饱时，则当地文化产业的发展环境仍处在有待养成的阶段；而当社会开始关注、有意愿参与并懂得欣赏文化及相关商品、服务与活动时，文化产业的发展才具有较为成熟的条件。换言之，如果某地区某城市试图发展文化产业，却未能充分考虑当地的社会发展条件及接受程度时，则吾人虽不能断言其发展一定不会成功，但至少可以说，这个地区与城市必然要花费更多的气力与时间，才能达到原先所预期的目标。

文化产业面向宽广，在确认投入方向前，必须务实考虑几个重点：其一，是不是自己或当地最大资源所在之处？例如教育、交通、后勤、人才、资本、市场。其二，是不是自己或当地最擅长之处？例如所具有的产业背景或关联性等。其三，是不是自己或当地所选择进入或创造的市场有需求潜能？并需要考虑市场竞争情况及进入门槛高低等。经过仔细论证后，才能据以形成定位，并进一步发展策略及计划。

按实务所见，许多地方提及发展文化产业时，动辄将动漫、网游、影视、设计、时尚等常见的热门文化产业面向通通网罗，生怕挂一漏万就“输人”了。其实文化产业发展项目的选择在精不在多，除了如前所述的各种筛选机制外，也甚适合以商业营销实务中常使用的“牺牲原则”与“聚焦原则”来验证。所谓“牺牲原则”，就是经过定位程序后，将拟发展的目标内容去芜存精，必须牺牲次要的，保留主要的。定位清晰，策略才能明确，行动才能精准。所谓“聚焦原则”，就是如同放大镜一般，能够将阳光以凸透镜片集中能量，形成具有强大热力的光点。换言之，就是集中拟发展的目标内容，形成意象明确的展现力量；集中拟投入的相关资源，形成合力一致的促进力量。

1. 发展文化产业的目的

发展文化产业当然必须要关注经济产值。但与一般经济活动不一样的是，经济产值是文化产业的附加价值；文化讯息透过商品与服务载体的传播效果而能发挥文化感染效应，才是文化产业的核心价值。这也就是说，提出或发展文化产业的目的，不应只重视透过商品或服务所创造出的经济产值，而应更关注其中所携带的文化讯息发挥后所可能产生的“文化伏流”威力。

文化伏流虽看不见，但文化感染力十足，无论是同文化或异文化的受众在接收讯息过程中，会不断受到文化伏流的潜移默化，能够从发觉、领略、欣赏、认同到口碑传播这些讯息所欲传达的文化特色、意涵、价值甚至背后的意识形态。进一步来说，假如承载这些文化讯息的有形或无形载体能具备相当的吸引力时，便能触发受众采取消费行动，自然就会创造直接产值。但最重要的是，假如受众通过各种文化商品、服务与营销诉求，不断地“下载”与“更新”文化讯息，建立、累积与厚实对这些文化的熟悉度（形成心理支持）与好感度（形成感情支持），那么日后受众因为这种扩散作用而对其文化主体培养与发展出的支持度所带来的间接效益——自然包括经济产值——便要远远超过前述的直接产值。这就是文化产业在一般商品与服务之外提列出来的关键意义。

国际博物馆协会（The International Council of Museums，ICOM）认为博物馆具有教育（Educate）、娱乐（Entertain）与丰富人生（Enrich）三大使命。借用这个看法，对文化产业建构或阐述其目的具有重要的启发意义。那就是博物馆的“3E”使命提供了一种“用户导向”的视角，亦即文化产业的产出，需对于消费者与受讯对象产生“寓教于乐”的领略与“丰富人生”的意义。此不仅对于文化产业的“文化伏流”具有软化锐角的作用，也对吾人在发展文化产业时，更能把握一种目标显著与责无旁贷的方向感。例如美国的影视产品随着强盛的国力营销全球，各式各样的影视作品娱乐、“教育”与丰富世人的人生，让消费者与受讯对象油然生起触动心弦、获得启示、广阔视野、接近偶像、释放压力或产生满足等感觉或感动，并创造了惊人的经济产值。但最重要的是，透过影视镜头，美国的、资本主义的、基督教的、西方的“价值观”源源不绝地传递到全球各地，并逐渐使得不同地域、宗教、社会与文化的人们在潜移默化中，对“美式”的宗教、文化、社会、生活、审美、消费甚至政治、军事等，产生认识、习惯、接受与认同的扩散作用。影响所及，美国/西方的节庆、时尚、饮食、娱乐、流行等涵盖食衣住行育乐等方面的商品与服务充斥在我们的周围，因为确实有市场、有经济价值；尤有甚者，当美国与其对手之间发生矛盾与冲突时，且不论谁是谁非，在文化感染力的扩散作用下，我们经常会不假思索地，习惯地与美国“站”在一起。

影视是如此，流行与古典音乐、文艺复兴与现当代美术、文学、博物馆事业与文物典藏等不也是同样的道理吗？仔细思考后将会发现，吾人身边的例子多到俯拾即是。这其中的文化伏流所产生的巨大能量与效应，正是文化产业最通透的精神与最惊人之处。

2. 文化产业的核心构成：在文化发展策略之下，以文化内容，通过智慧加工与产权保障，发展文化市场

（1）文化内容是文化产业的价值所在。

文化内容具有地域性、历史性、民族性与时代性的特征，其中包括大雅与大俗者，也包括“一以贯之”及“与时俱进”者。以海峡两岸而言，中华文化就是核心的文化内容，就是吾人进行文化传播时必须牢牢把握的“USP”（Unique Selling Proposition，传播与营销实务上所重视的“独特的营销主张”）。例如诗词、书法、国画、国乐、武术、文物、古建、遗址、聚落、民族舞蹈、传统技艺、节庆风俗、美食美酒、南北地形地貌等中华文化艺术、文化遗产丰富内容，不仅在传播上具有很高的文化识别性，而且这个古老文明中所累积、蕴涵的价值，笔者坚信对于这个世界的和平与永续发展具有正面意义，值得向世人介绍与分享——这个对于中华文化的理解与信仰极为重要。

（2）智慧加工与知识产权保障是文化产业的加值所在。

文化产业的发展必须以理念、专业、技术来彰显与提升文化内容价值。其中，清晰的理念来自对文化内容的认识，对于文化产业目的的明辨与对于传播使命与手段的理解。而专业与技术则是传播策略建立与实践的重要条件。在专业上，文化产业特别重视跨界人才的养成及参与；在技术上，文化产业特别重视崭新科技的研发与运用。文化产业要能风行草偃、蔚为风潮，文化产品具备高复制性、可复制性是必然且必要的手段。当然，这种创新内容的复制性与前述博物馆商店常见的文物高复仿制的情况是天差地别。在科技日新月异的时代里，要发挥文化产业的最高效益，健全的法令环境、完善的执法质量与良好的公民守法意识是重要与必要的社会发展背景及条件。社会必须建构对文化内容创新展现与诠释的知识产权保障机制，文化产业才会有活路与出路。例如前述音像制品受到盗录、仿冒、非法下载的程度，让流行音乐与影视产业受到了几近于崩盘的危害及损失就是典型的例子。

让社会大众认识、尊重与支持知识产权，让文化产业投入者与工作者获得相关的保障是一条漫漫长路，很难一蹴而就。但只要方向正确加上努力不懈，日积月累地，如滴水穿石般，情况终将日益改善。唯有如此，文化产业才能健康有序地发展下去。

（3）文化市场需求是文化产业的产值所在。

从实务所见，许多案例显示在其规划上仍以“生产者导向”的思维在进行文化产业的发展作为。事实上这是远离市场的做法，因为文化产业有很清楚的心理消费特质，“消费者导向”“用户导向”“市场导向”才是必要的发展思路。因此，至少要做到：其一，必须深入研究目标市场特色，以了解市场在哪里？消费者想要及需要什么？如何满足？其二，必须深入研究市场竞争态势，以了解目标市场中有哪些现况与潜在竞争者？自身在目标市场中现况处在什么位置？优势与劣势、机会与威胁如何？未来期望到达什么位置？其三，必须深入发展市场区隔策略，以厘清对谁诉求？要诉求什么？

总体而言，文化产业以其技术、人才、资本集中的特色，如能有效发展，将可形成上下游关联性产业范围与规模，发挥实体与虚拟的产业群聚效应，带动从业人口与就业机会的增长，对于总体经济与文化发展将产生重要的贡献度。而从文化传播的角度来看，文化产业当然不仅要在自己的土地上生根茁壮，更必须朝拓展海外市场的方向持续努力，这是很明确的方向与使命。

3. 扁舟与航母——文化产业现况常见的规模特征

以两岸文化产业实况所见，业者绝大多数仍为微型企业规模。少数旗舰规模者，具有资本、人才、技术集中的特质。但整体而言，拥有高质量、高知名度、高产值之龙头企业者少见。而微型企业者，虽大多拥有自行研发的技术、载体或品牌（包装），却多苦于没有足够的营销营运及通路拓展能力。实际上说，这些微型企业，许多都具有可突破发展的优秀潜质，他们不缺实力，等待的是伯乐与机会。

文化产业不会凭空发生，无法从天而降，更不能强行植入。文化产业的启动，通常与地方的历史、生活、信仰、迁徙、重大事件等线索息息相关。文化产业最初阶的生成，来自邻里、社区、村落、社群、城镇、都市。换言之，文化产业与社区文化、社区的生活与生命故事有密切及深沉的关联性。常见的文化微型企业往往带动一个村里、一个社区的发展，这是文化产业最重要的基础单位。他们是地方特色产业、社区文化、文化观光的最重要根基，虽直接产出小，但经由涵养与培植后，间接与串联产出的机会极高。

台湾地方性文化产业元素极为丰富，以各地节庆或非遗文化为例，如台中大甲妈祖文化、台南郑成功文化、东港烧王船文化、屏东八家将官将首文化、永和泼水节、原民丰年祭、排湾族巴冷公主（百合花与百步蛇）传说等。以各地土特产故事为例，如彰化土凤梨酥、云林古坑咖啡、台中太阳饼与珍珠奶茶、宜兰白米社区木屐制作、金门风狮爷、西螺酱油、日月潭红茶、原民小米酒与琉璃珠、台东池上白米、台中大甲蔺草席等。

文化产业旗舰规模企业的发展应有整体发展策略。按发展策略之规划，选择重点项目，从区域竞争、国际竞争角度，集中人才、技术、资金以发展市场并成为业内出类拔萃者。平心而论，两岸在此领域实有竞有合。如何透过交流与合作，在可合作的面向上加强互动，以美上加美；在有竞争的方面戮力发展，以各美其美，这是两岸在此方面最重要的课题。

从环境条件及发展历程来说，两岸各有优势资源分布；但在文化渊源与内化上，两岸实难分彼此。很难以一条明确的界线，将中华文化画出两个清楚的范围，让两岸各站一边，各领受一份文化内容。因此，不论是美上加美抑或各美其美，透过彼此的争先恐后、争奇斗艳，最终都将使得中华文化获得更好地传播，为两岸、海外华人及全人类更好的精神生活做出应有的贡献。

4. 差异化价值——两岸文化产业发展利基

两岸长期分隔，虽经 27 年的交流互动，但彼此仍有殊为不同的环境发展进程与特点。如以发展文化产业市场角度来看两岸的互补性，则有如下观察。

（1）两岸在文化产业市场规模与市场成熟性上有互补发展的机会。

在市场规模方面，很明显的，无论从面积、人口以及各项经济指标来看，大陆地区远大于台湾地区。而从市场成熟性来看，台湾则在生活、理念、技术及新事物接受性方面，有很好的转化与经验累积可以与大陆分享。笔者要强调的是，即使经济条件宽裕，这些经验仍无法用钱快速地购得，而只能一步一个脚印地，透过相当长期的生活累积才能成就。而当整体社会的公民意识较为成熟时，生活素质自然提升，文化产业市场的发展背景便较趋于成熟，才有较为厚实的支撑力道。

（2）两岸在文化产业发展的历史及环境背景特点上有互补发展的机会。

由于造化弄人，百年来，两岸地区均经历了各种血泪斑斑的故事。甲午战争后，清朝于1895年将台湾割让给日本。直到1945年光复后，台湾才回到祖国的怀抱。但旋即又因为内战，两岸在1949～1987年间中断了联系。从1895年起到1987年为止，两岸共分隔了九十余年！

两岸都是炎黄子孙，都属中华民族，都是中华文化的传人，但一方水土养一方文化，前述的那些遭遇，导致两岸在文化发展与社会环境背景的养成与进程上自然形成了很不一样的特点。过去两岸许多人论及这些文化发展的差异性，往往看到的是问题点，但吾人以为，从两岸互补角度而言，这些差异性反而有其积极的意义。例如中国历朝历代的身影都在大陆地区，甚至近代以来推翻清朝、民国肇造、北伐、统一、抗战、内战等场景也都在那里。毫无疑问的，无论超过一甲子以来，在政经社会各方面的昂扬、激烈、沉淀、修补、发展过程中，中华文化受到如何的影响，发生如何的变化，大陆地区所拥有的中华文化意象的广阔天地，总是无可比拟，难以取代的。

而台湾在日据时期的异族统治下，读书人仍想方设法，小心翼翼地为中华文化点亮一盏灯，延续一份香火。即使后来太平洋战争爆发，日本在台湾推行皇民化运动，中华文化仍顽强地传承下来；到1949年后，渡海赴台的官民精英与台湾本地知识分子，为中华文化的存续发挥了极为重要的作用。儒家思想、诗词歌赋、宗教传统、民俗节庆、书画艺术、民俗工艺、戏剧曲艺，甚至传统汉字、祭孔古礼等中华文化的重要组成部分，都在台湾社会很生活化地、无缝接轨地保存下来。总体而言，台湾的文化涵养与文化特征包括了儒家文化、宗教文化、闽南文化、原民文化等。经过无间断的持续发展，在生活环境、生活品位、生活情趣、生活知识与生活态度等方面深厚地累积和自然地流露出来。

从以上的描绘中，可以很清楚地看出来，两岸在发展文化产业的市场规模与市场成熟性上、在环境背景特点上，确实具有很高的互补价值。台湾在创造力、社会背景与管理方面，大陆在内容资源、市场与资本、人力方面，彼此各具条件，如能加强互动，都有可以充分发挥之处。而这种互补性也让吾人有所启发，那就是要发展由创意与市场、实体与虚拟构成的文化产业链，必须要以文化内容为主的价值链切入。要发展文化产业，除了关注两岸，也要关注亚洲（如儒家文化圈）、关注全球华人（如中华民族文化圈），继而关注全球。

四 试述两岸文化产业发展策略

1. 以小换大、积少成多：微型规模策略

以文化微型企业作为社区总体营造（社区文化、土地认同）之根基，形塑“一乡一特色”风貌，发展文化旅游服务、地方文化特色商品。此事意义非同小可，极具重要性，千万不能小觑。

2. 集中力量、形成焦点：旗舰规模策略

务实地说，两岸在文化产业发展的交流与合作，经过多年以来的实证可以明确得知：“先从台湾到大陆，两岸再一起迎向世界。”这是发展国际级中华文化产业的最短距离。对于两岸来说，这条战略线是希望，更是责任。有关发展文化产业旗舰的策略，经过长期思考，笔者有两个浅见。

（1）蜂后策略。

一个蜂巢只能有一只蜂后，当老蜂巢新生一只蜂后时，其中一只蜂后便会另觅适当大环境组织一个新蜂巢。蜂群所有的工作，均围绕蜂后展开。如以这个情境来比喻文化产业旗舰的发展，则必须先行确认文化产业旗舰的发展策略中，哪一只新生的蜜蜂是具有天命的新蜂后？

对于蜜蜂而言，适当筑巢的大环境必须具备蜜源植物、较为安全而不易被其他动物打搅的林地等。对于文化产业而言，这即是政府部门应该做的工作，包括资金挹注、产业辅导、人才培育、技术研发、市场拓展、产业聚集等。小环境则是蜂巢，也就是文化产业同业应该努力创造与维护的行业规范。例如维护知识产权、组织行业团体以交流经验与心得等。具有“天命”的蜂后，指的是文化产业的龙头企业，必须产生火车头的带动作用，能够强大到足以聚集能量、支撑行业规模的扩大、带动关联性产业的发展，并发挥其文化产品与服务的影响力。蜂巢中为数最多的工蜂，则围绕蜂后与蜂蛹担任采蜜、警戒、哺育等工作，彼此既分工又整合，既忙碌又有序，适当地展现蜂群整体的力量。工蜂就是广大的文化产业第一线尖兵，他们各自依托不同层次、不同定义的文化产业旗舰而积极走出自己的一片天空。

（2）瑞士策略。

无论从人口或土地面积来看，瑞士都是不折不扣的、位于欧洲的一个小国。但是这个小国却是最富裕的国度之一。对全球精品消费者而言，瑞士是一个拥有为数众多领先品牌印象的钟表产业王国；它所生产的巧克力蜚声国际——即使她的境内并不适合生产热带的可可豆；而“瑞士刀”早已经成为相同或类似多功能折叠刀的代名词。这样的辉煌成就到底从何而来？对于文化产业旗舰发展策略而言有何启示？笔者以为，至少有如下几项重点值得研究：一是如何确认重点项目并精心发展以形成焦点领航；二是如何将传统与创新做完满的结合；三是如何开发与掌握核心技术；四是如何打造国际级精品品牌；五是如何开展国际营销。

结　语

从过去27年来两岸在文化课题上的互动表现来看，以规模而言，彼此有大有小；以历史而言，彼此有长有短；以心得而言，则无分优劣，只有侧重、专长与进程之分。这种差异是有价值的存在、有意义的存在，是两岸在中华文化大家庭中的多样性展现。对促进文化产业发展而言，这种差异性，毋宁为两岸的具体合作增添了缤纷的色彩。

台湾通过大陆，是一条涵养资本、市场、品牌的策略途径；大陆通过台湾，则是一条涵养创意发展、管理经验、国际合作经验与视野的策略思维。两岸如何在这样的情境之下，结合两口“鱼塘”特点，聪明地选出各自的“蜂后”，并发展出别具魅力的“瑞士”经验，将精彩的文化内容，以文化产业的形式营销到全球，以创造不凡的产值；同时，并透过文化伏流的威力，将中华文化有益于全球永续发展的“善性”讯息传递出去以形成“善化”作用，是彼此共同弘扬中华文化的责任。

展望未来，吾人乐观期待。

B.7

发扬时代新义的中华传统文化

彭立忠*

文化的内涵包含了艺术表现、饮食日用、典章制度、思想人文、生活器物、动静相容、文治与武功等方方面面的综合。文化不是供后人凭吊的器物文献或考古遗迹，文化是由活生生的人们在生活中承载的价值观与行为模式，所以说文化即是生活，文化即是实践，文化即是品位。中华文化是上述指称的涵泳传承，时至今日，有其历久弥新的部分，有其该革故鼎新的部分，也有可创赋新义的部分。关于两岸对于中华文化传统的继承发扬，本文列举《易经》的道理作为历久弥新的代表，以“家”的传统作为可革故鼎新的代表，以两岸青年携手合作前往对方社会去做志工服务，而作为创赋新义的代表。关于中华文化传统的诠释，本文借用《易经》虚实的概念，分别从对天、地、人的不同理解及对应方式，解释其中的虚与实，期许两岸交流能在虚实中反省自我的不足，在务实的层面上开展更多真诚的对话与信任合作。

前言

文化有其艺术成就的表现，但是艺术成就不全等于文化；文化有其饮食日用的需求，但是饮食日用不全等于文化；文化有其典章制度的建构，但是典章制度不全等于文化；文化有其思想人文的传承，但是思想人文的传承不全等于文化；文化有其生活器物的创作，但是生活器物不全等于文化；文化有其动静相容的体现，但是乐舞不全等于文化；所谓有文治者必有武功，有武功者必有文治。故文化的载体在于当代生活着的人，而不是供后人凭吊的器物文献或是

* 彭立忠，台湾政治大学国家发展研究所副教授。

考古遗迹。对我个人而言，文化即是文武兼备的“士”，① 文化即是生活，文化即是实践，文化是上述所有的综合，再加上一份心灵的沉淀，那份心灵的沉淀代表着品位。②

中华文化是什么？该如何指涉与代表？华夏大地郁郁乎文哉已数千年，人文积淀何其深厚，如何能以特称代指全称？中华文化在我辈出生前即已俱存，我辈穷己一生精力也难以钻研透彻，但身处华夏文化圈，必然具有华夏之文化趣味，说不解中华文化之全貌，却又能彰显继承其中的纷杂与奥妙。虽不能周遍穷举中华文化的精妙，但不妨从三条思考路径来检视部分的文化传统，于是而有本文“发扬时代新义的中华文化传统”之思索。

这三条思考路径即是：中华文化有一些属于历久弥新，有一些需要革故鼎新，有一些可以创赋新义。前文所称文化有其多面向性，未可举一而得全，而此次在福州召开的第一届两岸文化发展论坛，以“两岸视域中的传统文化与文化传统”为主轴，集中探讨海峡两岸如何省思共有的文化传统，找出传统的文化价值并赋予时代新义，以共同发扬中华文化传统的价值来增进彼此的合作，并提升对国际的影响力。由于文化的承继与发扬需要以具体的个人作为载体，而中华传统特别重视以人为本、天人合一，因此本文将从人文的角度思考中华传统文化的价值。

---

① 文稿发表于“第一届两岸文化发展论坛”，福建师范大学，2013 年 8 月 5 ~ 6 日，中国传统的教育在于启发学习者如何做人，如何分辨是非善恶，如何体用兼备、术德兼修、文武合一，这样的受教者可以作为基本的知识分子，也就是传统的“士”，然而士还有一生的躬行实践奋斗目标，所以“士不可不弘毅，任重而道远”，此弘毅的责任在于贯彻“智者不惑，仁者不忧，勇者不惧”的三达德，实践“己立立人，己达达人”的仁者襟怀，也就是强调在成就他人的过程中达到实践自我的完善理想人格。

② 被推崇为台湾的美学大师蒋勋先生，长久以来致力于把整体社会的美学感官能力慢慢提高，但抵不过媒体几秒钟的糟蹋，让他感觉很无力。去年他罹患一场大病，病后对人生也有更透彻的体悟，最近他谈到台湾社会美学的品位，他说要回到生活里的食衣住行，从最基本的生活中谈美感。品位，绝对不是多，绝对不是比量。“品位到最终是一种选择，而这个选择，一定要很清楚地，我做我自己。”蒋勋先生所言虽为美学及品位，但他所论及美学品位要回到生活里的食衣住行，这就是一种文化的体现，本文在论文提交之后得闻斯语，欣喜深有同感，引为之注。

蒋勋：《品味最终是种选择做我自己》，《联合报》2013 年 8 月 3 日，http://udn.com/NEWS/NATIONAL/NAT3/8071800.shtml。

一　两岸共有的传统文化与文化传统是什么？

中国有一个大道理、大学问，许多的知识与学派都是从它那里开展变化出来，那个学问与知识的本源就是《易经》，《易经》可说是中国传统中历久弥新的道理。《易经》谈的道理是阴阳、虚实、刚柔、动静、隐现等各种二元对立的观念与现象变化。但是中国人的价值观与思维发展并不局限于二元对立的范畴，[①] 此处借用"虚实"的对比来看两岸人民对于"天地人"的文化现象。所谓"看得见的是虚，看不见的是实。用肉眼看见的是虚，用心眼看见的是实。"两岸对于"天"的尊重，表现在对于宗教、对于神明、对于祖宗的敬仰与崇隆，看得见的是庙宇的富丽堂皇及祭祀活动的香火鼎盛，看不见的是追思与自律，究竟是践行神明或祖先的德泽，还是仅为祈求一己私利私欲的满足，差别在于私心与公心的分野。为己者，其宗教行为以交换与功利心为重；为众者，其宗教行为以平等、谦逊、同理心为重。[②] 两岸对于"地"的利用，表现在于经济开发与人民依附于土地之上的各种生活利用。但是土地开发究竟是开物成务还是圈地为私？《礼记·大学》有言："有德此有人，有人此有土，有

① 中国人的思维认识可以说存在"一统（一贯）""二元""三分""四化""五方""六数"的基本框架，并不拘泥于二元对立的概念，通常会在二元对立中夹杂着第三方的灰色地带，也会在奇偶的对称或联立下，延展出三分法至十分法的数字概念组合，例如：三才（天地人）、三光（日月星）；四时之序（春夏秋冬、播种叔祭、伯仲叔季）、四神兽（青龙、白虎、朱雀、玄武）；五行、五方、五谷；六合、六畜、六亲；七情、七曜、七律；八荒、八极、八卦；九州、九宫、九族；十全、十方、十天干、十大功过等。其中类比组合多端，然中国人又习惯"一统（一贯）"的方式将其万流归宗，故能成其统绪，这也就是中国好言"传统"的一种思维模式。

② 例如台湾台东有位卖菜的妇人陈树菊，她身世坎坷，曾经也愤世嫉俗过，然而借着信仰的力量放下仇恨，平时勤奋工作生活刻苦，多年来省吃俭用的钱全用来捐助弱势儿童、建图书馆等公益，累计捐出了近1000万元台币，她的义行受到大陆媒体的重视，2010年《富比士杂志》《时代杂志》《读者文摘》等对其报道与肯定，2012年她获得菲律宾麦格塞塞奖（Ramon Magsaysay Award）的奖励，即将奖金5万美元全数捐给台东马偕医院，并致力继续存1000万元以成立基金会，好让穷人能吃饭、看医生。她低调行善的事迹，经过媒体高调的报道才广为人知，但是媒体的热度会冷却，只有持之以恒的善行才能温暖人心改良社会。关于陈树菊的事迹，刘永毅以半年的贴身访问，撰写了《陈树菊——不平凡的慷慨》可作为其人行事之注解。

土此有财，有财此有用。”亘古以来中国人特别偏爱拥有土地或房地产，从农业社会进入工商社会，拥有财富或权力者，一定会想要拥有与其身份匹配的房地产，遂而两岸的房地产价格、豪宅价格常以螺旋状递升，纵使经济产业会有波动变化，但是房产价格总是易涨难跌，华人社会对于土地的经济价值就更加迷恋了。不过老祖宗提醒我们的是：“道得众则得国，失众则失国。是故君子先慎乎德。”[①] 土地的财用非宝，如果人们缺乏正确的价值观，就无法善用土地的价值，若是为政者缺乏公益（义）的动机与个人良好的德行，纵使可以积聚财货反而会丧失民心。[②]

两岸对于“人”的信任，表现在于人际关系的相互对待，以及社会分工中，对于彼此互赖互惠行为的满足与责任。谈到人际关系的相互对待，中国人一向重视五伦与六同（同宗、同乡、同学、同科、同好、同事），[③] 只要在五伦关系中或“六同”范围内的人，[④] 彼此就好说话，也比较可以信任。但是对

---

① 《礼记·大学》。

② 例如台湾苗栗县政府为了发展工业，在竹南镇大埔里与民众发生土地征收与强制拆迁的冲突事件，事件肇因苗栗县政府计划扩大“新竹科学工业园区竹南基地”，然而苗栗县境内工业园区闲置率偏高（竹南科学园区为42%，铜锣工业园区甚至高达84%），因此该土地开发案的目的备受质疑。2008 年初，执政的民进党政府通过了开发案，同年 5 月国民党轮替执政后，指示地方政府扩大征地范围，造成被征收人九百多户（数千位住户）中，有 20 多位住户，不愿土地被征收，要求保留住宅及农地。2010 年 6 月 9 日苗栗县政府强制征收农地，引发后续一连串公民团体的抗争与《土地征收条例》修法行动。

县长刘政鸿面对农民态度强硬，县政府凭借公权力，利用非法手段毁坏即将收成的稻田，引起农民群起反抗，2010 年 8 月 3 日甚至引发农妇朱冯敏自杀。2013 年 7 月 18 日刘县长则利用大埔自救会等团体北上向行政院抗议之际，以优势警力强制拆除最后抗争的四户家园，此一媒体称作大埔毁田事件、大埔圈地事件或大埔征地事件至此虽暂告落幕，但其后续影响人民对于政府的信任感，值得关切。

参考自《大埔毁田拆屋政府变土匪》，世界民报全球资讯网，http：//www. worldpeoplenews. com/editorials/2013 - 07/40492。

《大埔事件》，维基百科，http：//zh. wikipedia. org/wiki/% E5% A4% A7% E5% 9F% 94% E4% BA% 8B% E4% BB% B6，撷取日期：2013 年 7 月 22 日。

③ 中国人的“尚同”文化与墨家的原意并不相同，此处的六同所举之例未必周延，大抵这是一种关系与价值观的建立，标志着圈内与圈外的差异，所谓内外有别，圈内人可共享分惠，圈外人则排他独占。

④ 此处民间认知的“大同”与儒家《礼运》篇的“大同”，彼此实不相同。基本上，中国人不善于定义与分析，却习惯于综合与混同，所以大同也者，大家都不相同，但是大处总得相同。中国人好言大同时，总是包容或搁置许多的小异。若要强求墨家所谓天下尚同于一的做法时，肯定会出现上有政策、下有对策的多元因应模式。

于五伦关系外的陌生人，中国人可能就比较缺乏同理心与平等对待的公平性。例如在某些私人的买卖场合，我们可以看到讲价与砍价的文化，这时有无关系与交情可套肯定会很重要。

自两岸开放交流、观光、直航以来，一些大陆人士在台湾发现了若干美好的事物，《台湾最美的风景是人》一书可堪举隅，该书列举几个单元："你必须知道的101个台湾人""你必须体验的101件台湾事""爱恨台湾的101个理由""两岸三地说台湾想象的彼岸与真实的对岸""台湾十大现象""台湾最有人情味的十大创意""两岸的十大桥梁""在台湾找中国味儿"等介绍台湾。从篇章主题分类上即可证明两岸喜好凑足整数或特有符码的相同性，可该书所以吸引读者的地方却是在强调两岸的差异性，或者说在两岸交流过程中，所体验到那种"陌生中的熟悉"或"熟悉中的陌生"感觉吧。

对于经常往来两岸（陆、台、港、澳）的人而言，台湾社会的确是比较具有人情味的，这种人情味让韩寒对台湾的庶民生活赞誉有加，他以个人的体验反省自己对于台湾人的和善、有礼、体恤、信任，感动不已。① 他珍惜这份中华文化固有的传统，在海外的华人社会被保存下来。生活在台湾的朋友可能未必觉得台湾如同韩寒所描绘的那样完美，可我们必然认同一个文明的社会不就应该如此这般吗？虽然台湾人的细腻周到可能让人感受另一种心理上的距离感。②

提起社会信任，台湾人可能会自居华人世界的前茅，认为我们的社会信任度是良好的。不过自从今年初以来陆续爆发的食品安全问题，让两岸的同胞都觉得身陷"食"在难以放心、难以安心的窘境。首先是大陆的病死禽畜流入

---

① 韩寒在短暂旅台之后，于其博客发表了《太平洋的风》，引发两岸网民热烈的讨论。http：//blog. sina. com. cn/s/blog_ 4701280b0102e5np. html，撷取日期：2013年7月27日。

② 台湾社会充满人情味，人与人的互动比较礼貌、体贴、周到，但是也会比较含蓄、内敛，有时让人难以直接明白真正的心意，特别是两岸之间有些话题可能双方都得着点，以免破坏了和谐的气氛，或许"交浅不宜言深"的道理，让两岸互动的过程需要更多的细心对待，凤凰卫视的主持人窦文涛就觉得台湾人细心周到却摸不到心，但礼让总比野蛮好。

参见《新周刊台湾最美的风景是人——细腻周到却摸不到心》，《旺报》2012年7月31日，http：//news. chinatimes. com/reading/11051306/112012073100477. html。

餐馆,[①] 食品加工过程中添加了工业的着色剂、增味剂,[②] 农作物生产或禽畜饲养的环节，一再发生违失现象，导致消费者惊恐的抢购囤积国外品牌的食品。而台湾南部也被揭发病死猪经加工后卖给团膳或传统市场,[③] 台湾的知名品牌大厂则接连爆发产品逾期,[④] 私自更改保存期限，食品加工过程违规添加工业塑化剂（又名“起云剂”),[⑤] 各类淀粉食品制造过程中普遍违规使用含有顺丁烯二酸的化制淀粉。台湾的农产品一再被检验出含超量农药、畜产使用瘦肉精等添加物则早已非新闻，造成台湾的消费者无法再揶揄大陆的黑心食品泛滥问题，因为台湾的不肖商人或生产者亦不遑多让。

此刻我们可能会感到矛盾困惑的是，台湾的人民一方面以勤奋诚恳著称，社会上普遍对于陌生人是可以提供帮助或表达信任的，另一方面，人们却无法信任货架上提供的商品，尤其当媒体曝光信任危机时，消费者常常不分青红皂白的拒买相关联的商品，导致不少无辜的生产者连带遭殃。尽管海峡两岸存在政治体制与历史经验的分歧差异，但是两岸同样重视民以食为天，两岸人民同样在意饮食日用的需求与安全问题，传统文化告诫我们“君子爱财，取之以道”，然而今日全球经济一体化的浪潮下，两岸活络的工商活动中，人们似乎迷信“品牌”甚于“品质”。大量频繁的广告营造出品牌的知名度，垄断行销的通路，让消费者信任强势行销的商品而少有其他选择，传统商业活动重视信誉与口碑，百年老字号，“医不三世，不服其药”

① 2013 年初上海黄浦江上出现大批漂浮的死猪，当地媒体报道，死猪大量被弃置，与地下饮食产业被严格扫荡关系密切，许多死猪上不了餐桌，只好被丢弃。

② 针对中国大陆屡屡爆发食品安全的问题，人们从黄浦江的死猪，到禽流感的鸡、鸭、鹅、鸽子，再到婴幼儿的毒奶粉，地沟油、矿泉水，现在连煮火锅吃羊肉卷也出现夹杂其他禽畜杂肉的山寨问题。为了重建社会信心，提供人民关心食品安全的问题意识与健全态度，2012 年初，中国国务院食品安全委员会召开第四次全体会议审议通过了《2012 年食品安全重点工作安排》，出台了关系食品安全问题的新政策、新思路和新举措。新华网并开辟系列专题，邀请相关管理部门主管、专家学者们，提供消费者对称的资讯，揭露行业内幕面对食品安全问题。《五问食品安全新政》，2012 年 3 月 26 日，新华网，http://big5.xinhuanet.com/gate/big5/news.xinhuanet.com/video/2012-03/26/c_122883660.htm。

③ 《查获屏东毙死猪无良销小学团膳》，2013 年 6 月 5 日，民视新闻。

④ 《义美小泡芙用过期原料 12 万箱早已下肚》，《自由时报》2013 年 5 月 21 日，http://www.libertytimes.com.tw/2013/new/may/21/today-life1.htm。

⑤ 《业者惊爆/黑心起云剂 20 年前就有了》，《自由时报》，2011 年 5 月 27 日，http://www.liberty times.com.tw/2011/new/may/27/today-t1.htm。

的价值观似乎已被淡忘，以致改变了人们的现实生活。其实在社会分工中，人们需要相互的信赖与互惠，对于彼此互赖互惠行为的满足是需要善尽责任的承担。

综合本节天地人虚实关系的探讨，并非限定单一恒定的对应关系，而是着重经得起时间考验的价值面。本文认为属于虚的是那些外表盛大、包装做作的事物，属于实的则是真诚可信赖的、可以维系个人与社会持续和谐发展的事物。因此，人对于自然，不在于夸示对自然的征服或崇拜，而在于对自然的客观认识与谦逊的顺天应时而动；对于宗教、神明、祖先，不在于繁复奢华的宗教仪式庆典，而在于虔敬反省推恩分惠的社会实践；对于土地，不在于好大喜功的开发建设或炫富式的圈地为私，而在于合理有节度的运用地利，重视土地的价值是育养百姓，而非纯粹牟利的市场商品；[①] 对于人与人的关系，不在于交际应酬的温情，而在于相知相惜的尊重；对于人类社会分工的信任，不在于品牌的宣传促销，而在于品质的责任承担。

二　哪些文化传统在两岸人民的价值生活中还起着重要的作用?

根据前面从天地人三方面检视两岸人民的文化现象，我们可以发现民间重视宗教、祖先崇拜的传统依然起着正面能够安定社会的作用；人们对于土地的开发利用，往往迷恋土地的占有与财富的积累；人们对于彼此交往，信任关系的建立，则须依赖持续的互动，与相互对于自我责任的践履。因此三者归结起来，不脱传统对于人伦的重视与五伦观念的影响，但是两岸人民的价值观也早已受到外来文化的渗入，个人自主意识、个人权利意识的崛起、追逐外铄的肯定等，也不断被强化，以至于原有的人伦信念备受考验，社会的人际关系稳定

① 台湾财金智慧教育推广协会理事长杨子江先生检讨台湾扭曲的房地产现象，他表示：回归不动产的本质，房子的主要目的是居住！居住是全民的权利，每个人都有权利要求政府提供好的住宅，而且是价格合理的好住宅。全世界的政府都不应该把房地产当做投资商品来处理，他建议台湾的房地产政策应该回归到国父孙中山先生主张的“涨价归公，地利共享”理想上。薛翔之：《人人有权住好宅　房产不该成投资品》，《联合报》2013 年 8 月 2 日，http：//money. udn. com/house/storypage. jsp？ f_ MAIN_ ID = 414&f_ SUB_ ID = 4054&f_ ART_ ID = 294671。

性也可能降低。

面对这样的社会变化，不能用单纯的好恶或好坏来论断，只能从个人或社会适应的角度来对待。就本文对于前述现象的观察与理解，我认为“家”是两岸文化传统中依旧起着重要作用的价值。不仅对于天、自然、宗教、神明、祖先，是与家的建构有关；对于土地的眷恋，财富的积累，也是与家的存在有关；对于人际关系的发展，社会分工的运作，更可以和家发生联结。传统的价值观培育过程，重视修身、齐家，现代的公民社会重视法治与自律，此二者本可相互结合，然而中国社会因为人口众多，政治秩序的建立常诉诸他律而非自律，中国的法治运作也常受到人情、关系的扭曲，以至于华人对于公权力的期待高，却又偏偏信任度低。[①] 这样的现象，在两岸日常生活中不免常见。

对于“家”在现代社会的调适，我们不需否定其自私性，但也不应扩大其自私性。因为有家的存在，个人才会有所安顿与依托，社会与国家的结构运作才会稳定，但是如果过于强调一家之私，那么必然会妨碍其他家的权益与生存，从而引发社会中彼此关系的对立紧张，[②] 因此如何调节各家的私（私权、私利、私情），使之相互能安能和，这是我们文化要处理的问题，也是我们该思考如何革故鼎新的课题。

而两岸关系的发展亦然，随着民间交流的扩大，两岸通婚的比例有所增长，目前台湾与大陆联姻的家庭即有32.4万户，[③] 两岸之间的隔阂能否借由相互的通婚予以化解，这是值得期待的。但这可能是一个相当漫长的过程，两

① 以台湾为例，人们或是媒体对于许多公共议题，常常是期待政府积极作为，然而当政府有所兴革时，人们或媒体却又多所指责挑剔，显示对于公权力的信任不佳。

② 今日全球经济一体化的情况下，许多国家都出现了财富与资产被少数人垄断的现象，“我们是99%”成为一句打动许多人的口号，这句口号让许多人质疑为什么“社会上1%最富有的人士占有43%的社会财富，80%的普罗大众只拥有剩余的7%，1%富人的财富每年以双位百分数继续增加，最底层的20%穷人的收入则呈现负增长，而且这个趋势还在不断扩大”。这种现象的发生，就是过度扩张一家之私，导致社会上其他家的权益受到过度压抑，从而埋下社会冲突对立的不安种子。《侨报》记者吴卓明：《为什么我们是99%？》，转引自新浪网2011年10月31日，http://dailynews.sina.com/bg/news/usa/uslocal/chinapress/20111031/03502881619.html。

③ 根据“内政部”外籍配偶人数与大陆（含港澳）配偶人数统计，迄2013年6月，大陆含港澳配偶的人数达324232位，http://www.immigration.gov.tw/ct.asp?xItem=1212472&ctNode=29699&mp=1。

岸社会必须营造相互接纳的气氛，单方面的开放或期待则是不切实际的。[①] 例如台湾与大陆最近签署《两岸服务业贸易协议》，本是一桩两岸互利双赢的协议，然而台湾社会却引发一些抗争及刻意失焦的论述，[②] 这就像是家务事的协调，很难用法律或政治去角力，却得用心去倾听，用事实与道理去证明那些论述是偏颇的，那些担忧是可以化解的。[③] 如果有了家的情分，对于道理的论述就可以获得信任，欠缺了情分的家，就成为了“枷”，自然会内有拆墙拆梁的举动了。

三　传统文化该如何赋予时代意义，使之发扬光大？

传统对于当代人们的影响，常常是“百姓日用而不知”，《易经·系辞下传》有言：“天地之大德曰生，圣人之大宝曰位。何以守位曰仁。何以聚人曰财。理财正辞，禁民为非曰义。”这段系辞的内容可说对应本文关于天地人的探讨，并富有启发性。首先，人居于天地之间，能够生生不息的繁衍下来，这是天地的大恩大德；生生不息为中国人特别重视的价值，故中国人特别讲究家与家族的传承。其次，社会的治理，居于领导群伦的国宝重器是君主的权位，权位的取得固然不易，需得到天时、地利、人和的相应，但是若能守住大位，

---

① 例如陆委会打算针对修正两岸人民关系条例第 17、第 21 条，将大陆配偶取得“中华民国”身份证年限，由现行的 6 年缩短为 4 年，在野党台联对此有意见，台“联立委”许忠信说：“陆配受共产主义影响，有侵犯台湾主权企图，若大幅开放、过于容易取得参政权，将对国家安全产生不利影响。”台“联立委”黄文玲则认为 2016 年“总统大选”会因为大陆配偶提早取得身份享有投票权而影响选举结果，会产生“国安”问题。淡江大学公共行政系教授施正锋也从“敌我之辨”来看待陆配在台的公民权，他甚至呼吁，陆配要回去告诉娘家不要威胁台湾。《忧干扰选举结果台在野党限制陆配选举权》，《多维新闻》2013 年 5 月 9 日，http：//taiwan. dwnews. com/big5/news/2013 - 05 - 09/59172501. html。

② 《反服贸轮番开讲　19 团体组民主阵线》，《联合报》2013 年 7 月 29 日，http：//udn. com/NEWS/NATIONAL/NATS1/8058935. shtml。

③ 台湾的民主政治具有表演的特质，某些在野党的政治人物，一方面上电视、电台口骂共产党，反对两岸服务贸易协议；另一方面私下去大陆邀宠，或者直接取得特许的投资权益，这样的表里不一，不仅让同党的同志看不下去，播弄两岸对立情绪以图一家之私，也无助于两岸交流的实质信赖感。《郑新助痛批民进党：私下尽做龌龊事》，2013 年 7 月 17 日，中国评论新闻网，http：//www. chinareviewnews. com/doc/1026/3/3/7/102633752. html? coluid = 93&kindid = 9970&docid = 102633752&mdate = 0717011035。

必须行仁义聚贤才。《易经》对于人才与钱财的关系，强调散财以聚人，而非聚财民离散；并对于理财之道重视合顺辞正，使人民不致为非作歹，故能归于义。其中的“理财正辞，禁民为非”也就是注重民生经济问题，也要追求精神文化的提升，与人民守法素质的培养。

回到中国人对于家的重视，对于家的传承与财富积聚，这固然是满足一己之私，也是生物性的本能，但是人毕竟与禽兽有别，人类懂得分析、懂得计算，更要懂得反思，今日我们遭遇到的土地开发利用过当，生产者与经营者在民生消费物资的制造上弄虚作假问题，都可以从“理财正辞，禁民为非”找到启发，两岸的为政者也需要倡行仁义，以德化民，让人民感受到幸福，自然就会获得民众的支持信赖。而一般人在追求自身幸福与富庶的同时，也需考虑子孙长远的幸福与富庶，不应在这一代即耗尽下一代的机会与资源，应当善于保护大自然的生态平衡，有效地节制个人的自利行为，方可提供个人与社会真正的和谐与幸福。

四　中华文化传统在两岸如何传承发展，两岸该如何加强交流合作？

中华文化的传统是鼓励谦逊而非张扬，是强调躬行实践，先有其实，再居其名。两岸开放交流以来，有许多机遇与摩擦，有自信的人会抓紧机遇，缺乏自信的人却会扩大摩擦。其实，中国人是尚大同而不强求齐一的，面对两岸发展的利弊得失，双方应当相互借鉴，谦虚反省，开放互助，务实行善，而不需要在枝节问题上互相挑剔。这些年来，中国大陆的有识之士纷纷发起读经与提振传统文化的风气，虽然也曾受到若干的质疑批判，这在台湾也有同样的处境，但是中华文化是经得起历史的考验，当那些怀疑经典教训与典范人格的质疑甚嚣尘上时，我们实不需加以辩解，而应更积极的反省实践知识分子的责任，以传统理想人格的化身——求为君子仁人，要求自身做起。

同时，面对社会发展过程中的一些脱序乱象，也应该做中流砥柱的加以批判指正，至少不应媚俗地推波助澜。目前两岸的青年学子多有社会实践的志工服务，其中到偏乡学校去推广读经教育与现代社会实用知识，不失为关怀社会的正确方向，两岸的学者专家宜其多加鼓励年轻人组队，相互合作共同到对岸的社会弱势族群中提供帮助，以亲身的善念善行，化解那些敌意与不理解，相信在青年人对于文化创赋新义的努力下，中华文化会创造新的时代巅峰。

B.8

两岸文化产业创意化之国际竞争力分析

陈清河*

一　文化产业的定义

在全球化时代，随着经济体制的变迁，文化工业与创意工业不再只是为少数人服务的精英艺术。创意是社会与经济变迁的驱动者，启动知识经济，结合信息传播科技，促进其他产业或相关服务的现代化，改变人们的日常生活与经验。因此，今日世界各国都把文化创意产业当成城市发展转型的重要指标。但“文化”如何转化为日常生活的一项生活习性？“产业”如何转型为一个具范畴规模的永续经营？以及加入“创意”如何蜕变为心灵结构（mind structure）的一种成长元素？

文化产业包含传统与现代的文化艺术，从生产到流通的过程，强调艺术工作的再生产性。而文化的创意精神，则着重在文化与企业经营的关系。创意工业源头可以溯及18世纪以来有关创意艺术和文化产业的概念化，也涉及消费者和公民两个观念的长期变迁。较晚近则源自科技和世界经济的变化，1990年代以后，在新知识经济脉络下的新媒体科技，尤其指快速发展的交互式媒体。

文化产业必须选对的东西进行创意加值，以实现创造永久价值的目标。完成这个目标的过程中需要很多的精神与支持，因此如何能够比较轻易、多元地取得源源不断的养分，举一反三找到灵感，在旧东西上变出新把戏，便需要更多能量的积累，以适时酝酿，创造更多加值应用。唯有促进了信息流动和处理能力之发展的信息结构，开展反身性积累的结构性条件，符号与空间的经济才可能借此形成网络。

* 陈清河，台湾世新大学新闻传播学院院长。

追溯源头，创意产业（creative industry）的概念是英国首倡，最早出现是当时刚胜选，由新任首相汤尼·布莱尔（Tony Blair）主导的工党政府下的文化媒体体育部提出文化创意产业的概念。被尊为世界创意产业之父的约翰·霍金斯（John Anthony Howkins），曾在其 2001 年的著作 *The Creative Economy: How People Make Money from Ideas*（《创意经济：如何点脑成金》）中，对创意产业下了较细致的定义。他认为，创意经济与创意产业，由版权、专利、商标和设计四个部分共同构成。世界各国也依本身的地理性，在地古迹和文化、经济特色等情况，纷纷提出相关概念，但略做调整英国“文化创意产业”的定义，以重新界定和划分自身的需求。主要包括版权产业、文化产业、休闲产业、体验经济、美学经济等概念。综观之，世界各国或地区对文化创意产业的理解分为三种类型：一是以美国为代表，没有明确文创定义的版权产业；二是以英国为代表的“创意性产业”；三是以中、韩为代表的“文化性产业”。各国产业的分类内容如表 1 所示。

表 1　各国对文化创意产业概念的界定和类别划分

主体	对文化创意产业概念的界定	对文化创意产业分类的界定
英国	1998 年在《英国创意产业地图》中明确提出“创意产业”的概念是“那些从个人的创造力、技能和天分中获取发展动力的企业，以及那些通过对知识产权的开发，创造潜在财富和就业机会的活动”	英国对创意产业的界定已成为许多国家定义创业产业的参考。主要包括 13 类：建筑、艺术、古董市场、工艺、设计、流行设计与时尚、电影与录像、休闲软件与游戏、音乐、表演艺术、出版、计算机软件、广播电视
美国	未曾明确定义创意产业，多半使用版权产业的概念，因此可通过版权产业的概念来表述商业和法律意义上的文化创意产业。美国所指版权产业基本契合英国理解的“创意产业”，而其关注的焦点主要集中在专利权、商标权、专有技术和设计权等知识产权的创意经济中。其中以娱乐产业为主	按照版权产业分为四类：核心版权产业、交叉版权产业、部分版权产业和边缘版权产业
联合国贸发会议	创意产业是指使用创意与智力资本为最初投入的产品与服务创作、制造和销售的循环过程；由一系列以知识为基础的活动组成，不仅侧重于艺术，也从贸易与知识产权中创造潜在收入；包括有形产品和无形的拥有创意内容、经济价值和市场目标的智力与艺术服务；处于手工艺、服务和产业部门之间的交界处；在世界贸易中构成了一个新的充满活力的领域	联合国贸发会议将创意产业分成了四大组别：文化遗产、艺术、媒体与功能创意，它们又被细分为 9 个子群

续表

主体	对文化创意产业概念的界定	对文化创意产业分类的界定
中国	文化创意产业是新兴产业，目前对文化创意产业还没有一个比较规范的定义，现有定义主要来自英国创意产业	《中国创意产业发展报告 2007》把中国创意产业划分为 8 类：影视文化类、电信软件类、工艺时尚类、设计服务类、展演出版类、咨询策划类、休闲娱乐类和科学教育类
澳大利亚	以内容产业为导向，展现信息和传播交流的特色	强调内容具备知识产权，并可数字化呈现的产品

来源：baike. baidu. com/view/40273。

二　中国文化创意产业的发展与群聚模式

（一）中国文化创意产业政策发展历程

中国的文化产业发展大致经历了三个阶段，分别是起步阶段（1978～1992）、成长阶段（1993～2002）和全面扩张阶段（2002 年至今）。第一阶段是改革开放之初，各大歌舞厅为主体的经营性文化场所，形成蓬勃发展的文化市场，娱乐业成为文化产业先导。

进入成长阶段的 1998 年，文化部设立了文化产业司，正式将文化产业纳入政府工作体系。这段时期以国有大型文化单位改革为标志，文化产业化带动了原来的文化领域，尤其是一批国有大型文化单位进行改革和转型，出现了以《广州日报》为主的报业集团和以北广传媒为主的传媒集团，还有许多大大小小的传播公司。

最后是自 2002 年至今的全面扩张阶段，自 2001 年 12 月，中国正式加入世界贸易组织，国际文化竞争日益加剧，文化产业的战略地位得以真正确立。2002 年 11 月，中共十六大召开，标示中国文化产业进入全面启动、快速发展阶段，其中包括互联网发展的政策。2007 年 10 月，中共“十七大报告”更加明确指出，“大力发展文化产业，实施重大文化产业项目带动战略，加快文化产业基地和区域性特色文化产业群建设，培育文化产业骨干企业和战略投资者，繁荣文化市场，增强国际竞争力。运用高新技术创新文化生产方式，培育新的文化生态，加快构建传输快捷、覆盖广泛的文化传播体系”。其中为了新的文化产业发展空间，提到“深化文化体制改革，完善扶持公益性文化事业发展文化产业，鼓励文化创新的新政策，营造有利于出精品、出人才、出效益的环境”。因此各界在更加宽松和谐的政策环境下，提高了开展文化产业的积极性。

2012 年，文化部印发《文化部“十二五”时期文化产业倍增计划》的通知（文产发〔2012〕7 号），宣告文化经济产值的发展。综观党的十七大以来文化部参与制定出台的有关文化创意产业政策文件，动漫产业发展成为扶植主力，并且促进文化产业园区基地管理，加强文化产权交易和艺术品交易管理的意见，尤其大量透过银行、保险等金融机构，贯彻落实支持文化产业发展战略合作。在税务方面，也对动漫产业开发生产用品暂行免征进口税收。由此可见，文化产业商流价值链中的技术/平台、资金/营销都受到政策支持扶植，具有开展竞争力的资本。如果再加强内容/人才的创意和培养，形成文创产业中个人智能创意的核心价值，丰富文化内涵，便可形成有利的文创产业商流价值链。

（二）中国文化产业的集群模式

“集群”这个概念最早出现在 20 世纪 70 年代的地理学文献中。而产业群聚（industrial cluster）概念受到重视，主要是由美国哈佛大学商学院著名学者迈克尔·波特（Michael E. Porter）在 1990 年其著名的《国家竞争优势》一书中正式提出，波特的“钻石理论模型”，又称国家竞争优势理论，用于分析一个国家的某种产业为什么会在国际上有较强的竞争力。他提出四个因素。一是生产要素，包括人力资源、天然资源、知识资源、资本资源和基础设施。二是需求条件，主要是本国市场的需求。三是相关产业和支持产业的表现，这些产业和相关上游产业是否有国际竞争力。四是企业的战略、结构及竞争对手的表现。波特认为这四个要素具有双向作用，连同机遇和政府两个辅助要素，彼此相互依赖，共同构成动态式互动的钻石体系（见图 1）。

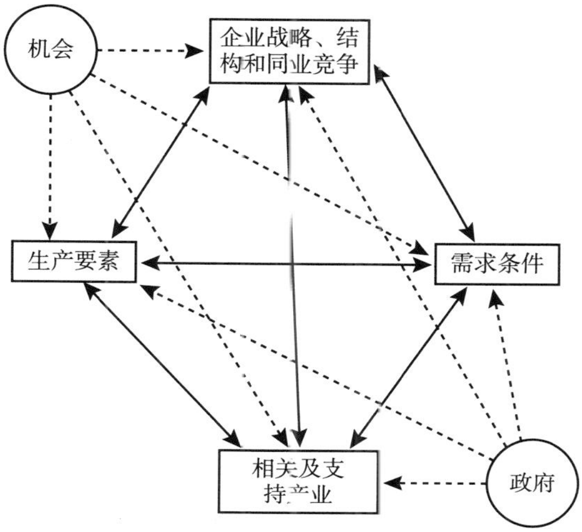

图1　迈克尔·波特文化产业动态式的钻石体系

如图1所示，文化产业群聚主要是指特定产业中互有联系的公司或机构，聚集在特定的地理位置，共享公共设施、市场环境，以降低信息交流和物流成本，形成有效市场竞争，并以此实现规模效应的一种现象。群聚包含了一连串的上、中、下游产业，以及其他企业或是机构。而政府的角色则是为此创造适宜的竞争性环境，并鼓励创新。

从2005年中国掀起文化创意产业的热潮以来，各地文化产业即呈现集群式发展，形成六大文化创意产业集群，以及众多的文化产业园区。根据联合国贸易与发展大会发布的《2001年世界投资报告》，产业群聚在全球新一轮的投资热潮中起着关键的作用。在众多领域的产业中，文化产业具有更强的集群化特征。而文化产业一旦形成群聚，将会在资源分配、规模效应、技术合作和人才聚合等方面得到更大、更快的发展。

中国共产党十八大报告中也提出，要推动文化产业快速发展，应促进文化和科技融合，发展新型文化业态，提高文化产业规模化、集约化、专业化水平。认为文化产业是朝阳产业，抓住了文化产业，就抓住了推动可持续发展的一条重要途径。因此，在这追求文化产业规模化、集约化和专业化水平的过程中，产业集群自然成为政府和民间上下一致发展的方向。

三 台湾文化创意产业的发展与启示

（一）台湾文创产业政策发展历程

综观台湾的文化创意发展过程，其创始之初便加入“创意”的概念。台湾经历了1960年代的中华文化复兴运动，1970年的十二项建设中的文化建设，在各地广设文化中心，80年代文化建设委员会成立，90年代进入小区总体营造等多个阶段，建立全民文化共识，才使文化创意产业的概念成形和发展水到渠成。2002年更将发展“文化创意产业”以文化政策提出，列为“挑战2008：发展重点计划”十大重点投资计划之第二项。其中将文化创意产业定义为“源自创意与文化累积，透过智慧财产的形成与运用，具有创造财富与就业潜力，并促进整体生活环境提升的行业”。希望借由这样文化创意产业的扶植，营造文化竞争力，提升有特色的产业与产值，借由文化活动与创意设计，创造更多经济价值与文化协同，进而扩大海外市场与明确价值定位。针对“视觉创意”“音乐及表演艺术”“工艺”“设计产业”“出版”“电视与广播”“电影”“广告”“文化展演设施”“数字休闲娱乐”“设计品牌时尚产业”“建筑设计产业”和“生活创意产业”等产业，来推动文化创意。2010年新增“流行音乐与文化内容”，并将“设计产业”分类为“产品设计”与“视觉传达设计”，构成15项文化创意产业范畴。

事实上，早在1995年，“文建会”提出“文化产业化、产业文化化”的文化政策时，就是希望透过文化和艺术发展的相关产品，成为地方可开发之产业。因此应以原有的在地元素为主，糅合新开展的艺文活动，用在进行小区营造，以刺激区域和小区相关经济活动。至于“文化产业化”，则是一种分众、小规模的经营，一种必须加入人文精神与创意的文化经营模式，运用细致化、区域化、在地化的文化活动带动外围小规模的经济活动。而要创造这个文化创意产业的生态链，必须具备以下四项特质①。

① 引自 tw. knowledge. yahoo. com/question/question? qid = 1608102709989。

（1）创造经济价值时应以文化为核心，如此才能真正促使境内产业转型。

（2）文化创意产业必须兼顾发展主产品和副产品，主产品是核心，由文化创意活动创造出来，是无法量化的独特文化精神与价值。附加产品则为延伸，适合主产品的文化精神与价值转化的符号，可被大量生产复制，带来经济产值。

（3）具有民间的、区域的、由下而上的产业特质。如此在后工业时代，才能具备“知识经济”和“文化经济”的永续经营。政府部门在文化创意产业中所扮演的角色，不应只是制定法律、管理文化艺术单位，应该要以开创与协助建立友善的产业环境。更重要的是，文化创意产业最终该由下而上，发挥草根力量，由民间个人、基金会团体或是地方企业等，共同形塑以文化创意为主的消费链与生产链。地方文化特色、区域个性、创意艺术元素与魅力，正是文化创意产业不可或缺的共生成分。唯有从地方视角观照，才能打造永续发展的平台。

（4）文化创意产业应该具有美学期待之特质，因为美学在生活上具有多重文化诠释及经济价值上的可能性。带有生活美学的消费诉求，能够引领消费者对生活态度的认同，进而产生群聚效应。

2009 年由台湾“文化部”主政，“经济部”就其主管之产业参与规划执行的“创意台湾：文化创意产业发展方案”，为台湾目前发展文化创意产业的指导方针。时程从 2009 ~2013 年，主要针对当前文化创意产业发展困境和产业需求，并思考台湾发展优势及潜力，提出各项检讨、提振方案及推动策略，期能立足台湾，进军海外，达到“攻占华文市场，打造台湾成为亚太文化创意产业汇流中心”之愿景。其项下分为“环境整备”“旗舰产业”两大主轴。期望能发挥“领头羊”效益，带动其他周边产业①。

（1）环境整备。主要针对所有文化创意产业整体面临的共通性问题，思考因应策略。包括多元资金的挹注，强化融资及创投机制、促进文创产业研发及辅导，建立人才培育及媒合机制、协助文创业者开展海内外通路和建立台湾整体文创品牌，并扩展产业群聚效应等。2000 ~2001 年间，陆续在台北华山、

① 引自 www. cca. gov. tw/artnews. do? method = findById&id = 1222852531253。

台中、花莲、嘉义、台南等设立五大文化创意园区。同时也从单一展馆的群聚延伸到华山、学学文创、师大及城东等文化育成基地及创意街区。希望透过创意群聚的力量，打造完整的产业生态。同时为了鼓励创意聚落的发展，也依“文创法”第二十五条，发展巷弄街区文创群聚，期能以区域整体架构，发展文化创意聚落，避免资源分散且能发展出个别聚落特色。

（2）旗舰产业。从现有各产业范畴中，择取发展较为成熟、具产值潜力的业别予以重点推动。包括电视、电影、流行音乐、数字内容、设计及工艺产业等。

文化创意产业，指源自创意或文化积累，透过智慧财产之形成及运用，具有创造财富与就业机会之潜力，并促进全民美学素养，使国民生活环境提升之产业。2010年台湾文化创意产业范畴由2002年提出的13项，调整为15项，新增“流行音乐与文化内容”；将“设计产业”分类为“产品设计”与“视觉传达设计”；原本的“文化展演设施”调整为“文化资产运用及展演设施”，其余维持不变。台湾将文化产业和创意产业合而为一，进行跨领域、多元化和全球化的经营模式。

诚如2008年联合国贸易与发展会议也将“文化创意”定义为包括想象力在内，一种产生原创概念的能力，以及能用新的方式诠释世界，并用文字、声音与图像加以表达。发展文化艺术是世界先进国家和地区的趋势，“软实力”成为带领国家和地区经济前进的动能，特别是台湾已经拥有非常丰富精致的文化，并长期累积出相当的文化能量，这都非常有利于台湾发展文化。继第三波“信息产业”经济之后，文化创意产业被视为“第四波”经济动力，台湾腹地虽小，在全球华人圈中却具有三大优势，可扮演开创者角色，成为华人文创产业的先锋。

（1）台湾拥有海洋文化性格，移民社会的多元包容特质，具备开放自由的胸襟和勇气，充满追求创新的能量。

（2）台湾拥有深厚的中华文化传统，教育普及，底蕴温厚，仍然保存儒家“温良恭俭让”的精神，成为创新的人文基础。

（3）台湾是华人世界积极实施民主的地方，自由创作的环境、开创的心灵，是文创产业的生命力和创意泉源。

如果善用这些特点，在推动文化创意产业的同时，也带动其他产业的创意化发展，可能达到“攻占华语市场打造台湾成为亚太文化创意产业汇流中心”的愿景。

文化创意产业的核心价值，是一种由下而上，具区域性、地方性、小区资源新形态的经济生产与消费关系。其先备条件更仰赖生产链及消费链中，生活美学、美感经验、文化体验的积累，而这些都需落实在文化创意环境的整备。因此，大规模的社会美学运动、小区意识的形成与建立都不可忽视。这样的发展方向，也正呼应台湾文化部部长龙应台所提出“从村落出发，从国际回来”的文化发展理念。

（二）台湾文化创意产业的启示

世界各国在强大的经济资本下，大量迅速地开创集群式的文创产业园区，发展过程中，容易忽略文化资本的建立并非仅仅是由上而下的建设；更重要的是如何开展全民生活美学运动。在文化消费的日常生活中，落实文化体验，如此形成强大的消费社会，使得文化创意产业在扩展之余，与在地产生联结，真正的文化是从泥土里长出来的，才能具有坚毅的生命姿态，获得民众的亲近与信赖，然后带着村落气息的独特风格，走向世界，传播在地风采，建立一种文化品牌的不可复制性。

因此，在执行过程中，确实建立文创产业商流价值链就显得格外重要，在极力追求 GDP 成长的同时，需要留意这个价值链是一种循环回馈的机制，必须全面的关照，避免仅仅偏颇少数环节，否则一旦形成断裂，动能就会削减。从图 2 中可以看出文创产业商流的价值链主要由内容/人才、技术/平台和资金/营销三大环节组成。

（1）其中前端的内容/人才和技术/平台碰撞出信息加值的创新服务。（2）资金/营销和技术/平台整合出物流和商流的服务。（3）前后端的内容/人才获得资金/营销的挹注时，则会衍生出资金流和人流的服务项目。（4）当三大环节各自重叠的加值服务运作顺利时，自然产生多元商业模式和相关的文化创意产业衍生服务。

各国及地区发展文创具有强大的资金营销和技术平台，但更重要的是如何培养价值链前端的人才，以开发出可资运用的文化内容，使之成为“点火器”的启动角色，方为可长可久之计。其中，资金、内容与技术，皆将成为其动力之始。

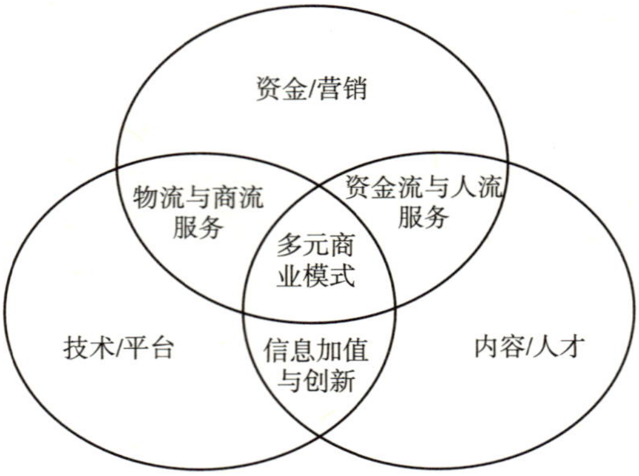

图 2　文创产业商流价值链（笔者整理）

其次，在文创产业链中，因传播科技带来许多创新加值服务，在新媒体的多平台运用之下，产生许多相关性。尤其是著作权、授权和播放平台之间的关联。著作权除了一般认知的对抗仿冒、盗版，保护作者的一种权利之外，站在国家政策的高度，最重要的是如何促进学习和文化进步，为了达到这个目标，要给予创作人一定范围的独占利益鼓励，以激励更多更好的创作。

至于授权，则是因为在信息时代，计算机上流通着各种作品：有些是个人抒情表意的创作，有些是媒体或娱乐事业商业发行的影片或音乐，有些又源自政府机构及民间的出版品。纷杂多样的数字内容，固然检索容易、使用方便，但若标示不清，极易造成侵权行为。依据台湾现行的“著作权法”，著作的使用权利全部保留在著作权人手中，即所谓的“所有权利保留”。这对志在流通其创作，欢迎别人复制、散布甚至更改其作品创作者形成困扰。

因此，著名法律学者劳伦斯·莱斯格（Lawrence Lessig）与具有相同理念的先行者，于 2001 年在美国成立 Creative Commons 组织，提出“保留部分权利”的相对思考和做法，希望运用私权力创造公共财；以特定方式开放创意著作的使用，正如自由软件和开放原始码的运动，也是现在全球鼓吹开放资料（open data）分享的缘起。透过“姓名标示”“非商业性”“禁止改作”和“相同方式分享”四大授权要素的排列组合，提供了六种便利使用的公共授权条款。透过这种自愿分享的方式，大家可以群力建立内容丰富、权利清楚且便于散布的各式内容资源嘉惠自己和其他众多的使用者①。

在台湾称之为“创用 CC”授权条款，则以该精神取其授权方式便于著作的“创”作与使“用”之意。尤其在数字传播时代，许多内容传输都发生于互联网上，如何适度保护著作权，但又在授权上保持开放性，使得信息分享散布、如何创造再创造，形成一种生生不息的能量状态，但又不伤害原创者利益，的确是需要思考分际的地方。

以下针对文化创意产业链中著作权/授权/播放平台的关联进行说明。

（1）著作权及相关权益：包括文学著作、音乐著作、改编著作、衍生著作、作品重制、散布、公开播送、公开上映、公开传输、表演式录音物等临接权、姓名权、肖像权、人物、授权商品、设计、商标和专利等。

（2）文化创意表现：将文化创作透过媒介载体，呈现创意。项目包括报纸、杂志、书籍、电影、电视连续剧、舞台剧、歌剧、话剧、各类戏曲、游戏、服饰、家庭饰物、图铃下载和将人物偶化的公仔。

（3）内容提供商：对应于提供内容展现文化创意的提供者，则有报社、杂志社、出版商、电影公司、制作公司、剧团、工作坊、游戏开发公司、软件公司、设计公司、动画制作公司、服饰制造商和网络内容提供商（ICP）等。

（4）频道提供者（代理）：则有频道商、片商和频道代理，以进一步将产生出来的文创内容，在播映平台播放。

（5）播放播映平台：则有首轮电影院、二轮电影院、DVD 贩卖业者、DVD 出租业者、卫星电视台、无线电视台、卫星直播系统、有线电视系统、IPTV（MOD）、Web TV、网络电视、移动电视、旅馆酒店里的网络电视、电信价值加值服务、电视公司平台和网络服务提供者、应用服务提供商等。

---

① 引自 ishare. iask. sina. com. cn/f/6112687. html。

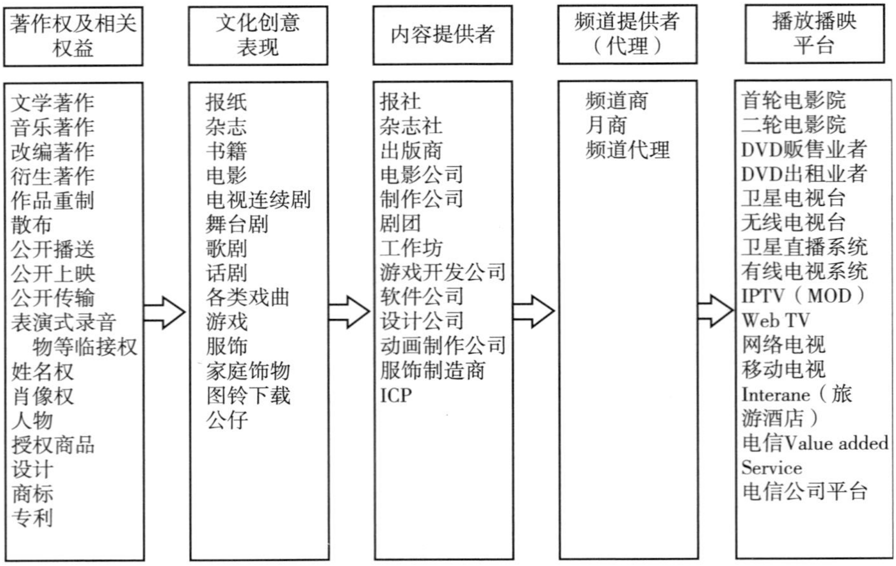

图 3　文化创意产业链中著作权/授权/播放平台的关联

四　文化创意产业园区案例探讨

中国大陆文创产业的成绩和该地区各个创意聚落息息相关，有自发性的艺术家集群，如上海田子坊，也有政府力量改造的北京首钢文化产业园区。本案例中也将探讨台北的华山艺文特区。

1. 上海田子坊

位于太康路210弄的田子坊，是由中国画家黄永玉取名，是工艺者自发性聚集的创意市集，不同于其他创意园区，田子坊同时还与15%的居民共处一地。在传统上海弄堂风情空间格局中，充满了各式各样的陶艺、版画、摄影、雕塑、设计工作室、个性杂货店、创意小店和越来越多的咖啡馆与异国风情料理。在观光客为主的消费者越来越多之后，进驻的具经济资本效益的餐馆、咖啡馆，与当地尚存的少数居民冲突日甚也冲击了原来租金低廉的店面；原来开创文化个性店面的艺术家因无法负担日益高涨的租金，以及无法忍受日益失落的自由创作氛围，纷纷移居他处，反而降低了原来田子坊迷人的 SOHO 气息①。

Allen J. Scott 曾提出以生产网络和组织交易观点讨论文化产业地理学。Sharon Zukin 也提出以纽约苏荷区艺术群聚为例的缙绅化研究，正可呼应上海田子坊处境。缙绅化研究中，显示出艺术家在没有组织的情况下，遇到强大经济资本的商业组织时，只好陆续东移到租金更便宜、创作空间更大的地方。这也导致了个别艺术家迫于无法支持他们基本创作空间的经济压力之下，只好维持了一种在阁楼里挣扎求生的艺术家神话，虽然处于和自由正好相反的依赖性赤贫状况，却因为具有文化创意而显得尊贵。

这种自发性形成的艺术群聚，往往在艺术家和文创人才因自由的空气、艺术的气氛和相对便宜的租金，生机勃发吸引世界各地人才进驻，开展充分的创意与设计。却往往因为缺乏有组织性的在地链接，捍卫与管理自身的权利和义务，所以当商业资本因艺术家群聚吸引更多人群前往时，自然也看到商机，以强大的经济资本进驻，开设专业画廊、建屋与购屋，掠夺原来艺术家住户多年形成的创作氛围，提高租金，炒热房价，使得艺术家不得不走上迁徙之路，寻找另一个桃花源。究其原因，在创意产业的基本价值链中，他们只处在第一阶段，之后的生产制造、营销推广、传播渠道和消费者环节都产生断裂，以致拱手让出阁楼东移。

田子坊在既有的丰富历史文化和便捷的交通位置、时代的发展机遇下自发生成艺术聚落，但仅由部分艺术家带动的小规模改变的自由模式，终究不敌经济发展带来的压力，此时政府适时干预，协助成立管委会，并出资改造基础建设，虽可帮助减轻当地各项矛盾，改善环境，但许多个人工作室、个体艺术家仍然因租金高涨而离去，享受不到自己努力打造的聚落经济效益。

2. 北京中关村

相对于上海田子坊的自发性生成聚落，北京中关村则是由上而下、政府主导的文创产业园区。经过 20 多年的发展，北京中关村已从“中国科研中心”向“中国创新中心”转型，探索出一条以企业为主体、市场为导向、政产学研用相结合，以开放式自主创新为核心的高科技产业发展道路。其中软件、网

① 引自 baike. baidu. com/view/650104。

络和计算机服务在示范区文化创意产业中占主导地位。总收入、利润和税费等三大指标，都占文化创意比重的3/4以上。

目前中关村有八个文创产业集聚区，分别是中关村软件园、清华科技园、石景山园数字娱乐产业基地、海淀园文化创意产业先导基地、雍和园文化创意产业园区、电子城创意产业园区（包括798艺术区和正东创意产业园区）、得胜园工业设计创意产业基地。中关村不断出现重大的技术创新成果，“中国智造”引领全球，北大方正公司发明了第一个汉字激光照排系统。曙光公司诞生了大陆第一台超千亿次超级计算机，科兴公司研发出世界第一个获准生产的A型H1N1流感疫苗。水晶公司创造出奥运中国馆的镇馆之宝，以数字虚拟技术完成的动态《清明上河图》①。

3. 台北华山1914文创园区

强调美感创新、创造深度经济的华山，走的内容取向是人文感动。强调华山是台湾文化创意产业的旗舰基地，借由热切的理想，把台湾文创资源和力量“动”起来，让台北的华山成为台湾也是世界的华山，设定文创贸易的“世贸基地”、文创产业的“孵梦基地”、文化力量的“未来橱窗”和全民欢愉的“休憩胜地”的角色性格。强调文化时尚、美感生活、生态空间，结富扶才、以艺领企，力求环境生态的新旧共构、共生、共荣。最后追求cool play for fun（“酷玩”）的场域氛围，创造一种欢愉的消费氛围，一种全新的感官体验。

华山目前有三处古迹（高塔区、乌梅酒厂和烟囱），三处历史建筑（四连栋、米酒作业场及红砖区）。分别整理成中小型艺术表演区、开放式大型展览空间、主题式展览或商品展售空间、画廊、小型发表会场所、园区餐饮休憩空间等②。

五　中国文创在国际上的竞争力

成立于2006年的“亚太文化创意产业协会”，于2011年针对台湾6座及

---

① www. gov. cn/fwxx/wy/2006 - 12/15/content_ 469753. htm。

② zh. wikipedia. org/wiki/台北酒厂。

中国大陆30座具有文化底蕴与文创发展潜力的城市，进行《两岸城市文化创意产业竞争力调查报告》（简称2011《CCIA调查报告》）。该调查以“两力”模式为评估两大构面，两力指的是城市文化硬实力及文化软实力，透过“两力”加权运算，最终获致“城市文化创意竞争力”总指标。文化软实力是借由文化支持度、文化内涵度、文化创造力、文化发展力四个构面所组成，而基础实力、财政实力、文创实力、产出实力之四实力构面则形成“城市文化硬实力”①。

研究透过结构式问卷调查，以两岸具有文化创意潜力的36个城市为研究对象，研究加权运算上述指标，形成“文化创意城市竞争力”，并透过文化创意产业相关业者、专家与学者填答之实际有效回收问卷，分析两岸36座城市之文化创意竞争力，最终得出8个结论。

（1）上海市、北京市、杭州市分获两岸文创城市七项衡量构面排名之首；

（2）两岸城市文创竞争力：台湾仅次于中国大陆直辖市优于副省级城市；

（3）两岸历史名城与国际化城市罗列城市文创竞争力排名前五名；

（4）两岸文创城市成功关键因素各有其禀赋；

（5）中国大陆城市文创竞争力：直辖市最优，副省级次之，地级市居后；

（6）最具文创竞争力城市以长三角经济区最多；

（7）经济实力为文化创意城市发展之必要条件；

（8）“数字内容”及“设计品牌时尚”为两岸最适合发展之文化创意产业。

以上2011《CCIA调查报告》反映出，中国在文化产业的创意发展上，有其国际竞争潜力。从“十一五”时期到“十二五”时期计划以来，中国政府对文化创意产业都刻意推广，政策面的力道也踏实明确。现在全世界都面临经济衰退的阴影，中国以黄金十年储备的强大政经资本，正可以用来推升文化创意产业的全面开展，以文化经济取代代工经济，利用中华文化悠久的历史资本，加上集群文化产业园区的聚焦，同时关切由下而上全民美学经验的提升，以期进入一个新文化立国的时代。

① www. ccia. org. tw/news_ detail. asp? pID = 181。

B.9

从统计观点看两岸文化创意产业统计架构之发展

林咏能*

摘　要：

21世纪，两岸文化创意产业蓬勃发展，成为新兴产业；不过，在产业的统计架构上仍有改进的必要。本文聚焦在文化创意产业统计分类的讨论；文化创意产业的统计，应包含产业活动、文化职业、产品、有形与无形的国际贸易统计分类、政府职能分类与个人消费分类统计等；但目前部分的统计架构与数据仍有改善的空间。而本文仅针对文化经济性的统计分类中的产业活动与职业进行讨论，希望能提供两岸在进行文化创意产业统计架构修订时的参考依据。

关键词：

文化统计　文化创意产业政策　文化行业　文化职业

前　言

21世纪，文化创意产业[①]蓬勃发展，各国掀起文创热潮。文化跳脱本质性的核心功能，往经济的工具价值转移，并成为21世纪的新兴产业之一。文化创意产业涵盖文化、经济与科技等不同领域，近年发展快速，以台湾为例，

* 林咏能，台湾台北教育大学文化创意产业经营学系副教授。

① 文创产业各国说法不同，如英国使用创意产业、韩国为文化内容产业、大陆使用文化产业、台湾则为文化创意产业。联合国贸易发展会议2008年版 *Creative Economy Report 2008*，书中使用 John Howkins 的创意经济，以涵括各国不同定义间的差异。

2012年《文化创意产业年报》指出，文创产业占台湾生产毛额（GDP）的5.39%，就业人口约17万人，约为就业人口的1.59%①。而大陆在2012年文化创意产业GDP的比例则为3.48%，2005～2011年平均成长速度为23%；文创产业就业人口达1258万人，占全体就业人口的1.85%②。这些统计数字，成为两岸政府积极支持文化创意产业的重要证据；本文也聚焦在文化创意产业的各项统计分类与技术的讨论，以提供更健全的文化创意产业统计架构。

一　文化统计架构探析

文化统计的发展可追溯至UNESCO在1972年于赫尔辛基举行的欧洲文化部长会议，该会议中呼吁国际间应建立更全面的文化统计架构，以测量文化现象。而1974年UNESCO与UNECE（Economic Commission for Europe）文化统计工作小组会议中，也针对文化统计提出三点建议：（一）文化统计应统计包括社会与经济的文化总体现象；（二）应符合链接至相关的统计系统；（三）应包含文化领域的重要现象，并作为文化政策的参考依据③。在两项会议中，文化经济性的测量，均是两项会议中的重点之一。

UNESCO于1986年出版第一版《文化统计架构》（*Framework for Culture Statistics*，FCS），该架构包含文化的产业链：创作/制作、传输/传播、接收/消费、注册/维护/保护、参与等5项功能外；并规划10项类别：文化资产、印刷品及文学、音乐、表演艺术、视觉艺术、电影、广播电视、社会文化活动、体育与游戏、环境与自然等④。进入21世纪，因为科技带来的巨大变革，旧的1986 FCS已无法满足文化各种面向的统计需求，2009年UNESCO出版新的《文化统计架构》（2009FCS），将原本线性的五项功能概念，改为文化循环（Culture Cycle），包含创作、生产、传播、展示/传承、消费/参与等产业链，以因应时代变迁与科技进步所带来的影响。文化循环的第1～4个功能别系统

① 2012年《台湾文化创意产业年报》。

② 《全国文化发展情形》，2012。

③ UNESCO 1986. *The UNESCO Framework for Cultural Statistics.*

④ UNESCO 1986. *The UNESCO Framework for Cultural Statistics.*

计供给端的面向；而消费与参与则是统计消费端。此外，新的 FCS 改以六项文化领域（cultural domain）、二项相关领域与三项共同横向领域呈现。其中文化领域为：文化与自然遗产、表演与节庆、视觉艺术与工艺、书籍与出版、视听与互动媒体、设计与创意服务；相关领域则为观光、运动与休闲；三项共同横向领域则为教育与训练、档案与保存、设备及支持等①，提供世界各国作为《文化统计架构》规划的参考依据。

UNESCO 的 2009FCS 大致可分为文化的社会面向（消费与参与）与经济面向（1~4 功能别）的统计范畴。表 1 是文化统计中与文化创意产业相关的统计分类，包含产业活动、文化职业、产品、有形与无形的国际贸易统计分类、政府职能分类与个人消费分类统计等。欲了解文化创意产业的整体发展全貌，必须理解这些相关的统计分类方法与内容。唯本文仅聚焦、讨论文化经济性统计分类中的产业活动（行业）与职业统计。

表 1　文化创意产业相关统计系统

	国际	欧盟	中国大陆	中国台湾
行　业	ISIC 4	NACE 2	GB/T 4754 – 2011	SIC
职　业	ISCO – 08	ISCO – 08	GB/T 6565 – 2009	SCO
产　品	CPC 2	CPA PRODCOM	统计用产品分类目录	CPC
国际贸易—产品	HS 2012/SITC 4	CN	HS	CCC
国际贸易—服务	EBOPS	EBOPS	EBOPS	EBOPS
政府支出	COFOG	COFOG	COFOG	COFOG
个人消费支出	COICOP	COICOP – HBS	COICOP	COICOP

资料来源：笔者整理。

二　两岸文化创意产业发展现况

近年来两岸文化创意产业受到许多关注，政府也投注许多资源，以期扶植新的产业。台湾在 2002 年由“行政院”首度将《文化创意产业发展计划》列入重大政策，并由台湾“经济部”“文化建设委员会”“教育部”与“新闻局”共

① UNESCO 2009. *The 2009 UNESCO Framework for Cultural Statistics.*

同成立“文化创意产业推动小组”，统筹研拟台湾文化创意产业发展策略与措施。2002年的文化创意产业基本上以英国创意产业为参考架构界定产业范畴，共纳入视觉艺术等13项产业。2009年，面对新一波产业革命与全球竞争，台湾“行政院”提出“创意台湾——文化创意产业发展方案”，聚焦在电视、电影、流行音乐、数位内容、设计及工艺等六大新兴产业政策，以期在既有基础上强化及带动其他未臻成熟的产业发展，进而确立了文化创意产业的未来发展及位居台湾发展的重要性。创意台湾的目的在将文化、创意、产业三方紧密结合，凸显地方特色并推动与国际文化创意产业接轨。而2010年则通过《文化创意产业发展法》，是台湾文创产业的里程碑，《文创法》确立文创产业的定义与具体范畴。

相对于台湾在2002年才将文化创意产业列为重大的政策，大陆文化产业的发展，则相对久远。1985年大陆国家统计局提出“关于建立第三产业统计的报告”中，文化首次以产业的身份出现，被列入第三级产业的统计范畴；接着，1992年国务院办公厅综合司编著的“重大战略决策——加快发展第三产业”中使用了文化产业一词。1998年大陆文化部设立文化产业司，统筹文化产业的发展政策；而2000年第十个五年计划的建设中，“文化产业”首度出现在大陆中央正式官方文件当中。而2004年国家统计局公布“文化及相关产业统计指标体系框架”，定义了文化产业、对文化及相关产业进行划分并提出文化产业活动分类代码；2004年的分类中第一层分为“文化服务”与“相关文化服务”；第二层分为核心层、外围层与相关层，共计九大类。2006年首次公布中国大陆文化产业统计数据、2009年大陆国务院颁布《文化产业振兴规划》，2011年中国共产党第十七届中央委员会第六次全体会议通过《中共中央关于深化文化体制改革的决定》，首次提出要建构现代文化产业体系。时至2012年，则依UNESCO的2009FCS及大陆文化产业特殊性，提出新的“文化及相关产业分类”；该分类中第一层分为“文化产品的生产”与“文化相关产品的生产”；第二层则从九类调整为十类，以更符合文化生产活动及产业价值链。两岸的文化创意产业分类，如表2。

目前两岸的文化创意产业活动的分类标准，均是以ISIC－4为参考依据，并依各自的情形，予以修正。ISIC是以生产活动进行分类，并依此进行分类收

表 2　两岸文化创意产业分类

台　湾		大　陆	
2002	2010	2004	2012
1. 视觉艺术 2. 音乐与表演艺术 3. 文化展演设施 4. 工艺 5. 电影 6. 广播电视 7. 出版 8. 建筑设计 9. 广告 10. 设计 11. 设计品牌时尚 12. 数字休闲娱乐 13. 创意生活	1. 视觉艺术 2. 音乐与表演艺术 3. 流行音乐及文化内容 4. 文化资产应用及展演设施 5. 工艺 6. 电影 7. 广播电视 8. 出版 9. 建筑设计 10. 广告 11. 产品设计 12. 视觉传达设计 13. 设计品牌时尚 14. 数位内容 15. 创意生活	1. 新闻服务 2. 出版发行和版权服务 3. 广播电视电影服务 4. 文化艺术服务 5. 网络文化服务 6. 文化休闲娱乐服务 7. 其他文化服务 8. 文化用品设备及相关产品的生产 9. 文化用品设备及相关文化产品的销售	1. 新闻出版发行服务 2. 广播电视电影服务 3. 文化艺术服务 4. 文化信息传输服务 5. 文化创意和设计服务 6. 文化休闲娱乐服务 7. 工艺美术品的生产 8. 文化产品生产的辅助生产 9. 文化用品的生产 10. 文化专用设备的生产

注：笔者依据两岸文创产业分类，各自将相同（近）的分类排列，只是无法全然对应。

集并呈现统计数据。其范畴包含生产性活动，即国民经济会计制度（System of National Accounts，SNA）生产范围内的经济活动。目前 ISIC 被广为世界各国所使用，不过 ISIC 代码只有 4 码，会造成多项的文化活动被归入一个代码当中。目前两岸的产业活动的分类虽以 ISIC－4 为参考，但台湾文化创意产业则以财税行业分类标准进行分类，其分类共有 6 码，前 4 码为 SIC，后 2 码做更进一步的区分。而大陆的国民经济行业分类（GB/T 4754－2011）与 ISIC 同样使用 4 码，但考虑部分产业活动不易区分，而以另外编码的方式进行区分。不过，目前两岸的行业分类与 ISIC 有共同的限制：ISIC 是产业分类，所以无法测量非产业化的文化活动；此外，也不能区分现代与传统的工艺产品生产方式。

三　两岸文化创意产业活动统计

两岸的经济规模差异极大、文化创意产业分类亦不同，不过，以文化创意产业产值占 GDP 比重的方式进行比较，仍可看出文化创意产业的发展概况，比较仍有其意义。图 1 显示，台湾 2012 年文化创意产业占 GDP 的 5.39%，产业规模不容忽视。不过，2012 年产值较 2010 年、2011 年下滑，是值得重视的警讯，显示台湾文创产业可能出现瓶颈。而大陆 2012 年文化创意产业占 GDP 的 3.48%，自 2005～2011 年的平均成长速度为 23%，显示了大陆文化创意产业的活力。

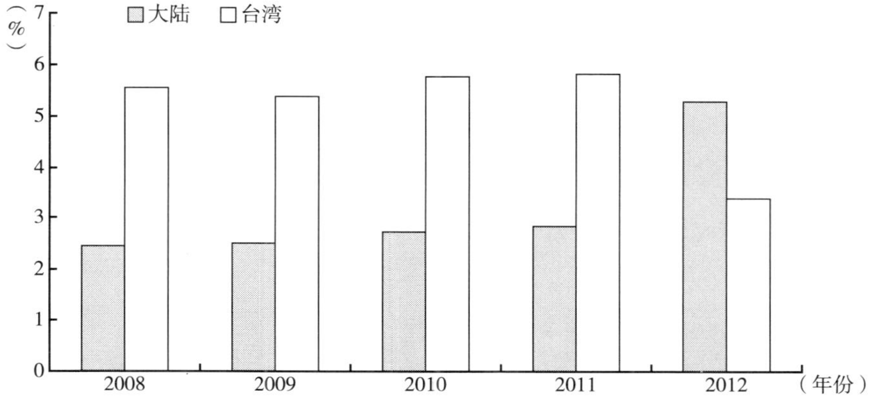

图 1　2008～2012 年两岸文化创意产业占 GDP 比重

资料来源：《全国文化发展情形》（2012）；《台湾文化创意产业年报》（2013）。

在文化创意产品出口方面，因数据取得不易，仅以 2003～2008 年工艺产品为分析案例，并以已开发国家的前十大出口国加上两岸的数据进行分析。图 2 显示，两岸在工艺产品的出口方面具有竞争力。台湾输出总额表现得并不差，而大陆的工艺产品出口则表现得极为抢眼，在出口总额、成长率与市场占有率均独占鳌头。

虽然两岸在工艺产品出口的表现上相当不错，但进一步分析，则可发现两岸的工艺产品发展上的限制却雷同。图 3 显示，台湾工艺品的产品多样性虽高于其他发展中的国家，但市场的多样性不足，显示积极的开拓市场应是台湾工艺产品出口的发展策略之一。与台湾情形类似，大陆工艺产品与输出市场的多样性都高于平均，但在出口的市场方面，比韩国、泰国、印度尼西亚、马来西亚与土耳其等国相对逊色，因此，有必要积极开发新的市场，以进一步提升工艺产业的出口表现。

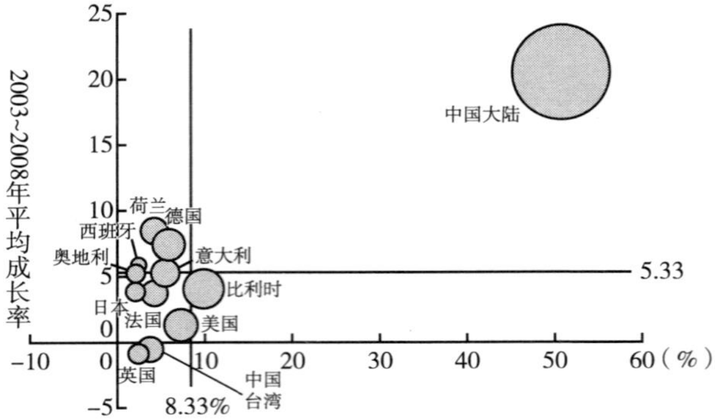

图 2　已开发国家 2008 年前十大工艺产品出口国（加中国大陆、中国台湾）出口情形

说明：UNCTAD（2010）*Creative Economy Report* 之 UN Comtrade 统计资料，笔者绘制。

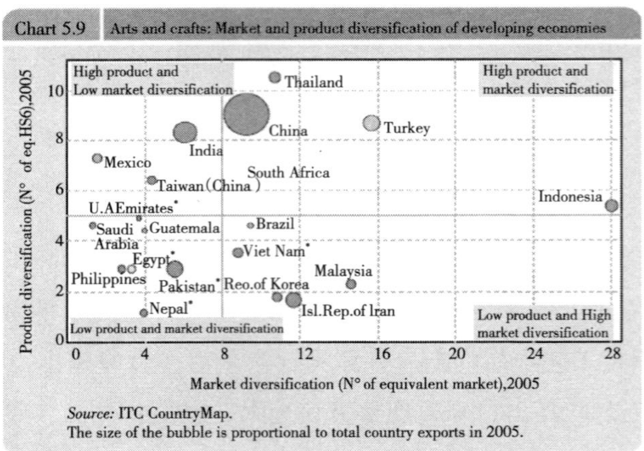

图 3　开发中国家艺术与工艺产品出口情形

说明：UNCTAD（2008），*Creative Economy Report 2008*，p. 117。

四　产业价值链

在文化创意产业的产业链分析上，亦可结合 UNESCO 文化循环概念与行业标准分类（SIC）来进行。图 4 系以台湾的工艺产业为例，进行产业链相关行业代码的辨识；研究者以台湾财税行业分类标准代码进行分类，分类后将有助于理解各项产业之产业链的营业额、家数，并可进一步与台湾 SCO 代码交叉、进行就业人数的估算，同时，也可作为产业发展的规划，进行区隔，以避免过度竞争。

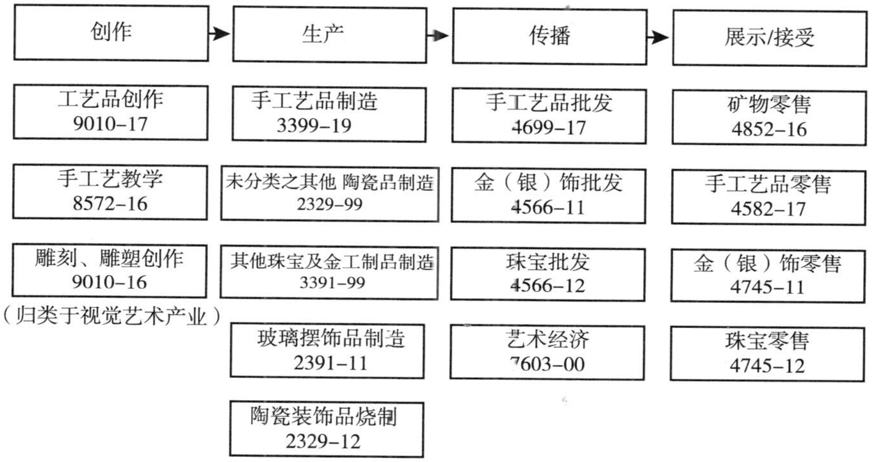

图 4　工艺产业的产业链（笔者整理）

五　两岸文化创意产业就业人口统计

2008 年世界金融危机发生后，世界各国的失业率节节高升，其中又以年轻人的失业率更加恶化，而就业成为各国关注的焦点。在 UNESCO 的 2009FCS 中对于文创产业的就业人数的推估，系依澳洲与新西兰产业分类（ANZSIC）方式作为统计建议。UNESCO 认为，文创产业应计划文化产业的文化职业（如设计业的设计师）与其他职业（如设计业的行销、公关等）、与非文创产业的文化职业人才（如汽车业的设计师等）。并建议使用 Labour Force Survey（LFS），此外，LFS 系为抽样调查，UNESCO 也建议应在全民普查时纳入调查，以更正确地推估就业人数①。

① UNESCO（2009），*UNESCO Framework for Cultural Statistics*.

不过，文化创意产业的就业人数统计并不容易。文化职业具有复杂的性质，且存在于不同行业中，同时涵盖许多功能和任务。而2008年修订的国际标准职业分类（ISCO）则可用于分析文化的就业人数统计。文化职业类分散在ISCO各处，并非单一代码可以辨识出来。以欧盟为例，欧盟的ESSnet-Culture工作小组将文化职业定义为："文化职业包括参与创作与艺术的创作、生产、传播与贸易、保存、教育、管理与规章等经济周期，同时也包含文化资产收藏与保存。这些文化职业包含了：艺术表达的目的（如视觉艺术、表演艺术、视听艺术）；生产、发展、保存、体现文化内涵；与创作、生产或传播受版权保护的文化产品与服务。"[①] 而ESSnet-culture也提出46项ISCO－08的4位标准分类文化职业，其中32项为文化职业，而另外14项则同时包含文化与非文化职业的职业类别，这些类别同时存在于文化创意产业与其他产业当中。不过，目前的ISCO－08的文化职业统计方式仍有部分问题尚待解决，如文化职业分布于ISCO各项下，有时无法对特定职业做出明确的区分，如在CEO、高阶主管与立法人员（11中类）项下，仅有1113小类（传统部落首领）跟文化职业有关，而艺术总监则没有代码；因此，这些职业人数将不会被列入文化职业的人口数中。此外，ISCO也未对资讯中的广播与媒体管理人员做出明确的分类。

在文化职业的统计方面，目前两岸均尚未使用上述的分类建议。以台湾《2012年文化创意产业年报》就业人数为例，年报系使用台湾职类别薪资调查数据，该年就业人数约17.3万人，占全国就业人口的1.59%；文创产业中约有近3万的专业人员（包含各产业的工程师、公关专业人员、律师等）[②]。不过，这两项数字其实低估了文创产业的总就业人数，却高估了文创产业中的文化职业人数且没有其他产业的文化职业人数。研究者依UNESCO的就业人数推估方式，并使用同样的职类别薪资调查推估，若计入其他产业的文化职业人数82705人，总就业人数将达25.5万人、占台湾就业人口的2.35%；年报的统计数字，约只占就业人数的七成，明显严重低估。

---

① Eurostat（2012），*ESSnet－CULTUE European Statistical System Network on Culture Final Report.*

② （台湾）《2012文化创意产业发展年报》，第29页。

此外，台湾职类别薪资调查每年样本数仅约9000人左右，且自行开业及自营作业者均未纳入统计。事实上，使用每年约调查6万人的人力资源调查报告（Labour Force Survey，LFS）的数据，除推估较为接近真实数字，也包含了自行开业及自营作业者；依此调查的数据显示2012年台湾应有超过34万人（其他产业的文化职业就业人数LFS无法推估，因此使用职类别薪资调查之数据）、占台湾就业人口的3.14%。显示文创产业对台湾的整体就业，有更为重要的影响力；因此文创产业就业统计仍有待健全。

表3　两岸文化创意产业就业人数统计（2012）

	文化创意产业		其他产业中之文化职业人数	文创产业就业人数	占总就业人口比例(%)
	文化职业	其他职业			
台湾文创年报[a]	28661（专业人员）	144096	n/a	172757	1.59
台湾职别薪资调查	11041	161716	82705	255462	2.35
台湾人力资源调查	258460	—	82705[b]	341165	3.14
大陆2008年全国经济普查	11820000	—	n/a	11820000	1.53
大陆2012年	12580000[c]	—	n/a	12580000	1.85

资料来源：a. 文化部，2013；b. 使用职类别薪资调查报告数据；c. http：//www. daisybiz. com/PE/CultureArt2. asp。

而2008年大陆文创产业的就业人口，依第二次大陆经济普查结果显示，共有1182万人在文创产业工作，占大陆总就业人数的1.53%；而2012年就业人数成长至1258万人，占总就业的1.85%。因笔者无法取得本项报告，无法了解文创产业中的文化职业与其他职业的就业人口比例。此外，这项统计数字也应不含其他产业的文化职业人口。因此，大陆的文创产业就业人数统计，也有进一步改善的空间。目前大陆的职业标准分类为3码，部分的职业类别中同样包含文化职业与非文化职业；但若依大陆职业分类大典，最细可将职业分成7码，不过仍有部分类别无法区分文化与非文化职业的细类①。

① 大陆职业分类体系表。

笔者也分析了2012年台湾文创产业从业人口的年度薪资水平。其中，除公司主管外，文化职业人才的薪资结构比文创产业的其他辅助型工作者如行销、会计与其他服务人员来得更高，本项结果与国外的研究结果相近。以设计产业为例，设计师等文化职业的平均薪资达91816元，远高于公司主管及其他类型职业，是产业中拥有较高收入者。而出版产业则是例外，其文化职业人才薪资低于技术员与助理专业人员、机械操作及组装人员。

表4　台湾部分文创产业就业人口薪资结构（2012）

单位：人

	出版	广告	设计	艺术表演
平　均	47592	50134	59406	45628
文创人才	41152	45572	91816	44939
主　管	62862	85005	71562	78804
技术员及助理专业人员	54331	38170	54200	35485
事务支持人员	39316	41095	31743	31672
服务及销售工作人员	32010	30962	n/a	25585
机械操作及组装人员	41344	34389	39254	35282
基层技术工及劳力工	33540	17280	28150	25005

注：台湾职类别薪资调查报告数据。笔者整理。

六　结论

文化经济性的测量与统计从20世纪70年代即广泛受到重视。2009年UNESCO提出新的文化统计架构，以满足科技带来的巨大变革下的统计需求；其中FCS从1986年的线性产业链改为文化循环，其第1～4功能别统计的是供给端面向而第五功能别消费与参与则是统计消费端，FCS提供了各国文化统计架构的参考依据。

文化创意产业的统计，应包含产业活动、文化职业、产品、有形与无形的国际贸易统计分类、政府职能分类与用途别个人消费分类统计等；但目前两岸的部分统计架构与数据仍有改善的空间。本文针对文化创意产业的产业活动与职业进行讨论，希望提供两岸文化创意产业统计架构修订的参考。

两岸文化创意产业活动分类标准，均以 ISIC－4 为参考依据，并依各自的情形，予以修正。目前两岸的分类与 ISIC 有同样的限制，即 ISIC 是产业分类所以无法测量非产业化的文化活动、也不能区分现代与传统的工艺产品生产方式。而在文化职业统计方面，两岸目前均未统计 UNESCO 的 2009FCS 中非文化创意产业的文化职业人数；因此，可能低估了文化创意产业的总就业人数；因此，未来文化创意产业统计架构将有修订的必要。

· （二）两岸企业家紫金山峰会文化创意产业专辑 ·

B.10

在两岸企业家紫金山峰会开幕式上的致辞

曾培炎*

各位来宾，女士们、先生们：

大家好！“2013 两岸企业家紫金山峰会”今天隆重开幕，这是两岸分别成立峰会理事会后首次共襄盛举。峰会得到了两岸众多企业家、经济专家的鼎力支持，我谨向各位表示热烈的欢迎和衷心的感谢！

顺应两岸关系和平发展的历史潮流，两岸企业家紫金山峰会应运而生。在2012 年峰会上，两岸企业家共同倡议成立峰会理事会，以落实双方共识。推动两岸经济合作，2013 年 3 月，我应萧万长理事长邀请赴台，就双方成立理事会、建立运作机制、规划 2013 紫金山峰会作了沟通和探讨并达成共识。大陆方面经过认真筹划，于今年 7 月成立“两岸企业家峰会”社会团体，选举产生理事会，并完成注册登记程序。台湾方面也成立了社团及理事会。在峰会的框架下，双方还成立了宏观经济小组和六个产业合作推进小组。在两岸成立具有相同名称、相同架构的社团，这是一个创举，目的是要共同建立一个稳定的、有效的、机制化的、以企业家为主体的高端交流合作平台。

本届紫金山峰会和前几届相比，在规模层次、运作机制、合作成效、社会影响等方面都会有很大的提升，是一个“升级版”。峰会要力求发挥四个方面的作用。

其一，作为两岸企业家交流合作的新平台，峰会为两岸企业家加强交流、增进了解创造了良好的条件，有利于两岸企业家更多了解对方的经济形势、政策导向、市场信息和经营理念，消除信息不对称，寻找和把握更多商机，促成

---

* 曾培炎，两岸企业家峰会理事长（大陆）。

双方开展更多务实合作。

其二，作为两岸相关产业对接的主渠道，峰会已就两岸共同关心的一些产业，设立了专业的对口合作推进小组。峰会要积极推动把两岸企业合作纳入两岸经济总体发展的框架之内，用好两岸优势资源，促进两岸产业对接，提升两岸企业整体竞争力，使他们携手走向海内外更大的市场。

其三，作为两岸经济决策的思想库，提升两岸经济合作水平，离不开两岸管理层的科学和政策协调。峰会年会和各小组的工作，可以通过分析经济形势、把脉产业发展、听取企业家意见等方式，研究两岸合作中存在的问题，提出深化两岸合作的意见，为两岸经济决策部门和两岸经济合作委员会提供参考。

最后，作为两岸关系发展的助推器，两岸关系的稳定和发展，与两岸经济发展、经贸合作、企业经营、个人事业等息息相关。企业家是两岸社会中很有影响力的群体，他们既是两岸关系和平发展的受益者，更应是两岸关系和平发展的参与者。峰会要通过促进两岸企业家之间的交流与合作，不断凝聚他们的共识，增强他们的社会责任感和使命感，更好地发挥他们在推动两岸关系和平发展中的作用，为两岸民众谋取更多的福祉。

女士们、先生们！

今年上半年，大陆经济同比增长7.6%，较之以往8%以上的增速确实有所放缓。但8月份以来经济数据显示，大陆消费、投资及工业生产三项主要指标集体回升，9月份大陆PMI为51.1%，连续3个月回升，主要原材料库存指数连续4个月回升，说明企业开始补充库存。企业中长期贷款占新增信贷比例处于2011年以来高点，企业投资意愿回暖。第三季度GDP增速回升到7.8%，环比增长2.2%。总体看，今年全年GDP增幅达到7.5%甚至更高一些是可以预期的。

我个人认为，判断大陆经济形势不能只看一时的数据，数据回升就乐观看好，数据回落就沉不住气。而是应当将经济发展长周期与经济短周期变化结合起来看，以一种平常心来对待经济增长的速度，更加注重经济增长的质量。我判断，大陆经济今后几年既不会出现过去两位数的增长，也不会低到7%的底线之下，经济的结构、质量、效益会逐年得到改善。当然，大陆经济发展也存在一些亟待解决的问题，比如产能过剩、地方债务、影子银行、房地产泡沫等。我们正在采取一系列有效政策措施加以缓解，现在看来这些问题还不至于产生全局性、系统性的风险，但要从根本上解决，只能依靠进一步推进改革开放，推进结构调整和创新驱动发展，针对国际国内经济形势的新变化、新特点，大陆新一届领导集体已经做出了一系列新的部署，我就以下四个方面作一些介绍。

一是扩大内需。国际经验表明，无论是发达国家，还是发展中国家，大国经济的长远发展主要靠内需。在外需不振、内部经济下行压力加大的形势下，大陆没有出台大规模、一揽子刺激计划，而是冷静判断，准确应对，选择了既利当前更惠长远的策略，在保持宏观政策稳定的前提下积极扩大内需。从近几个月实施的一系列措施来看，含金量并不低，政策力度和节奏也把握得较好。在财政政策方面，坚持不扩大赤字，而是调整支出结构，加快拨付进度，加大对中西部地区结构调整和保障民生的支持，对小微企业实行税收优惠。在货币方面，保持定力不放松。通过盘活存量、用好增量，来支持实体经济发展。在促进投资方面，加大对节能环保、棚户区改造、城市基础设施、中西部铁路等方面的投资力度。在扩大消费方面，积极培育新的消费业态，鼓励信息消费、促进养老、健康、文化等服务业发展。同时加大对民生领域和社会保障体系的投入，完善收入分配制度，努力做到城乡居民收入增长与经济增长相协调，使不断壮大的中等收入阶层日益成为市场消费的主体，这些措施结构性和针对性比较强，不仅有利于增加短期需求，也符合长期发展战略和结构调整方向。

二是调整结构。大陆经济已经到了只有转型升级才能持续健康发展的阶段。近年来，大陆已经把加快经济结构调整作为经济工作的主攻方向之一，下大力气推进经济发展方式转变。在经济发展目标上，提高对经济增速下滑的容忍度，更加注重经济发展的质量和效益。在改善需求结构上，改变过去主要依靠投资和出口拉动的增长模式，着力扩大内需特别是消费需求，实现投资、消费、出口对经济的协调拉动。在优化产业结构上，加快发展现代农业，鼓励金融、物流、信息、健康等现代服务业发展，充分发挥创新对产业发展的推动作用，加快传统产业转型升级，化解产能过剩矛盾，积极发展战略性新兴产业。在推动城乡协调发展上，因地制宜地推动以人为本的新型城镇化，努力建设美丽中国和清洁乡村；在调整地区结构上，进一步实施发展总体战略和主题功能区战略，推动东部地区产业向中西部地区有序转移，促进全国各地区协调发展。这些调整，将释放巨大的市场需求，增强经济发展的后劲和可持续性。

三是深化改革。改革依然是大陆经济持续健康发展的最重要推动力，必须以更大的政治勇气和智慧、更有力的措施和办法加以推进。但也要看到，当前改革已进入“深水区”和攻坚期，需要解决的问题格外艰难，都是难啃的“硬骨头”，必须做好付出成本的准备。大陆经济领域的改革，关键是要处理好政府与市场的关系，在更大程度上发挥市场配置资源的作用。政府将进一步转变职能，简政放权，减少事前审批，加大事中、事后监管，提供良好的公共服务和打造公平竞争的市场环境。这项工作已迈出了较大的步伐，今年以来国务院取消和下放的行政审批事项已达242项。继续深化国有企业改革，实施政企分开，完善法人治理结构，减少行业垄断。进一步扩大市场准入，特别是现代服务业领域，如近期大陆允许民间资本发起成立中小金融机构，以满足中小企业和农村的需要。财税改革的重点是提高直接税比重，完善地方税体系，降低企业税赋。

四是对外开放。坚持并不断扩大对外开放是大陆的基本方针政策。今年已经推出了一系列新举措，如积极推动中国—东盟自贸区“升级版”，启动中日韩自贸区谈判，推动涵盖整个西太平洋的地区经济合作伙伴计划（RCEP）。在众多举措中，9月底正式挂牌运行的上海自贸区是最新的一个亮点。上海自贸区的政策措施主要体现在以下六个方面。一是深化行政管理体制改革，创新政府管理方式，提高行政效率和透明度，完善投资者权益保障机制。二是创新外商投资管理模式，探索准入前国民待遇和负面清单管理，将外商投资项目由核准制改为备案制。三是扩大金融、航运、商贸、文化、社会和专业服务领域市场准入，暂停或取消部分投资者资质、股比、经营范围等方面的准入限制。四是金融改革先行先试，在风险可控的前提下，加快推进人民币自由兑换、利率和汇率市场化进程。五是建立高效便利的贸易服务平台，鼓励跨国公司建立地区总部，深化国际贸易结算中心试点，支持试验区企业发展离岸业务。六是暂时调整有关法律适用。可以说，上海自贸区是大陆新一轮改革开放前行的试验田，所获得的实践经验，将会逐步在上海地区和其他地区推广，创造经济发展的“新红利”。今年，台湾也开始建设自由经济示范区。两岸同时建立对外开放试验区，为两岸合作新举措的先行先试提供了条件，有利于促进两岸经贸合作向更开放、更高层次发展。

我相信，大陆关于扩大内需、调整结构、深化改革和对外开放的一系列新部署和新举措将会给两岸企业发展带来新的商机，拓展两岸企业发展的新空间，创造更加公平、透明的投资环境，为经贸往来提供更多便利和更大的机会。

当然，两岸产业的互动合作，关键是要营造良好的政策环境，更多体现包容性发展的理念。希望两岸管理层进行更多交流和沟通，加强宏观经济政策对接，在财政货币政策等方面加强协调；统筹考虑两岸产业发展规划和产业政策，按照各自的比较优势进行产业布局和分工，避免过度重复和竞争，以提高整体经济活力；进一步营造有利于促进产业合作的政策体系，给予对方企业更多的便利，促进两岸商品、服务以及资金、人员、技术等生产要素更加顺畅地流动；在两岸扩大相互开放、深化合作的基础上，共同研究探讨加入区域经济整合的方式和途径。总之，两岸应进一步加强政治互信，秉承“两岸一家亲”的理念，加强对两岸企业合作的支持，排除干扰，共同落实 ECFA 及其后续协议，推动双方已达成的批准实施，并积极拓展新的合作领域，为两岸经济合作不断注入新动力。

女士们、先生们！

下面，我就办好峰会提出三点希望。

一是企业家要当主角。企业家是峰会的主体。峰会的成功离不开大家的积极参与。台商朋友们抓住大陆改革开放和两岸关系和平发展的机遇，在许多领域投资兴业，为大陆的经济发展做出了重要贡献。企业自身也得到了快速发展。当前，大陆新一轮改革开放的大幕已经拉开，必将给两岸及世界带来新的机遇。台湾企业家近水楼台先得月，应借大陆经济快速发展的东风，放手进行二次创业，实现更大的发展。由于多方面原因，大陆企业家对台湾接触还不多、了解还不深，赴台投资还处在摸索起步阶段。新形势下，大陆企业家要更多地关注和了解台湾经济与产业的发展，积极参与到两岸经济合作中来，两岸企业家要利用好峰会平台。抓住合作机遇，实现互利共赢。

二是合作要讲实效。引导和促进两岸产业合作是峰会工作的着力点。两岸峰会的七个合作小组都推举了具有声望的经济工作领导者或者该领域的知名企业家担任召集人，由他们来组织两岸同行深入交流，有助于双方合作抓住关键，落到实处。我们要在两岸宏观经济政策和发展规划的沟通中探寻两岸产业协调发展的空间；交流双方基础产业调整的方向，共同推动重大项目合作，在能源交通等重要合作领域开展前期研究；关注两岸金融业合作，探讨金融如何更好地为实体经济服务；加强两岸信息产业的合作，促进信息技术在各产业中的运用；关心两岸广大的成长型和中小企业群体，共商合作路径与扶持举措；发挥双方在生物科技、医药和健康照护等领域的互补优势，以产业发展造福民众；运用新兴文化载体和传播方式，共同继承和发扬中华文化。总之，希望各小组展开务实探讨，在前期酝酿准备的基础上，条件成熟的可以形成合作共识甚至协议，为深化两岸企业合作发挥建设性作用。

三是会议要重品质。本届紫金山峰会是峰会理事会成立后的首届大会。峰会组织得好不好、会员参与的热情高不高、取得的成果实不实，直接影响峰会今后工作的开展。双方秘书处对本届峰会进行了精心策划，江苏省和南京市为会议做了大量准备，围绕企业家的需求进行设计，议程高效紧凑，内容丰富多彩。希望所有参会嘉宾能够专心专意、全神贯注参加各项活动，保证峰会的质量，也保证大家从峰会中有所收获。

最后。再次感谢各位企业家与会，并期待与你们共同打造紫金山峰会的“升级版”。

谢谢大家！

B.11

在两岸企业家紫金山峰会开幕式上的致辞

萧万长

各位来自两岸的企业家、各位顾问和专家，各位女士、各位先生：

大家好！

今天欣逢“两岸企业家峰会”在南京市隆重举行，万长很荣幸能和曾培炎理事长以及来自两岸企业界的精英和专家顾问共同出席此一盛会，并以两岸产业合作新局为主题，共同探讨当前两岸企业面对的挑战和对应之策。万长至为感谢俞正声主席拨冗出席以及对两岸企业家峰会的期许，也由衷感谢在座各位领导、各位企业家、各位贵宾的热心参与和支持，同时也要特别谢谢江苏省、南京市各级领导对本次峰会的协助和精心安排。

一　两岸企业家峰会的重要角色

两岸企业家南京紫金山峰会过去已成功举办四届，去年在两岸企业代表共同建议下，决定筹组以两岸企业家为主体的“两岸企业家峰会”，作为推动两岸企业合作以及进行两岸经贸策略对话的一个长效性、常态性的高层次民间交流平台。今年4月5日万长在博鳌和习近平主席会面，特别提出台湾和大陆应共同面对全球新局，加强政策协调和经济战略共同探讨，形成更紧密的联系与合作，获得习主席正面肯定并对“两岸企业家峰会”有所期许。相信在双方主管部门的大力支持下，未来峰会可以在建立两岸企业合作新架构、建构高层次民间经济战略对话机制及深化两岸产业交流合作等三方面，扮演更重要的角色和功能。

在两岸双方近半年多的努力及紧密联系下，台湾和大陆“两岸企业家峰会”筹备过程顺利，分别于今年7月25日及7月11日在台北和南京成立，并于两地设置秘书处。为落实两岸产业合作目标，目前已成立包括宏观经济、资讯家电、能源石化装备、中小企业、金融、生物科技与健康照护、文化创意等七个推动小组，经过各小组成员的密集讨论。期待在这次峰会展现具体成果。“好的开始是成功的一半”，“两岸企业家峰会”为新阶段两岸合作迈出了成功的第一步，希望未来大家能够继续齐心协力，共同为促进两岸共荣发展一起努力！

二　两岸企业合作面对的挑战

两岸经济进一步合作仍面临多方面的挑战，包括如下几个方面。

1. 双方在总体政策协调及经济策略相互配合上极为不足，因而不能发挥1加1大于2的力量，甚至还相互抵消力量。

2. 双方市场开放因制度及法规的巨大差异，与企业界期待仍有很大距离。

3. 两岸产业分工从过去互补大于竞争逐渐转变成竞争大于互补。造成重复投资及资源浪费等问题。

4. 两岸经济规模的巨大差距，造成双方资金、人才、技术移动失衡现象。

5. 面对区域经济整合快速进展，必须克服台湾洽签双边经济协议及参与区域经济移合的难题，才能增进两岸互信及良性互动，创造更大格局的经济合作。

以上这些挑战显示两岸企业合作必须寻求新的突破，寻找新的模式，开创新的格局。

三　两岸企业合作的新机遇

在两岸皆积极推动经济转型升级的大趋势下，我们也看到很多企业合作的新机遇。

首先，大陆正加速改变经济增长方式，致力扩大内需，降低对出口依赖；台湾也正努力改变“以大陆为工厂”的代工出口成长模式，希望转向“以大陆为市场”的新模式。这种转变提供两岸企业新的合作空间与新的发展机遇。

其次，大陆正积极推动产业转型换代，发展战略性新兴产业及生产性、生活性服务业；台湾近年亦大力发展四项新兴智慧型产业、六大新兴产业及十大重点服务业等。对照双方产业发展内涵，可说极为相近，若能透过政策协调，既可解决如面板、太阳能等重复投资、产能过剩等问题，更可进一步在许多产业领域，取长补短，创造新的合作模式。

再者，大陆为扩大内需，正积极推动服务业及城镇化发展。2011 年大陆服务业占 GDP（国内生产总值）比重仅 43.4%，远低于台湾的 68.4%；城镇化比重 51.3%，亦远低于台湾的 80%，发展空间极大。因此，大陆正可借助台湾经验，通过企业合作，大力推动服务业及城镇化发展。

此外，两岸正分别推动“自由经济示范区”及“上海自由贸易试验区”政策，希望能为加入 TPP、RCEP 等创造条件，奠定基础。双方共同目标是为实践自由贸易作准备，应可在推动方式及政策上进行协调，加强合作，分享经验，以创造双赢。

四　两岸企业合作的新方向与新对策

面对新的挑战和新的机遇，未来两岸企业合作应有新的方向与对策，“两岸企业家峰会”亦可扮演积极角色。

第一，建构经济战略对话机制。为形塑企业合作的有利大环境，可以透过“两岸企业家峰会”机制，探讨如何通过总体经济及产业发展政策的协调，整合彼此资源，扩大优势互补，以提升两岸经济的共同竞争力，进而达成共识，敦促双方主管部门采行。另外，为合情合理解决台湾参加区域性经济合作协议问题，亦可加强双方战略性对话，积极寻求解决问题之可行方向和对策，及早付诸行动。

第二，建立企业合作新模式。两岸经济合作须顺应经济转型升级的共同需要。从重视成本、产能、代工等“量的合作”，转变至重视研发、创新、品牌、行销等“质的合作”，双方可透过峰会机制，促成并扩大双向互惠投资，建立共同品牌、共同标准、共同研发创新，结合两岸优势，共同拓销全球市场。

第三，促进民营企业及中小企业合作。民营企业及中小企业是市场经济骨干，也是两岸企业合作的重要推力。台湾在公营企业民营化及中小企业发展方面有相当成功的经验，未来可在峰会机制下，相互借鉴，充分交换经验，并促进民营企业和中小企业的交流与合作，互利共荣。

第四，倡导服务业创新。服务业是未来两岸经济发展重心，服务业创新更是两岸产业转型升级的核心关键，未来应充分利用峰会机制，在服务业领域加强合作，并在服务创新及各个产业领域的运用上，投入更多研发及推广资源，以带动两岸服务业加速发展。

第五，强化市场机制及法制保障。针对两岸市场开放及企业经营法制环境，进行资讯收集、经验交换及实务研究，并透过峰会机制形成具体政策建议，促成主管部门推动相关改革。

万长要再次感谢各位领导、各位企业家及各位贵宾对“两岸企业家峰会”的热心参与和支持，相信这次峰会的成功开始，将为两岸企业合作开启崭新的局面。共同迎向挑战、实现愿景。为扩大参与，建议应促成更多民营企业及具代表性的中小企业加入峰会，以广布两岸企业合作基础，提升峰会的功能。

最后，预祝“两岸企业家峰会”圆满成功，并祝福各位身体健康，万事如意！

B.12 文化创意产业专题组发言

吕祖善 等

吕祖善在文化创意产业专题小组上致辞

文创产业是当今世界上公认的新兴的一个产业，同时文创产业又是我们两岸合作推动两岸和平发展的一个新天地，我们两岸文创产业的天时地利人和已具备条件，关键是如何抓住机遇，来加快推进我们两岸文创产业合作的深化，来推动我们两岸文创产业的兴旺并走向前进。我很有幸担任大陆方面的文创产业推进小组的召集人，我决心为两岸文创产业的发展，为两岸的文创企业搞好服务，做好两岸文创企业合作的“推进器”。

为此，我想谈谈如何发挥我们两岸文创产业推进小组的“推进器”的作用。两岸企业家峰会是两岸经济界、企业界的高层次交流、沟通的平台。我们如何依托这个大平台，结合文创产业的特点，构筑更多的有实效的中平台、小平台，我理了理，认为可以主要构筑这几个平台，待大家来讨论。

第一个是构筑两岸文创产业交流平台。两岸合作的前提是深化交流，扩大交流。因此，推进小组首要任务是如何推动两岸的文创企业、学校、研究单位能够开展多层次、全方位无障碍的交流，通过交流来推动合作。这个平台构筑，可以有很多的形式。

第二个是构筑两岸文创企业合作创业的平台。比如建立的两岸文创产业合作实验园区，就是一个非常好的载体，使两岸文创企业优势、资源互补，合作创新创业。

第三个是为两岸的文创产业发展提供服务的平台。这是我们在两岸文创推进小组工作会上达成的共识，比如说为两岸文创企业发展提供经营服务，提供资金服务，提供创新服务包括配套服务等，使文创企业有一个良好的发展环境。

第四是维护权益的平台。维护两岸文创企业的合法权益，特别是维护文创产业的知识产权不得侵犯。

把这几个功能发挥好、建设好，为两岸文创产业发展做出一些贡献，是两岸文创产业合作推进小组的任务和责任。如何做好这些事，希望我们各位企业家献计献策。

曹卫星致辞

今天，“2013 两岸企业家紫金山峰会”两岸文创产业合作新机遇论坛在南京隆重举行，两岸文创界朋友和各位嘉宾相聚在紫金山，这是两岸深化产业合作、共创文化繁荣的盛会，我代表江苏省人民政府向大家的到来表示祝贺，向长期以来关心江苏发展的各位朋友表示衷心的感谢！

中华文化是中华民族共同的精神家园，是连接两岸人民的纽带，精神手牵手，文化心连心，文化创意产业合作专题论坛为两岸文化创意产业界加强交流、分享经验、寻求共赢提供了重要的渠道，我们相信经过大家的共同努力，论坛一定能够打造成为两岸文创界汇聚智慧、增进共识、深化合作的官方平台。江苏历史悠久、人才荟萃，拥有吴文化、楚汉文化、淮扬文化和金陵文化等区域文化，拥有国家历史名城 11 个，总数在大陆第一，隋唐时期扬州成为都会，省会南京是中国四大古都之一，有六朝都会之称。

江苏省现在拥有大陆最大规模的高等教育体系，有普通高校 131 所，在校大学生 181 万，区域创新能力连续四年位居大陆第一。改革开放以来，特别是今年以来，江苏省委省政府高度重视文化建设，大力推进文化产业发展，全省文化产业增加值连续多年保持 30% 左右的增速。据国家统计局文化产业最新统计报告，2012 年全省产业文化增加值 2331 亿元，占比 4.3%，总量规模第二；文化企业法人近 8 万家，江苏广电集团、凤凰传媒出版集团连续四年入选大陆文化企业 30 强，有各类文化产业园区 130 多家；文化生产、文化创意设计、文化休闲娱乐、公益、美术生产、文化专用设备制造等，实现价值超百亿元，文化产业逐步成为江苏的战略性新兴产业。

台湾文化创意产业起步较早，管理先进，有巨大的经济体量，创造了一批享誉世界的企业，在政府支持、产业孵化、机制创新、人才培养等方面，积累了丰富的经验。在座很多台资文化企业家都是一代先进，为两岸文创企业合作方面做出重要贡献。苏台人缘相亲，经济相融，江苏抓住两岸关系和平发展历史机遇，在逐步深化经济合作的同时，文化领域交流合作步伐不断加快，文化创意产业成为重要组成部分。当前江苏正在加快建设文化强省，深入实施文化建设，共同推进文化产业专项行动，为此出台了一系列惠及台商的措施，为两岸文创企业投资兴业创造更多的机会，为两岸文创产业深化合作提供更大的空间。我们真诚希望两岸企业家们能够把握文化创意产业合作新机遇，拓展互动新空间，共创发展新业绩，推动中华文创产业走向世界，共同为实现中华民族伟大复兴做出新的贡献。

最后，真诚欢迎台湾文创产业朋友们到江苏各地多走走，多看看，领略江苏风光，共谋江苏发展大计。祝两岸文创产业合作新机遇论坛圆满成功。

王威发言

文化创意产业的发展主要依靠人的智力资源，以文化为基础，科技为手段，以支持产权创造运营为核心内容，不仅具有高知识性，高政治性，高融合性，高成长性，低资源消耗、环境污染等典型特征，对于提升各行各业的服务品质、增加附加值、提升市场竞争力，具有非常重要的意义。据美国工业设计联合会调查显示，工业设计每投入 1 美元，销售收入将增加 1500 美元，在当前世界经济发展深刻变化、资源环境约束和竞争压力日趋突出的大背景下，随着我国新型工业化、信息化、城镇化与农业现代化不断加快，大力发展文化创意产业及鼓励文化创业与实体经济融合，对于我们加快经济转型、增加中华文化国际影响力都具有十分积极的意义。近年来大陆方面文化创意发展较快，已经贯穿在社会经济发展各个领域、各个行业，呈现出多向渗透、交互融合的态势，按照国家统计局关于文化创意设计服务增加值，2012 年大陆已经达到了 3530 亿元，这个统计尚不包括工业企业、非独立的设计主体等方面。各地陆续建立一大批文化创意产业的园区或者基地，一些地方还专门成立了文化创意产业的领导小组以及办公室，负责统筹协调文化创意产业的推进协调工作。11 月 6 日，也就是明天，第八届中国（北京）文化创意产业博览会即将举行。但是也不可否认，大陆方面的文化创意方面总的水平有待于提高，主要体现在创新能力还不够强，专业人士比较短缺，创意成果转化程度还不够高，转化的渠道还比较少，工业设计专业化的程度还比较低，知识产权保护的力度还需要进一步加强，鼓励文化创意产业发展的社会环境还有待进一步的形成。

为了促进文化创意产业的发展，各地先后出台制定了一系列的鼓励文化创意产业的政策措施，有的地方给予一些财税的支持，或者在创新金融服务、培育市场主体、建设园区提供场所等方面，都为本地文化创意产业企业的发展，创造有利的条件。在大陆形成对知识产权的有效保护，培育形成有效的文化创意和需方市场，在全社会形成鼓励创新、支持创意的氛围和民众的认同，以及创意人才的培养等方面，对于文化创意产品的健康、持续发展具有非常重要的意义。这些问题的解决，有一些是不可能在一个地方能够单独完成的，因此今后需要从国家层面考虑，开展相关的研究，并给予积极的梳理。在梳理地方产业促进政策、总结近年来发展经验上来看，确实应该出台一些全国性的相关政策措施。

今年 9 月，我曾前往台湾地区，专题考察了台湾的文化创意产业发展的状况，参观了一些台湾地区重要和文创园区和创意产业的案例。并与具体园区或者中心的有关管理人员、项目具体的运营人员进行深入的交流。台湾文化产业发展给我留下了深刻的印象，总的来看，在文创产业方面，台湾、大陆各具特色，各有所长。两岸的文化创意产业发展具有明显的互补性，在很多方面都值得相互交流与借鉴，携手合作的空间非常大。大陆发展文创产业应该说有庞大的市场、充裕的资金和明确的重要导向，特别是随着水平的提高，居民消费需求释放，巨大的内需市场对文创产业蓬勃发展提供了广阔的平台；而台湾的文创产业发展，在商品化、制造技术和国际行销等方面对大陆而言有比较明显的优势。将大陆广阔的市场、厚实的传统文化底蕴与台湾比较成熟的运营经验、活泼开放的创意人才充分结合，未来两岸文化创意产业完全可以实现全方位的对接与合作，发挥各自的优势。两岸互补，做大做强，一定可以打造具有中华文化深刻烙印的世界级的创意产业匠，也一定能够增强中华文化在世界文化中的影响力和自身的创造力。两岸企业家紫金山峰会为两岸全方位的产业合作提供了一个宽广的平台，文化创意产业是其中一个部分。我相信，这次论坛必将增进两岸文创人员的交流，加速两岸文创产业发展，成为两岸文化创意合作重要的力量。

许江发言

所有的商品都有实效的价值和可视的价值，可视价值越高附加值越高，创造这种可视价值的学问叫设计美学。可视价值为使用价值服务，因此设计的美学也是服务于生活美学，并且引领生活的美学。中国有句老话“中看不中用”，但是在今天中看就是最重要的作用，我们说衣服的中看，我们感受到自己的身体以及身体里头的这个人，中看，我们有一种驾驭天下的感觉，手表和包包的中看让人的身份得到提高，奢侈品都是非必需品，是品位化的藏品。法国、意大利是奢侈品出口大国，奢侈品出口的不是科技，而是产品所浸润着的文化和生活方式，人们在这里消费的，不是哪个工人，而是这个文化符号。200 多年前，中国是奢侈品出口大国，中国的瓷（china），当时的欧洲贵族们，他们享受着这些产品，心中怀着对奢侈品的享受。奢侈品背后的文化想象和憧憬，是全球背景下一种微妙的心灵规划。在新兴发展中国家（经济体），这种消费的浪潮特别涌动，正是由于这种文化差异和规划的心理在起作用。

如何将这奢侈品消费的激情，转向自我生活方式的营造，让藏品真正成为文化心灵的规划藏品，来构建中国人自我世界，实现中国人自我的生活艺术化，是摆在海峡两岸人民面前的共同社会命题和文化命题。今天上午吕祖善先生反复谈到文化问题。我记得两周前，陈立恒先生在杭州的对接会上，曾经有一段讲话，令我很深省，大概意思是文创产业把核心的价值加到产品中去，使我们在使用产品的时候，心灵得到认同和提升。我觉得这个话值得我们深思。那么我们谈到中国人的生活世界，博大精深。它的核心是人的修为，修身齐家治国平天下要求我们中国人拘己，心中还有敬心。拘己是对自己行为有一种规范，围绕着这些核心的是独特和伟大的中国文化，艺术是浩如烟海的诗词歌赋，熏陶着中国人的心。在此之外是中国人的生活方式——那种以茶米为食、以麻丝为衣、以筑陶为器、以临泉为居的生活方式，这样一个广大的生活方式不应该仅仅在过去，也应该活在今天——在现实生活当中，在每个人家里。当然这种文化不能一成不变，必须有所转变，以后才能够面对国际化、城市化、媒体化、现代化的挑战，实现创造性的转化，才能从而实现中国人自己的生活艺术化。

同样是两周以前杭州的文博会，有一个台湾板块的展示。这个板块整体展示了台湾的文化创意产业，他们为中国人生活复兴、中国人生活方式的引领，展现了他们这样一个文化理想和担当的整体努力，令我深思和感动。所以我在想，今天大陆的文化产业，不缺产业园区，也不缺创造型人才，缺的是什么？缺的是刚才我讲的这样一种文化理想和担当的投资者、企业家、经营者和经纪人，如果有这样一种文化理想和担当的投资者、企业家，我们就能够引导今天人们的消费导向，就能够去发现年轻的设计师，就能够从他们不成熟的原创中慧眼识英雄，打造一个协同创新的共同体，将人才、技术、市场几方面联合起来，营销品牌，打造品牌，从而创造民族的名牌。文化的创业必然来自文化，来自中国文化的深刻理想和创造性文化。

陈海燕发言

我来自一个以出版传媒为核心业务的文化企业。据我的经验，大陆的出版商跟欧美的出版商谈合作，至少前期需要频繁交流半年时间。与台湾出版商合作频度就不需这么多，这就是同文同种的沟通便利以及相同的文化渊源所带来的相似性。世界出版进入了革命时代，这场广泛而深刻的革命因新技术而起、因新资源而起、因新需求而起，对大陆来说，还因社会转型和体制变革而起。在大陆，长期将出版视为社会公益事业，随着市场经济体制的确立，出版产业蓬勃兴起，创办机构从文化事业单位变为文化企业单位了，伴随这一进程的是文化出版拓展——拓展成为商业图版。不仅要承担文化传承和公众教化的使命，还要通过市场交换最大限度地满足各类人群不同层次的文化消费需求。民营书业正逐渐顽强成长起来，成为出版市场的重要组成部分，并开始形成国有民营竞争互补共生的局面。可以预言，大陆出版大发展大繁荣的时代就要到来。

第一，知识人口的基数使大陆拥有庞大的文化生产力，因而不缺供给；第二，城镇化进程必然带来文化消费持续地大幅增长，因而不缺需求；第三，流动性充裕加之资本市场把文化产业视为朝阳产业，因而不缺资本。两岸的出版市场具有可溶性，出版业合作正逢最佳的历史机遇。一是数字化浪潮冲击全球传媒出版业带来大调整、大洗牌，也提供了一个弯道超越的机会。二是大陆文化需求持续增长，但出版业态和运营机制还不能完全适应，这一个滞后期正是出版战略投资的时间窗口。三是两岸关系持续发展也为出版合作提供了良好环境。我想提出一个判断，由于文化发展已经被列入国家战略，由于客观历史条件的成熟，近十年在大陆将是大型和超大型文化企业的孕育期，有志企业如果错过这个机遇，那就是一个失误了。

相对于大陆出版业来说，台湾出版业具有三大突出优势：第一，先行应用数字技术，在数字出版方面，有一些已经相当成熟，而多数大陆出版社在探索之中；第二，台湾书业市场化程度高，出版企业运营经验丰富，而大陆许多出版社也就近两年刚刚完成转企改造，商业运营经验不足；第三，台湾书业因市场所限，不得不同时考虑内、外两个市场，具有国际眼光，大陆出版企业长期就用一个大市场，因而不太熟悉国际市场。两岸出版的互补性由此可见，必然是前景广阔的。

出版合作的领域也是广阔的。目前台湾已经是大陆版权的重要的销售市场，大陆也大量引进台湾的版权，除了继续发展版权贸易之外，还可共同开发一个版权两种字体，依托两个市场可以放大成功率；重要的出版工程双方共同投资，可以有效摊薄成本。台湾资源和大陆资源结合，得到双赢结果，用台湾国际眼光开发大陆文化资源，将推动中华文化海外传播，实际上利用大陆市场做保底，共同开发中外两种版本的成品，也将大大降低“走出去”的风险。

台湾诚品书店进军大陆启发我们，台湾成熟的出版商业模式，可以作为与大陆相关企业合作的一种最佳模式。正值探索的台湾书业也可以引入大陆出版资本。让大陆企业参与台湾出版企业的转型升级和规模扩张。出版产业无论怎样发展，永远是小产业，因为它的重要社会功能中不是创造价值而是创造智慧，从而为国民经济发展和文明建设提供支持和精神动力。但跳出出版看出版，可以发现其具有无可比拟的广泛关联性，开发这种关联性，就是使出版传媒大企业产生成为可能。凤凰集团现在正在进行着试验——构建以书业为核心的产业链，涵盖多种业态文化产业生态圈。出版交流是文化精英的交流。具有基础意义和长远意义，它可以引导社会意识的融合，两岸出版人的合作实际上也是两岸人民富饶文明的历史重任。

许金龙发言

刚才看到的影片都是来自我们公司的作品。在过去 13 年里，在国际的舞台上面，我们是唯一一个打进好莱坞圈的华人游戏开发商，我们所做的游戏是跟好莱坞电影同名的游戏，与电影同时上市。从《功夫熊猫》后，我们在过去一段时间，在全球的舞台上面将华人的制作能力与好莱坞结合，在亚洲包括韩网、日本 3D 只有我们一家公司。在过去一段时间，游戏市场存在一些障碍，尤其我们台湾游戏公司。即便在内地开发的游戏，也被视作外资游戏，外资游戏到内地需进行不同的审查程序，同时，外资的公司在内地市场上面是不可以进行运营的。

为了生存和发展，我们走进了国际。大家现在所看到这个《宝贝龙冒险》，自 2001 年推出以来在全世界收益超过 10 亿美元，得到 2010 年全美年度最大创新奖，我们刚看到的这个影片是当时候的颁奖典礼，上台颁奖的是美国副总裁，他在致辞的时候提到我们公司。我们能够在国际舞台上面，让来自台湾乐升科技声音在美国这个舞台上余音缭绕，与我们在大陆没有市场有关系，因为我们没有得到相同的发展机遇。

今年是 2013 年，对于我个人来说是一个有特别意义的一年，1993 年我代表台湾大学，在新加坡与复旦大学参加比赛，辩题是人性本善和人性本恶，背负着传统文化责任，我当时想那场比赛绝对不能输，一输我就是罪人了。事实证明那场比赛我输了，到今年我记了 20 年，在那场比赛里面，我一心想打败对手。可是之后 20 年发展，我个人感触非常深，两岸年轻人有完全不一样的机遇，互联网新的局面为年轻人的创业呈现了一个两岸完全不同的机遇。包括影视方面，台湾发展在大陆都有一些限制，我们看到《甄環传》在台湾风风火火非常流行，不管重播几遍，收视率都很高；同时我们看到周杰伦的歌曲曾多次登上春晚的舞台，在大陆有很好的反响。

这些文化的成绩也都是两岸年轻人共同推崇的，但因过去大陆互联网市场对于台湾年轻人来说是一块净地，我们没有办法，使得台湾年轻人能够拥有同样的背景，能够在这个市场里面跌撞。我很想为台湾年轻人请命，如果习近平主席的中国梦是两岸年轻人都拥有的中国梦，是驰马中原的中国梦，我们也能特别感受得到，我们期待在未来互联网市场里面，在游戏领域里面，两岸年轻人有相同的机会。

昨天曾培炎理事长在致辞的时候提到，希望两岸企业家峰会是两岸经济决策的思想库，是两岸发展的推进器，我很期望，台湾的年轻人在大陆发展的机会，应该跟大陆年轻人在大陆发展的机会是一样的。我很期待这样的呼吁，能够得到正面的回答。

周俊吉发言

我想大家都同意，现在第四波成长动力是文创产业，我们谈的是产业文创化还是文创产业化，这是一个可以商议的内容。从过去经济的调整方面来讲，从一级产业到二级产业，现在第四级是文创产业，所以我们是不是可以尝试探讨，如何让文化创意的元素在每一个行业、每一个领域里面产生巨大的影响。这样使得整个文创扩大影响力，使得这个产业发展得更好。所以我们想一想文创的目的是什么，让我们的生活更美好？让整个世界因文创成为系统？我觉得从生活层面上就可以做这个文创。

台湾一个著名的教授说，风景再好没有人，就是一张明信片，关键是怎样让这个文化得到社会上的公认。以下举几个简单的例子，从农业到工业到服务业各个行业都可以有文创。这是台湾的兰花，很典型的农业，在英国花展已经连续好几年得到冠军，英国女王曾多次到这个展区去并给予肯定，英国的媒体说这是一个金色文化的例证，是利用科技人文跟美学的基础创造出的价值。这样的兰花比起一般的兰花有百倍以上的价值，是一个高含金量的价值，所以，农业可以文创的。接下来是工业的文创。在我们过去印象中，钣金看起来是冷冰冰的，没有人文的气息。台湾有一个业主，他就把这样硬邦邦冷冰冰的钣金，变成一个很有趣、很有创意、很柔软的这种金属创意文化。所以文创得到了很多肯定。现在谈运输业的文创，运输业其实也可以很可爱很温暖，成为文创的载体，从登机前的手续包括登机证上印有 Hello Kitty 的身影；接下来就是更早的，这个图片看起来像是一些艺术的作品，有点像北欧的建筑物，文创元素把这样一个阴森森的行业弄得很生机勃勃，包括整个产业也有了很大的改善。班门弄斧地讲一下我所服务的这个公司信义集团，已成为台湾最幸福的企业之一，也是台湾最多得奖的企业之一，台湾的管理界教授曾在一个文章中说，整个信义的成长史就是产业的创新史。

这是我上个月日报上一个专栏，最后呼吁各界，除了关注我们狭义的文创产业以外．全面提升文创产业价值以外，还需扭转目前西方指导的价值观为人类文明做出的贡献，实现中国梦，实现价值梦。

贺超兵发言

因为我已经随大陆代表团去过台湾两次，我的发言也是我们去台湾以后得到的一些体会。

中华文化是全球华人共有的文化资源，在中华文化传承和创新方面，台湾同行做出了许多成绩，也值得我们大陆学习和借鉴。许多的事实和现象已经表明，随着大陆经济的崛起，中华文化越来越受到世界的关注和重视，文化产品特别是书画产品，将成为世界的奢侈品，艺术品生活化或者说生活艺术品化的时代即将来临。两个月前，我们组织了一次市民南京游园的活动，并一起策划了一场金陵十佳全球推广活动。10 月 18 日，美国纽约时代发布了由大陆飞马公司策划的金陵十佳广告，当天引起了路透社等 180 多家世界媒体进行报道。10 月 26 日，金陵十佳书画展迎来了很多人的关注，大陆的原生态文化受到追捧，21 幅展品在展览即将结束的时候，半个小时拍卖被一抢而空，其中一幅山水画被来自美国的客人以 82 万元的价格买走，这样的景象让我们看到中华文化复兴时代的来临，增加了我们在全球推广中华文化的信心，推广金陵十佳文化的信心。现在我们又在全球征集与南京有缘的书法家，经专家评审将选出十名金陵画家进行推广，通过宣传金陵十佳，弘扬中华文化，推广宣传南京。

同样我们希望能去台湾宣传。让台湾民众看到真正的大陆原生态文化，让台湾同胞能够分享到大陆最著名的文人画家的作品，我们相信中华文化产业化的时代就要来临，金陵画将会被世界瞩目。这次法国做了一个世界奢侈品、文化奢侈品排行，南京排到第八位，这是个非常好的现象。有专家说过，一部金陵绘画史就是半部中国美术史，作为南京文化人，我们有责任和两岸人民一起为推动中华民族的复兴做出应有的贡献。

陈春霖发言

我来自一个两岸文化交流单位，从事文化交流 26 年，往来两岸参加了很多论坛，这次有非常大的感受。

首先的感受是直接对接的交流。在对接交流过程中，能够感觉非常“接地气”。刚才谈到文化部分我有很深的感受，作为一个企业家，与一般文化工作者或者艺术工作者在探索文化产业方面是非常不一样的，其中有如何促进一个平衡、促进文化大繁荣大发展的问题。

我觉得有一些方面必须要注意到。第一，文化产业除了创造产值，还有文化享受，让我们生活过得更好，享受到文化所带来的好处。第二，要注重文化的传播，因为文化产业提出来的重点在文化传播。比如好莱坞电影就是因为有很好的文化传播通道，我们在花钱买票享受美国电影过程的同时，也感受到文化传播的潜移默化的力量，而这个潜移默化的力量，即我们不知不觉吸收了美国的价值观，以及后面在购买美国式的生活付出了更多的代价。这就是我提到文化差别一个重要原因之一。所以我们谈到文化产业谈到文化享受之余，必须在文化传播方面做这样一个深的研究。

其次很深的感受是企业家。我们在发展文化产业的时候，可能还注意到一个角度可以让它更完美——企业家的社会责任。从我们这一组的文化产业角度来看，文化交流面上至少有三大面向，文化艺术面、文化遗产面、文化产业面。文化遗产跟文化艺术类是国家保护品种，无法产业化，对于企业家来说，通过我们在产业上拓展文化收获，能够反馈到文化的保护上面，是对于企业家峰会的一个很重要的社会使命。

最后的感受就是，当谈到文化产业好处的时候，很遗憾没有看到两岸的文化主管部门能够派相关人员参加，我们这么多好的想法，最终很大一部分需要通过文化主管部门来实现和落实。

白崇亮发言

实际上文化创意产业在台湾，已经谈了很长一段时间，我个人来参加紫金山峰会今年也是第三年了，每一年在文化创意产业组里面探讨的时候，慢慢可以发现文化创意产业的确在进步当中，发展的速度也是相当快的。早年我们在谈文化创意产业时有人笑话说，我们这个产业里面有文化没有创意，有创意没有产业。这是早年的笑话，现在已不太有人说这个。但文化创意产业因为牵涉到三个元素——文化、创意、产业，真正最困难的恐怕还是产业化。在文化创意产业里面有两种类型。一种类型是以文化人为主体所发展出来的文化创意产业，从这个角度出发，文化人有时候不免会有孤芳自赏的倾向，这样非常有价值，可是它的市场性相对是偏低的；另外，企业（产业）人士做出的文化创意产业，从市场角度出发，在市场很成功，不过有人说，过度迁就市场，会肤浅化、过度商业化。解决这两头摆荡的问题，最关键的应该是中间这个创意的元素，因为创意就是要把文化和产业中间结合起来，让产业元素和文化元素进入人们生活里面去。

因此，如果我们看懂这样一个文化创意产业，接下来的问题就是如何把这个产业发展起来。事实上在文化创意产业发展里面有 6 个要素，这 6 个要素能同时兼具的，我们可以看到还非常少。简单说，创意后头有资金，资金后头有技术和生产，技术生产后面不管你是产品也好、服务也好，必须要有渠道，渠道后面就是营销，营销要完成在品牌的上面。事实上还有第七个要素，就是人才，因为人才是从头到尾贯穿的，这 7 个要素能够全都连接起来，那他就成为一个极有价值的价值链，这个价值链在产业上就能够非常具备竞争力了。我完全同意大陆有机会在未来这段时间发展出大型文化事业，甚至超大型文化事业。但是大型甚至超大型的文化事业就必须把这六七个元素全部贯穿形成一个价值链才有机会。

两岸交流平台怎样实现全面对接，什么叫全面对接呢？我想就是这六七个元素，每一个项目互相完成对接，才有机会做成我们所谓的产业升级的可能性。那么这一次当我们两岸平台嫁接起来的时候，我们发现高层次的这样一些平台交流起来是有意义的，连吴敬琏先生在早上演讲当中也说两岸经济交流真正问题是如何协调如何促成，这个事情理论上需要由政府做，但做这个事情不容易真的做好，这是为什么我们需要有协会。刚才非常荣幸，我们在这次峰会上台湾的亚太文化创意产业协会和企业 7 个城市文化创意产业协会签订一个合作的联盟，这些联盟形成之后，需要有几个功能。第一，需要媒体功能，换句话说，把所有的资讯在这个媒体上互相能够结合。第二，需要媒介功能，就是要像我们周俊古董事长在三十几年前开始进行房屋中介，今天在房屋中介交易上扮演了不可或缺的角色一样，我们文化创意产业要有这个可能性。第三，需要媒合功能，它们封闭型投资不但投进来，而且能促成合作。

我最后总结一下我们促成的不只是交流。有资讯，有整合，有推广，我相信现在我们这个联盟协会经过发展，有一天我们会像中介公司一样，像我所在的整合营销传播一样，会进入一个新的时期，有新的一个顾问公司全面来推动这项工作。非常期待我们这个平台能作为一个新的起点。将来协会能在里面发挥更多的功能，也许将来有一天我们有一个新的产业储量，就是文化创意产业，就是我刚才说的这些服务。

谢国庆发言

简要介绍一下我们南京和我们南京文化集团。今年上半年统计数据显示。我们南京产业文化增加值已占到 GDP 的 1.1%，这是国家的统计口径，南京的文化产业已经成为南京的支柱产业之一。南京文化集团也是文化改革产物，整合了南京文化演艺公司、剧团和文娱公司等，也包括这两年探索的文化金融、投资建设几大板块。

刚才召集人提出个大胆设想：这一次紫金山峰会能不能搭建一个自己的平

台，我们非常赞成。我们文化集团本身有很重要的功能就是搭建平台。比方说我们在研究过程中发现，南京在宁文化企业在发展过程中遇到两个问题，一是融资难，二是交易难。对于融资难的问题，我们成立了南京第一个文创基金——文化天使基金，并正在组建南京文化服务金融中心，里面有文化银行、担保、保险，包括我们自己的文化小贷公司等，为文化企业提供各方面的服务。为了解决交易难的问题，我们成立了江苏文交所，举办了文化交易展会，目前正在筹备文化的进出口贸易。

今天主要谈海峡两岸的峰会，召集人提出一个很重要的问题，作为我们大陆，如何搭建这样一个平台呢？从我们来说，我觉得我们在这个平台方面可以有所作为。2012 年以来，我们与亚太文创协会已经在刊物出版、创意设计、展会方面开始合作了，刚刚我们跟他们签署了一个协议，双方共同投资，在南京要打造一个华人文化园区，是示范园区之一，是两岸文创企业集聚区。

作为南京的文化产业投资服务平台，我们坚信可以为更多两岸的文创企业提供更多的服务，包括五个方面。

一是提供配合投资的服务。我们作为政府的平台，如果是两岸的文创企业到南京来落户，我们可以配合投资，这样可以解决当地服务配合的问题，这也就是刚才讲的要有手段、要有办法。

二是提供投融资方面的服务。我们搭建了南京文化产业金融服务中心，如果说在南京落户的文创企业，或者台湾的文化相关人才到南京来，我们有政策，也有手段，可以帮助其找到文化银行。包括担保、文化小贷和天使基金，根据企业不同的发展阶段我们提供不同的金融的合作或者服务。

三是提供产权保护服务。在省委宣传部、省委组织部、市委市政府的领导下，2012 年我们成立了江苏省文化产业交易所，主要以版权交易和艺术交易为中心，是南京唯一版权登记中心，也是全省唯一的版权交易中心。到目前运营一年时间，在演艺剧目、影视剧目、工业设计、软件版权、宣传音乐、书画、艺术品等方面已经完成 1000 多件。凡在江苏文交所进行登记的，我们可以提供版权保护服务，另外我们也会把这个版权通过撮合进行交易，或者说进行版权增值服务。在昨天海峡两岸大奖赛的展品开幕式上，我们江苏文交所就为获奖的作品提供了版权登记、版权保护和版权增值服务。

四是提供投资机会的服务。我们这次搭建的南京文化金融服务中心建立了规模庞大的数据库，可以在数据库里找到你的投资机会，找到这方面投资的企业家。

五是我们南京文化集团本身，我们的演艺电影院线、艺术品交易平台、文化金融板块都愿意与在座的海峡两岸企业家进行合作。

马玉山发言

今天两岸文化产业发展所面临的就是一个转型和升级问题，我相信我们在这一次峰会过程当中，有非常多的领导一直在提这样的问题，并对现在文创企业的转型和升级抱有很高的期望。今天我要讨论的题目就是，在我从事建筑业的 35 年时间里决定怎么样转型，这很重要。我从 2006 年开始，利用文创产业做转型。

以文创产业来领导企业转型，更重要的一点是要建构一个幸福生活。什么样的生活是幸福生活？幸福生活就是一个品质生活、品位生活，如果将这些生活结合在一块，必然具有非常好的文化。比如城市与它的建筑是互相呼应的，北京因紫禁城而名。一个建筑的传世不仅仅是有非常好的架构，更重要的是里面的内涵、价值、灵魂和理想。我相信中山陵是南京的代表作，大家认为近代史第一陵是中山陵，所以它有很好的软实力在里面。

我把台湾建筑产业略微给各位报告一下。台湾人口多土地少，其中住宅地占到了 88%。台湾的建筑业有 5000 家以上企业，已经形成了完全的竞争市场。在这样的产业环境中，就必须要思考怎样转型才能永续经营。

要怎么转型？今天来跟我们各位分享当中我尝试的一个模式——用文创来转型。为什么这样做呢？有一句话我想在座的都非常熟悉，“知识就是力量”。台湾有一个非常有名的远见天下文化出版社，当中有最重要的高希均教授。他说过天底下没有白吃的午餐，转型就要有非常好的改革。对于我们公司，是把知识当做建筑业第一重要配备，有两种力量，一是当中支持的力量，二是永续的力量，两个结合在一起希望能够做到永续经营。

我在每个社区建造一个图书馆，图书馆给社区做了很重要的贡献。我第一个图书馆在2006年开幕，当时有个小女孩正读中学，中学毕业以后一直在利用社区的图书馆念书，因为有这样一个很好的环境，所以她考取了最好的学校，高中参加了科学比赛并获得全世界首奖。所以从这方面来讲，我们利用图书馆能够不断为未来产业提供更好的文化创作来源，这是非常重要的一件事情。今天特别把这个案例给我们在座的各位领导来分享，也希望从这个案例当中能得到启发，将来也能为文化产业发展提供一些价值。

李建华发言*

我们丝绸行业大家可能不一定知道，80年代的丝绸企业走到今天为止，其中99%已经死掉。丝绸企业无法改变传统，我们今天走的这条路，是能够把丝绸活起来的路，我们的路叫文化与创意相结合。

首先，丝绸到底是什么。我们从如下几个角度去看丝绸文化。第一，丝绸与汉字有关系。中国的甲骨文里有这样的说法，中国汉字有许多跟丝绸有关系。第二，丝绸与四大发明有关系。我们知道指南针、火药、造纸、印刷术四大发明是我们中国的骄傲，纸为什么是绞丝旁，纸是丝绸，纸一个功能写字，一个功能画画，在这以前就是在丝绸上面，我们今天用的纸是现在所谓的植物纤维纸。我们四大发明里面的印刷术、指南针、火药也都跟丝绸有关系。第三，丝绸是皇家服饰，我们几位穿的都是中式服装，是中国文化的象征。比如龙袍，它是中国文化的代表之一，它上面有9条龙和一把斧头，这代表要做皇帝，就要斩钉截铁不能拖泥带水，所以我们中国的文化在历史上面就是时装的文化，引领着世界的服装文化。第四，丝绸之路，中国人引以为豪的就是丝绸之路。总书记经常讲，我们要建设丝绸之路的新时代，丝绸之路把丝绸运到欧洲，欧洲再把东西运到中国来，为我们中国文明带来了创新，为中国和世界搭建了交流平台。也包括丝绸对佛教的文化贡献，历史上武则天给佛做过五件丝绸衣服。

丝绸和文化怎么结合起来，这就是我们要做的工作。

第一个我们做一个丝印系列。这是三匹马，三匹不同的马；我们还推出了十二生肖，这是我们最新推出的生肖系列，生肖系列是我们最古老的东西；还有星座，我们设计了十二星座系列。这就是我们把丝绸当做一种文化，作为一个载体，把我们中国人耳熟能详的文化承载在丝绸上面，丝绸就是这个载体。

第二，丝绸是红地产。大家认为丝绸是高端服装，我们今天穿丝绸服装都是有文化的人，希望今后大家都有机会穿丝绸服装，我们愿意给大家提供带有中华文化的服装，希望我们大家走到国外去的时候，能够因为我是中国人、我穿中国服装而自豪。我们一定会为之努力。

第三，丝绸是一种贵重材料。丝绸是一种环保材料，是蚕吐出来的物品，没有污染。

第四，丝绸是我们的“青花瓷”，因为过去丝绸是纸，是印制材料。而现在我们把纸做成丝绸，刚才看到紫金山金陵图，我们就把金陵文化附在丝绸上面。

最后，丝绸是佛教的载体。我们把佛教里面的概念、佛教的心经，用丝绸表达出来。前面看到两幅画很有意思。这是敦煌流失在海外的珍品，本月 15 日我们从法国请回大陆，江苏省省长亲自将这一百多年前的绢画送给敦煌。

最后探讨一下文化创意和产业之间的关系，我认为文化是基础，创意是核心，产业是结果，所以如果文化研究得越深刻，创意空间越大，那么产业发展的空间也就越广阔。所以最后，我把丝绸产业用一句话表达，丝绸不仅是万事利的，也是大陆的，也是世界的。未来我们的使命就是传承中华丝绸文化，将五千年丝绸产业打造成时尚产业、环保产业、艺术产业，以网络技术、移动技术、数据技术改造传统产业，让丝绸在现代空间内有一个锦绣未来。

王国安发言

我们今天谈一下关于城市文化产业。大家知道一个米老鼠为美国带来了 900 亿美元。整个美国每年文化产业有超过 3000 亿美元的收入。想一下我们的连云港有花果山、水帘洞，我们镇江也有非常丰富的文化题材。金山寺、西津渡等，很多城市都有丰富的文化遗产，我们知道连云港有东海水晶，我们也知道施华洛世奇，我认为要打造文创产业，城市是非常重要的执行单位。我们提到文创地产，地产文创化。我们要贯彻执行文创产业，除了产业之外，如何让文创生活进入寻常老百姓家，这个是非常重要的。

以社区为单位，需要做专业与产业的集中，文化产业刚开始发展，可能没有丰富的人才和经验，我认为把文创的人才跟品牌、跟规划力度、跟支持力度做一个聚集非常重要，这个聚集最好的单位就是城市。每个城市都有老祖宗留下来的非常多的文化遗产，同时，在大部分大陆大型城市有产业的集群，不管制造业还是服务行业都有集群，在这个情况下我们能结合到专业的人才、专业的团队。同时在一个城市里面也能实施社会效应，从城市的风貌、城市的活动。文创的地产化，同时能让房地产提升它的性价比，打造人类生活居住的一个新文明或者一个新生活，一个幸福空间。我想从大到小，这都是非常有价值的，而且值得去做的、持续去努力的。

我们协会也非常荣幸，在过去半年时间里面，联络了台湾非常多的文创产业的专家，在城市文创这方面，我们下了非常多的功夫。我们也非常荣幸有机会跟江苏镇江市签约，我们协会跟台湾专家学者打造了城市文创一个示范区，未来有机会的话也希望跟我们大陆更多的专家、朋友们去请教。中华文化未来要“走出去”的话，我觉得除了原创重要资源外，将老祖宗遗产留下来也非常重要。刚才我们李总提到丝绸之路结合非常多的中国文化，老祖宗留下非常多的历史文化。未来的文创产业无所不在，让文创生活进入寻常百姓家，这就是文化兴国和谐社会。台湾可能有比较多的经验跟人才，假如能让两岸文创产业人才、设计人才在大陆的文化产业里面发展，以城市为核心，这样就有更大的可能。让文创不仅产业化、生活化，也更能促进和谐社会发展。

郭台铭发言

我来参加除了陈立恒理事长热情邀请，也想和大家交换一下意见。我们是文化的门外汉，但是现在也进入内容产业。我们现在硬件内容是最重要的，手机传送是一个功能，用高科技传送把文化产业发扬光大。我的主题就是两岸携手推动文创产业发展，共创华人文创世界的新地位。

文创产业对经济发展的价值显著，两岸同文同种，有合作互利空间。文创产业有几个特征。第一个价值是提升人们生活品质。各位都是在这方面的专家，我以外行人身份来看这个问题。我认为文化的水平是一个国家国力从精神面角度上的体现，因为国民水平达到一个水准，所有文化产业都有创新和拓展方面，而且发展成功的文创产业也有显著的潜力。第二个价值是“三创”，“创意、创新、创业”。不管是制造业，或是高科技行业，我想你也离不开创意、创新、创业，我们在台湾搞“三创”，就是文化创意人得到产业发展，文创产业得到持续提升，那么文创产业结合科技化与国际化的发展，将有助于输出根植、成长和量增长，这是第二个价值。第三个价值在于多元就业，文化创意产业创造稳定的多元就业产品。有利于文创产业发展，一是劳动报酬高质化的发展；二是维持文化自主性，具有华人特色的与差异性的产业发展有助于文化自主空间的服务；三是文化生活创意商业模式发展，在海内外，尤其是在全世界大中华有很大的空间，我们正在推送的大中华中国梦就是这样一个软性的表现。

我认为以中华文化为基础，应围绕教育、社交娱乐等，来发展产品服务，并以此为手段实现“五化”（网络化、移动化、全球化、华文化和即时化）的市场价值。将来的4G时代，不在于传送文字，而在于传送所有的图形跟影像。

文化可以具备非常大的价值，一个Hello Kitty创造了很多亿元的价值，将来教育、社交文化也可以一鸣惊人，但跟传统的思维肯定是有一些距离，可是你从网络化、移动化、全局化、华文化和即时化方面看，对推动两岸文创产业发展是一个很重要的方向。我们集团现在也在极力打造内容的创造，也在投资文创产业。文创元素与科技的结合，对我们将来很有意义。我觉得将来需要做网络云端以及终端设备，我们做硬件也可以熔炼出很多的产业。如手机和平板，让文创艺术全方位的3D化，可以在网上下载几千年我们中华古老文化。我今天有幸来这里，希望两岸文创产业能够将产业化做起来，也希望我们科技能加入文化的色彩，没有一个好的文化，企业不能长久，所以文化是一切的基础。

丁磊发言

我们是一家互联网公司。在1997年成立这家公司的时候，我们想解决的问题是，如何让每一个人能够通过电脑快速获取信息。一个非常偶然的机会，因为我自己做软件，我是一个IT的通信工程师，在2001年的时候，游戏只是电脑软件中的娱乐软件，我发现很多人喜欢买了电脑以后去玩游戏，但是在大陆面临一个问题，游戏并不赚钱，因为有很多的盗版，那在游戏和互联网结合在一起的时候，我就去想能不能把这个游戏网络化。我们在2003年成功推出了一些网络游戏的产品，那个时候并没有想到这个市场有那么大，也不知道自己从事的，用今天的话来讲叫文化创意产业。我们觉得自己在这个领域里面完全有做软件的能力和实力，我们可以把它做得没有盗版，我们可以把它做得社交化，让原来电脑玩的产品变成可以跟很多人同时互动、可以跟很多人社交化的产品。很幸运的是，可能我们找对了方向，到今年我们原创的网络游戏在大陆已经收益超过80亿元人民币。我们在2010年前进入这个行业的时候不知道自己在做一件文化创意的产业的事情，但是我们的确给每个用户、每个消费者带来了非常多的开心和快乐。

我在从业的时候，在过去几年都面临非常头疼的事情，是台湾解决得比较好的一个问题，也让我们大陆从业者羡慕嫉妒恨的，就是我今天要讲的，大陆对文化创意产业知识产权的保护是非常不成熟的。每年我们公司包括我自己，都花很多时间去开会，去打击山寨我们产品的人或者盗版我们产品的人，但我一直注意到台湾在这方面应该是做得非常出色的。所以作为文创企业家，我非常希望借助这个平台，能够呼吁大陆政府多向台湾学习文化创意产业的版权保护。我们做一个产品很不容易，而面临最大的一个挑战就是被山寨、被盗版，如果这个问题不解决，我觉得这个企业很难做得大，而且会花很多时间纠结在被盗版的问题上。

今天网易不但在大陆做得好，也陆续向东南亚输出文化创意产品。刚刚在泰国有合作伙伴告诉我们，我们做的《英雄三国》的游戏在泰国非常受欢迎，对外期望非常好。希望我们两岸企业家在共同思考这个产业未来的时候，能够携手并进，打造一个好的、有知识产权保护的环境。

我想，企业间的合作，是一个非常市场化的行为，它取决于消费者愿不愿意为你的产品埋单。两个企业之间有没有共同擅长的、能够双赢的局面很重要，所以我自己有比较浅陋的一个观点，既然我们都讲汉语，那我们两岸企业家的合作，或者说两岸企业的合作应该用市场的方法去解决，这里面可能会有授权、收购、兼并或共同开发一些新的产品，我觉得这些在我们过去经营的企业当中已有一些非常成熟的方案。4年前，我们接了美国第一大游戏公司“暴雪魔兽世界”的作品，在过去四年里面，和他们共同成立了合资公司，我们向他们付了接近20亿元人民币的授权金，我们有非常成熟的与美国公司合作的经验，以及我们自己向海外市场输出产品的经历。所以企业家之间的合作在一个大的环境下，可以采取一些国际化的惯例来进行。

我希望台湾能够更加开放一点。我今年一年去了5次台湾，从南到北，不停地去看台湾，从台中到台北很多地方我都去过，花很长时间考察，我觉得台湾有非常丰富的人才资源，对我们企业发展来说是非常有吸引力。但现在有一个问题，你去收购兼并台湾的企业，会不会被打上募资的标签，对于这点我们有点怕。台湾2000多万人口对我们来说不是很大的市场，大陆半个省都比台湾大，大陆一线城市的消费实力远远比台湾强，但台湾非常多的人才培养优势在里面，我们看到的很多人才是比较国际化、专业化且对公司非常忠诚，如果把他们请到大陆来，他们不一定喜欢大陆目前这种工作环境，所以如果在台湾设一个公司，是不错选择，同时离他们家也较近。所以我希望在此能够提出一个想法，是说希望台湾方面能够对大陆的企业去台湾合作投资持一个比较开放的心态。

陈俊发言

我是一个江苏商人，对于两岸的合作，想提一下我个人的建议。作为城市化来讲，大陆改革开放30多年发展到今天，其实是解决了一个衣食住行的问题。前三十年我们解决一个刚需，实现一个物质文明；我们再往下的二三十年倾向于解决精神文明，就是我们文化创意产业一个新的发展空间。

这两个行业要是比较起来，从衣食住行这种刚性需求来看，其实更多的是满足生理需求，我们现在追求的文创产业更多的是满足心理需求，这两个行业发展模型方式和对资源的依赖性是完全不一样的。如果我们还用原来发展经济的模式和思维，来做未来的这二三十年，方向上就会有很大的问题。这是我个人的第一个想法。

第二个讲讲我们这些年一些感受，也和台湾朋友交流一下。特别是近五年来，大陆非常重视文化创意产业，像党的十七届六中全会开始解决文化产业发展方向问题，其实各级政府都在积极推动。不管是否找到手段，但最起码大家对这个事是高度重视，现在虽然不知如何破题，最起码思想上认为这是一个未来的发展方向。

目前还存在着两个问题，这个也是台湾未来跟我们合作的一个基础和合作空间。第一个问题是我们把文化文物化，就是说我们在挖掘文化当中非物质文化遗产的时候，做成一个非文化主体，这是很严重的问题，按照现在时髦的话讲，把一个好好的高雅的事情做成一个土豪。在这种情况下，非但没有打动消费者，也将文化产业做成了投资拉动，变成一个工程，没有在文化方面上认认真真做，这其中包括我们的博物馆建设、文化场馆建设，对很多机构来讲，把这当成一个普通的工程建设。最后它对 GDP 贡献就是一个投资且不是建完以后能产生成效的投资。这个问题很严重，各地政府做园区，我觉得现在缺的不是园区不是房子，需要的是我们的文化。房子在哪里都可以盖，为了手段不能忘了我们的目标。

第二个问题是我们把文化做成奢侈品。不赢利，也不是消费品，最多是面子，在这种情况下叫好不叫座，有点像文艺青年的感觉，这样未来很难持续发展，很多事情做到最后政府可能仅仅将其做一个摆设，变成一个公共事业，最后由财政拨款去做这个事情，却不能拉动产业转型。我们在想如何来解决这个问题。对于企业来讲，我们需要告诉政府，我们和政府一起来解决这个问题。这些年我主要在这方面做了一些探索，有两点可以和大家来共同探讨。一是如何将文化与信息化相结合。在南京新街口有一家电影院，把互联网和电影结合，通过云计算的方式，把数据库建起来然后进行点播，国家文化部、国家电影局非常重视，这样的话国家监管的问题也解决了。最近上海南京都开了这样的影院，效果非常好，老百姓也非常叫好，24 小时随到随看，想和谁看和谁看。这样形成一个非常好的文化消费。二是如何把文化和体验相结合。大家知道在南京有一个很有名的 1912 街区，融入了民国文化，成了民国文化的园林。我们已经做了 9 个街区，都叫 1912，将民国建筑载体和场所精神同我们的博爱博雅南京的新时代文化精神做了一个结合，受到年轻人的推崇和热爱，天天晚上 12 点都依然人山人海。

第三个问题是从下一步我们文化产业发展上看，我觉得还是要围绕现在信息化时代与网络时代，将大数据、平台化、云数据和移动端几个方面相结合，这是不可逆转的，文化消费必须和消费者拉近距离，和他的需求相结合。

最后提一点建议，作为两岸企业，我们同根同源，台湾有很多优势可以和我们结合，通过我们这一次的峰会搭建平台。一是企业家要充分交流，可能要大家一个一个企业参观，坐下来认认真真听企业家讲个两小时，探讨我们怎么合作，是最有效的。第二就是服务平台的提供，我觉得更重要的是解决交易加工的问题。台湾朋友来大陆，他们确实有很多地方摸不着头脑，我们不是提供优越政策，但是一定让大家能够快速交流。这个可能是最重要的。这是我个人的建议。

林苍生发言

统一企业是从事食品生产的企业。在40余年我们从事食品行业过程中，我个人感到一个很重要的变化——20世纪是一个量的时代，21世纪则进入品质的时代。这个就是我们在这边谈一个很重要的契机，所谓契机就是我们已经有一个机会把西方的产业慢慢因为我们形而上的注入，变成我们东方的产业。而事实上，统一几十年来一直在产业里面增加形而上的附加价值，做了很多努力。我个人也是星巴克董事会长，星巴克不只卖咖啡，我们到今天已经有15家比较大的星巴克咖啡厅。这个咖啡在全世界是一样的。除此之外，我们还加注了在什么地方以生态为主，在什么地方以书本为主，什么地方以音乐为主，什么地方以文学讨论为主，都有它不同社区的不同个性。这个个性我个人觉得，是我们竞争的一个很重要的地方。所以在大陆有一些声音说，星巴克咖啡为什么卖那么贵，不是我们卖得贵而是我们有附加价值，没有创造附加价值的话，没有办法显现出来你的价值。

在20多年前的时候，我们创造了一个咖啡左岸，是邓肯咖啡，他们到我们那里拍片子，当做一个宣传媒体，这样我们咖啡比平常的咖啡卖得更贵。这个附加价值慢慢进入21世纪以后，有他的附加价值的时候，谁能够掌握到这一种形而上的差异谁就能胜利。

实际上今天如果两岸之间讨论这些事情的话，我个人觉得这是我们东方的企业东方的文明，能够比西方的文明有的一个更好的开始。刚才我听到许江先生提到治国平天下这样一件事情，我们读这些书好像跟我们产业有一段距离，其实不是，这是我们需要创造差异性的地方，我们怎么样跟西方有一个差别，除了儒家以人为本之外还要再进一步。我个人建议，在这个平台上面希望将来有一些具体的作为，所谓具体作为就是说，当各位谈到产品文化跟文化产品不一样时，是因为文化在产业的比例慢慢有一些区隔出现。我们假设产业是零，文化是一百，从零到一百中间，我们可以一下变成一个产业文化，再一下成为文化产业。我们慢慢引导后面的产业能够增加文化价值，这是我们共同的意愿。

最后，我想我们仍需要努力，今天签约的是 8 家，但是 8 家是一个开始，我们希望以后有 800 家、8000 家。事实上如果可能的话，两岸应该能够配合在两岸之间创造一个共同品牌。如果能够在文创方面建立共同品牌，如中华文创或文创品牌等，这样在税收、政策上面有优惠的时候，我相信参加两岸共同设计或者是产业创新的数量一定会增加几十倍。

盛阅春发言

大家知道，杭州与南京一样，是中国的七大古都之一，依托雄厚的历史文化积淀，发展文创产业使这座千年古城焕发魅力。2010 年，国务院将杭州城市发展功能定为建设大陆文化创意中心，围绕这一个目标，杭州市委、市政府出台各项措施和政策，推动文创产业发展，质量不断提升，发展成效得到了广泛的认可。2012 年，我们文创产业在全市 GDP 中占到 13.59%，2013 年上半年我们经过统计，这个比重进一步扩大，占到 16.18%。根据台湾亚太文化创意产业协会发布的《2013 年两岸城市文化创意产业竞争力调查报告》，杭州文创产业的竞争力在两岸居第四位，在大陆 35 个城市中居第三位。

我们在发展过程中取得了一些成效，得到了广泛的认可，比如杭州加入了联合国教科文组织，成为全球创意网络城市，并被授予了公益民主艺术品称号，杭州还是大陆第一个被授予两岸文创产业合作实验区以及国家数字娱乐产业基地称号的城市。

大陆的文创看杭州，而文创的两岸合作应该看江干。作为杭州大都市中心区的江干区把发展文创产业作为以域转型升级的着力点和经济增长主要引擎，取得了一定的成效，特别是江干区得天独厚的区位优势和交通优势，为文创产业发展创造了良好的环境。江干区是杭州接轨大上海、连接长三角的桥头堡，是长三角地区一个重要的交通枢纽，华东地区最大的杭州客运中心在江干区。亚洲最大的交通枢纽，现在已经投入使用的杭州火车站也在江干区。所以在这个区域，交通非常便利，能够充分地享受长三角一小时经济圈优势。

不断增长的经济实力、日趋完善的正式功能，也为杭州文创产业发展奠定了扎实的基础。杭州的钱江新城，是杭州新的政治中心、经济中心、文化中心，是杭州的 CBD 所在，同时我们投资 1500 亿元的城东新城正在如火如荼建设中，所以江干区实现了华丽转身，逐步成为杭州城市的新中心、都市的新门户、浙商新高地、金融新蓝海，向着大陆一流现代化中心区迈进。杭州市从西创时代向长江时代迈进，给我们提供了很好的机遇，这几年我们的文创产业，按照投入一批建设一批谋划一批的思路，打造点线面贯通，推动文创产业集聚发展。我们江干区文创产业集聚园在建 11 座，我们利用存量和增量资源打造信息服务业和设计服务业。我们正在建设的国际文化跨国街区，创意园，特别是笕桥历史文化街区，这地方台湾朋友应该特别熟悉，台湾还专门拍摄了一部电影叫做《笕桥音乐站》，整个“中央航校”都被保护着，我们将以此为基础，建设笕桥历史街区。如果我们两岸能够合作，重拍笕桥，用最新的技术可能会取得不可预想的效果。我们紧紧抓住这个机会，建设杭州创意设计中心，这个中心面积 73 亩，将以创意设计为特色，为杭州市唯一的市级文化创意产业中心，发展文化与科技台作、两岸文创产业合作、文化会展合作三大业态。在培育优质企业的同时，平台还承担研发转化、品牌包装、融资体系、人才培育并做好知识产权的保护，建成城市地标性示范设计中心。

这次紫金山峰会是多年来企业家峰会的升级版，像吕省长说的，两岸文化创意产业发展是天时地利人和，我们将立足新的平台，抢抓新的机遇，为两岸文创产业发展做出新的贡献。

·（三）第三届两岸文化产业（承德）论坛专辑·

B.13 两岸文化产业合作专题演讲

丁守中　梅 松等

编者按：

2013年5月25～27日，中华文化促进会、中华两岸文化创意产业协会、承德市人民政府在承德联合主办“第三届两岸文化产业（承德）论坛”。两岸文化产业界人士就共同促进与发展两岸文化产业深入交流、研讨，许多经验与见解极富启发意义，对于推动和深化两岸文化产业合作发展、共同构筑两岸文化市场具有重要价值。为全景式地展现论坛取得的积极成果，充分表现论坛的气氛，在中华文化促进会的大力支持和授权下，我们以实录的形式发表论坛的演讲内容，个别地方作了文字技术上的处理。

主持人：王永章［中华文化促进会副主任、文化产业（中国）协作体执行主席］

尊敬的两岸文化产业界的朋友，大家好！

在海峡两岸文化交流与合作不断深化和扩大的前提下，在第五届承德国际旅游文化节开幕之际，中华文化促进会、中华两岸文化创意发展协会和承德市政府在这里共同举办第三届两岸文化产业（承德）论坛。出席本次论坛的有来自大陆和台湾文化企业界的代表，有政府官员和专家学者，还有新闻界的朋友们。在这里我谨代表承办单位对各位来宾表示热烈的欢迎和衷心的感谢。

本届论坛确定了核心竞争力、创意、创新、创造这样一个主题。因为文化产业本身就是内容产业，内容产业核心和源头就是创意、创新和创造。只有具备创意创新和创造的文化企业、文化项目和文化产品，才会真正具备核心竞争力，才会在市场上占有一席之地并保证可持续性地长远发展。

另外，本届论坛按照日程安排，下午还召开一个小型两岸文化企业座谈会，进行面对面的对话和交流。我们不仅要“坐而论道”，更要“立而行道”。我们希望通过两岸文化产业论坛这样一个平台，能够更好地深化海峡两岸的合作与交流，特别是为两岸企业创造一个信息交流、项目对接的机会，能够使论坛的理论成果和各自实践经验尽快转化为丰硕的合作成果。

贾玉英（河北省承德市人民政府副市长）

尊敬的各位嘉宾和企业家朋友们，大家上午好！

非常高兴在第十三届中国·承德国际旅游文化节举办之际，由中华文化促进会、中华两岸文化创意产业发展协会、承德市人民政府共同主办，文化产业（中国）协作体、鼎盛文化产业投资公司承办的第三届两岸文化产业（承德）论坛隆重开幕。在此，我代表承德市人民政府对论坛的召开表示诚挚的祝贺，对各位嘉宾和朋友的到来表示热烈的欢迎！

借此机会，我给大家介绍一下承德的一些情况。承德位于河北省东北部，总面积3.95万平方公里，人口376.9万。承德是一个非常有特色的城市，它的特色体现在多个方面。先说承德这个名字是怎么来的。承德是清朝雍正帝所赐，意思是说“承寿先祖，德泽之地”。承德是先有山庄（避暑山庄），后有城市。这个城市可用四句话来概括：承德是国家历史文化名城，承德是山水园林城市，承德是国际旅游城市，承德是连接北京、天津、内蒙古、辽宁、河北的这样一个区域中心城市。

承德的优势体现在四个方面：区位优势、资源优势、生态优势和文化优势。从区位来讲，承德一市连五省区市，是连接东北地区、华北地区、西北地区的交通枢纽，直通天津、曹妃甸等三大港口，从北京到承德只有两个小时车程。承德到唐山、秦皇岛、赤峰、朝阳、张家口高速公路这两三年内全部贯通。第二条承德到天津的高速公路今年也已启动。

承德资源非常丰富，特别是旅游文化资源非常丰富，文物遗迹众多，自然风光也非常独特，处处奇山秀水，所以承德提出了建设国际旅游城市这样一个目标。前段时间，我们招商引资建一个承德的影视基地。我认为承德不用建基地，全域内 3.95 万平方公里就是非常大的影视基地，有山有水，还有众多文物古迹，金山岭长城的条件也非常好，文化内涵非常丰富。

承德拥有多个世界之最。世界上最大的皇家园林避暑山庄，面积是 5.64 平方公里，相当于 2 个颐和园、8 个北海这样的面积。我们还有世界上最大的皇家寺庙群——外八庙。有千手千眼佛、木兰围场、双塔山、棒槌峰、地质形态、民俗的景观，以及昨天晚上各位看到的全球投资最大、规模最大，首部以皇家文化为主题的大型实景演出《鼎盛王朝·康熙大典》。另外，承德先后被评为全国十大风景名胜、优秀旅游城市、国家重点风景名胜区、中国摄影之乡和中国摄影家创造基地等。2012 年接待游客 2000 多万人次，实现旅游收入 162 亿元。

承德第三大优势是生态。承德是国家级园林城市，森林覆盖率达到了 55.8%，接近国际生态城市 60% 的标准。承德境内有林地面积 3379 万亩，是华北最大的天然氧吧。境内有滦河、潮河、辽河、大林河水系，是华北重要的生态屏障，是北京、天津和唐山的重要水源地。承德空气清新，阳光充足，大家可能都已经体会到。空气和阳光是大家受益而不觉、失之则难存的。承德位列全国生态城市第七位。

再说文化优势。承德历史并不悠久，但是文化很丰厚。承德因山庄而建，也就 300 多年，却是国务院第一批颁布的 24 个历史文化名城之一。历史上，承德曾是清王朝的第二个政治文化中心。清朝文化、藏传文化、草原游牧文化在这里集中展现。全市文化遗产 1300 多处，金山岭长城、避暑山庄寺庙群分别于 1987 年和 1994 年被列入世界文化遗产名录。

党的十七届六中全会之后，在国家推动文化大发展、大繁荣的背景下，2012 年 6 月我们市政府举办了避暑山庄的文化研究和传播峰会，专题研究如何挖掘承德的历史文化内涵，如何定位和传播承德的文化，如何发挥文化对现实社会的作用。清史专家戴逸说，一个山庄，半部清史。去年我们请他来做讲座的时候，他觉得避暑山庄是中华多元文化的圣殿，一座山庄就是一整部清史。文化学者余秋雨先生说，避暑山庄是中华文化的重要标志，留给后代的一个重要史观。北京是皇家政治文化的集中，承德是皇家生活文化的集中。承德的文化好在哪？承德的文化是有说头，有看头更有玩儿头，承德的文化产品是非常现实的，正是依托独有的人文优势，我市文化产业发展迅速，综合实力不断提升。承德于2011年、2012年连续两年被评为全国文化体制改革先进地区。文化产品日益丰富，我们打造了《鼎盛王朝·康熙大典》和《地月梦华》两台精品大型演出，还有大众娱乐平台。文化产业项目进展迅速，有19个重点在建项目。2012年累计完成投资58.14亿元。鼎盛文化产业投资公司获评第五批国家文化产业示范基地。我们十分注重文化“走出去”，文化对外交流水平提升。

近年来，我市多次组织承德文化台湾行。2010年在台北故宫成功举办了承德避暑山庄精品文物展，对两岸加强交流与合作奠定了良好的基础。这次论坛以创意、创新、创造为主题，会聚了两岸创意产业精英，展开高峰对话，推动两岸交流和发展，促进台湾承德两地文化合作，从台北的承德路走进承德，必将起到积极的推动作用。

台湾是祖国的宝岛，承德是中国的福地。热诚欢迎中华文化促进会、中华两岸文化创意产业发展协会，以及各位朋友在美丽的承德多走走，多看看，多提宝贵意见，多加强沟通和了解，创造合作共赢的机会，创新合作共赢的模式。创意无限。

最后，祝第三届两岸文化创意论坛圆满成功，祝各位嘉宾在承德期间快乐吉祥，谢谢大家！

丁守中（中华两岸文化创意发展协会理事长）

尊敬的各位两岸朋友，承德的有关领导，大家好！

今天真的非常荣幸，我陪同台湾文化创意产业者一起和大家进行交流。在座的都是文化创意产业领域里的领导和各方面业界的好朋友。昨天晚上，我们观看了鼎盛文化产业投资公司创作的大型山水实景演出《鼎盛王朝·康熙大典》的表演。磅礴的气势把我们带进了历史，犹如亲眼见证了康熙王朝。这充分凸显了中华文化的底蕴，更凸显承德历史文化的特殊背景。这是一个非常成功的文化创意旅游产业的典范。大家也都知道，两岸在文化创意产业这个领域里，实际上各具优势，可以优势互补，大家可以一起合起来开拓世界文化市场。

台湾是20世纪90年代开始发展文化创意产业的。那时候因为土地、劳工成本高涨，很多制造业被逼得走向了大陆。为了求新求变，也为了改变策略，不再是看重在成本管理、技术等方面，而是走向开发、创造设计这方面。我们知道文化创意产业这个领域里最大的挑战就是需要多元、开放、民主的环境。这个社会有足够包容力，能够让这些设计者用他们的创意结合世界美学标准，把文化特质转化为最有竞争力的经济商品。这方面台湾比起大陆、比起香港，有相当的竞争优势。台北最近争取“世界设计之都”，“政府”大力辅导文化创意领域。中华两岸文化创意产业发展协会的理事们，有的在高科技领域里是带头者，有的还是传统的出版、影音等领域的带领者，甚至电子书、动漫、内容产业这些顶尖设计师，都非常愿意进行两岸交流。台湾很多年轻的文化创意者，自己有小小的工作室，自己设计的内容和产品，在一些城市或网站上卖。小小工作室，每个月做十几万美元的有很多。台湾是一个鼓励设计创新的地方。因为没有任何天然资源，只有靠不断地创新，来填充制造业大量出走之后空出来的空间。

所有的国际大赛，不管是发明，还是创意大展，大概最大的赢家就是台湾这些年轻大学生，每次抱着几十块金牌回来。所以，我在这边非常鼓励在座的大陆业界能够加强在这方面与台湾的优势互补。大陆有庞大的制造能力和市场，有最精湛的工艺师，结合我们了解西方社会的消费趋势、流行的思潮，两岸在这方面能够结合起来。我相信，我们一定可以共同开拓世界市场，能够让中华文化软实力得到更大的发挥。在这里要讲一点关于台湾的事，不要讲过去台湾到大陆投资几千亿美元，其实近三年两岸签订经贸合作框架之后，台湾到大陆投资就有462亿美元，可是大陆到台湾投资只有6亿美元左右。所以，希望大家多到台湾投资，让两岸共创双赢。在这里，祝大家身体健康，万事如意，也祝我们大会圆满成功，谢谢大家！

梅松（北京市文化创意产业促进中心主任）

尊敬的在座的各位嘉宾，大家早安！

有幸在第三届两岸文化创意产业论坛上，跟各位一起分享交流北京文化创意产业发展情况，同时我们重点介绍京台两地的文化创意产业交流与合作。在座的朋友我都很熟悉，像黄先生我们是多少年的朋友，因为京台两地文化合作有七八年的历史。丁理事长讲得非常好，他说大陆到台湾投资不多，我承认，但是台湾门槛太高了，希望在座的台湾朋友把意见转给台湾当局。

我举个例子，现在大陆游戏在台湾销售得非常好，大约占台湾市场90%。但是台湾当局对大陆公司征收20%的离岸税，这个太高了。游戏公司一定受到影响，所以一定要带回去这个意见，太高了。大陆有一部很有名的电视剧《甄嬛传》，台湾朋友非常喜欢，但是谈到版权交易，就没有办法了。我听说版权费还没有解决好，就先播了再说。两岸文化创意产业交流有很多值得深化的地方，尤其两岸在政策上要互相给一点支持。北京是全国文化中心，所以它的文化创意产业发展有它独到的资源和优势，包括梅洪总裁的鼎盛文化。他的“鼎盛王朝”，花在北京开，果结在承德，所以我们也沾光了，因为他公司总部在北京。总部创意在北京，开发在兄弟省市，这是很好的。

北京做文化创意产业比较早，市委决策是2005年。我们现在产业规模是这样的：从674亿元增加值，发展到去年的2189亿元，年均增速20%左右，占GDP比重为12.3%，已经成为重要的支柱产业。大家知道，一个产业在GDP中占5%就很了不起了，占到10%以上就非常了不起。北京市深深尝到了在经济转型当中发展文化创意产业的甜头。北京的水是靠河北，空气也是靠河北，电是靠内蒙古，如果北京还发展工业，尤其发展重化工业，显然与资源环境是非常不相称的，不符合科学发展观的要求。北京市经济转型做得比较早。现在有8个行业做得都不错，其中最大的是网络和计算机服务。这个怎么叫文化产业？大家对这个不叫文化产业，北京、上海、台湾我们都叫文化创意产业，那么创意、文化和科技的融合就体现在40%这一块，这里包括动漫、网游、数字出版。

我们现在的从业人员规模很大，已经是150万人的从业大军，大约占北京从业人口的15%。我们比较一下，接近日本东京的水平。日本从业15%，纽约13%，伦敦是12%。这里还包含一大批“北漂”。“北漂”我觉得是褒义词，没有“北漂”就没有北京文化创意产业。在文化创意产业同样也有外商投资，也有台商投资。这一块是地方政府总的说还是一个开放态度，所以我们这几年外商投资项目占总投资的20%。文化需要“走出去”，需要拓展国外市场。这几年有所进步，但是与台湾相比少一点。我们到台湾投资不多，只有6亿美元，但是文化服务贸易投资有30亿美元。

现在海关只统计货物贸易不统计服务贸易，需要改进。没有消费就没有产业。这几年，我们文化消费数很大，2012年文化销售9740亿元，全国将近1万亿元人民币。北京人均文化娱乐支出1658元，好像不是很多，但是增幅很大，达到31.5%。其中最火爆的几个文化市场，第一是电影市场，到现在没有搞清规律，一个电影几个亿就出来了（比如说《泰囧》），过一段《西游记》出来了，12亿元人民币；再有《北京遇到西雅图》6亿元人民币；现在《致我们逝去的青春》《中国合伙人》，一下子都出来了。我相信，这是有原因的。文化消费市场确实在启动，电影票房是一个表，当然包括演出市场。去年北京演出市场不错，观众1100万人次。

从2011年开始，中国超过美国，成为全球最大的艺术品交易市场。北京是继伦敦、香港、纽约之后的全球十大艺术品交易中心。去年春拍、秋拍有些萎缩，我认为很正常。但是今年春拍又上涨了。去年在北京交易580亿元人民币。

以前我们发布统计数字，没有文化类的固定资产投资这一块。这几年开始有，像我们梅洪总裁在承德这个文化园区投资几亿元，那就是文化的固定资产投资。北京去年完成256亿元，与房地产相比不是很多，房地产几千亿元。我相信，文化投资会逐步填补房地产投资萎缩带来的空虚。还有一个就是银行投资和银行贷款。银行贷款，去年文创贷款535亿元人民币，这个也不少，增幅很快，更关键的是北京市2012年又上一批比较大的文化项目。现在文化园区太多了，大而不大，大而不强。虽然这样，但还是有必要的。比如说大家了解的，澳门新豪集团是一个著名的博彩公司，博彩挣钱后用500亿元在北京做文化，我觉得这值得鼓励，在北京大山子建立新豪文化中心。包括万达，万达大家知道以前是做房地产的，万达这几年转型，由一个房地产公司、城市综合体公司，转向做文化综合体。我认为这是很好的事情。应该鼓励房地产老板做文化。万达这几年在北京投200多亿元，打造万达旅游城。由万达文化集团收购美国第二大院线 IMC，这个是好事。现在万达准备收购欧洲最大的电影院线。万达从一个房地产公司成为全球最大的电影院线公司，每个海峡两岸的中国人都会感到自豪的。

为了支持文化“走出去”、引进来，我们建立文化保税中心。这个是大陆首创，最先是上海做的。我和台湾朋友交流的时候，他们还不知道文化保税这个事，现在北京已经开始做了。

大家说，文化创意产业说得这么大，吹得这么大，是不是大而空？我再说经济效益。去年北京规模以上文化创意产业利润 506 亿元。这些规模以上文化创意产业，人均创收是 74 万元，这也不算少。我算一下，北京文化创意产业创收最高的是艺术品交易，人均创收 287 万元；第二位是广告会展产业，人均创收 218 万元。大家说文化创意产业值得不值得做？我觉得完全值得做。文化创意产业同样需要上市，目前北京在 6 个交易所有 69 家公司上市，目前是大陆最多的。2013 年上市 54 家，昨天有几个老板跟我们抱怨排队还上不了。我希望能够上市的文化企业尽快上市。

时间关系，我再重点说一下和台湾的合作情况。北京和台湾两地文化创意产业交流非常紧密。首先和台湾朋友报告一下，台湾朋友在北京有多少人干文化创意企业，据初步统计，现在台湾同胞长期在北京有 2 万多人，我不知道台湾统计数字是多少，其中从事文创的有 7000 人，也就是说大约占了 1/3。我觉得也不少，还有好多没有统计的。我认识很多朋友，比如说台湾几个大画家，两地跑。目前这个行业主要是从事影视节目、软件设计、动漫游戏、设计策划、古玩收藏、表演等，也就是说主要行业基本都涵盖着。我们刚刚在北京举办海峡两岸画家在北京的联展，同时搞拍卖，效果非常好。我们台湾来的两位，杨国春老师拍了 28 件，800 万元人民币，他说他没有想到。还有一位画家李弱隐，他的画拍 300 多万元人民币。所以两岸的艺术品交流空间是很大的。

在北京，有一个很有名的公司销售法蓝瓷，现在是台湾的礼品，也是大陆的重要礼品。北京 T3 航站楼一进去就是法蓝瓷的一个销售店。他们和文化部艺术研究院合作组织设计大赛，办了五届，效果很好。所以陈立恒说北京发展环境还不错。刚才丁守中理事长提到“设计之都”，去年北京有幸被联合国命名为“设计之都”。大陆有三个城市，北京、上海和深圳。

我们还有5个平台来推动京台文创合作。一个是北京的文博会，专门设立台湾文创精品馆，每期面积4000平方米还不够，交易活跃，大陆市场空间很大。去年那一届文博会，台湾精品馆文创产品现场交易额将近5亿元，台湾业界朋友很高兴。

第二个平台是北京在台北做的——海峡两岸文化创意展。每年4月下旬在台北开展，借台湾国际礼品展这个平台。我们跟台湾世界贸易中心包括中华文化促进会合作，从北京把我们文创产品带到台湾。这个效果也非常好。所以，每年去台湾，就是这个时候去。每次带50多位歌唱家、100多位从事文创的老板，管理人员到台湾交流访问，所以我们交流很密切。

第三个平台是京台两地举办文化节，以及组织海峡两岸文化互访。北京到台湾文化之旅收效非常好，“798”在这个时候举办3000平方米的画展，我听说在台湾反响不错，包括著名艺术院团都到台湾演出，而且有很多是商演。

第四个平台，我们在北京打造了一个文化创意人才服务基地。这是2012年文博会期间启动的。因为跟台湾朋友交流，他们感觉两岸人才培训交流迫切，我们就做了人才服务基地，每年组织台湾的在校大学生到北京实习，到艺术区实习，到文化公司实习，了解大陆的文创情况。跟公司直接对接，很多实习完就留到北京工作了。所以这是一个不错的平台。

第五个平台，专门建立台湾文化商务区，作为定期台湾文化产品的展销平台。这在2012年开始办的，目前有点冷清。总之，我们跟台湾的文创交流合作非常密切。2012年9月，海基会陈会长第一次率领大陆文创代表团到台湾访问，吴伯雄主席说，两岸经济手牵手，文化才是心连心。我相信，我们今天这个论坛也会达到这个文化心连心的效果。谢谢各位！

主持人短评：经济结构转型是两岸经济和社会发展过程中间共同面临的难题，通过发展文化产业和文化创意产业来实现经济结构的转型，克服经济发展的文化难题，使两岸在转型过程中间找到共同点，达成共识，这也就是两岸文化创意产业合作、交流、发展的重要原因。

乔培伟（中华两岸文化创意产业发展协会副理事长、嘉惠集团总裁）

今天我们研讨的主题是创意、创新和创造。在“三创”的基础上，我提“三个化”。文化创意产业本身是内涵，我们思考一下，怎么把隐形之事显性化、结构化，另外就是数字化。

今天在座的有很多人有手机、平板电脑，这个领域未来将给两岸文化创意产业创造一个非常大的机会，就是移动互联网的发展。目前传统的电视在我们家里面是非常重要的娱乐中心，可是随着移动的发展，从平台电脑到移动手机的出现，产生了一个新的形态，已经在我们的生活当中发生。过去一个非常好的内容，结合了传统做出来的一部电影，只能在院线播放。现在只要能创造好的内容，放在云端平台上去，全球华人实时都可以看。我相信这是一个非常重要的市场机会。

我看两岸文化创意产业的成功主要有五大要素。第一个是科技化，文化创意产业要跟科技找到很好的结合点。全球的科技硬件，还有很多软件，都是在台湾做的整合。科技非常重要。第二个是人才。文化创意产业需要人才。科技结合再加人才互补，人才指两岸年轻人，包含过去对产业非常有经验的上一代。结合人才之后创造价值，才能在国际上占据一席之地。第三个是品牌。文化创意产业本身需要品牌。现在两岸文化创意产业知名品牌不多。怎样把好的产品在国际上打出文化创意产业知名品牌？两岸有很大的努力空间。第四个是投入。文化创意产业发展一定要有一个好的投入。在资金方面，大家怎样来互补？这个领域有非常好的发展机会。第五个是渠道。再好的文化创意产品也需要有好的渠道，好的渠道才能获取好的发展。

嘉惠集团在文化创意产业领域里有 7 个不同形态的子公司，在几个领域里发展得很好。第一个是台湾最大的数字内容公司盛典科技是嘉惠集团投资的。盛典科技拿了很多国际订单，把国际企业数字化需要的内容制造出来。当你有好的内容，才能够在文化创意产业上不断创造出新形态的发展空间。

第二个是易语科技。这是在云端，在云计算和云端服务上的发展平台。大家思考一下。今天到承德旅游的人很多，但是承德的观光、美食、设计，我们怎么去传播？怎样让游客知道，承德最佳的10个美食点在哪里。这不能只靠领导做传播。要借着科技平台、移动互联网。人们把手机一打开，就知道到了承德该到哪里游，该吃什么。现在的技术，都可以做得到。就是说把文化旅游与科技相结合。这也是市场机会。从这个角度来看，云计算对于移动互联网、对文化创意产业发展绝对会产生非常深远的影响。我希望大家在这个领域上多思考，做一些更好的传播。

第三个是我们在集团里有一个移动数位内容的平台——数位行动科技公司，专门做数字出版。今天我们有这么多文化创意产业产品，应该结合数字出版这种新技术和业态，把数字内容做一个更好的传播。

第四个是设计公司。这个公司结合了文化创意、电子商务公司，把一个城市的美食、电子商务、文化创意产业产品，经过一个城市的频道快速传播给每一位市民。大家所喜爱的文化创意产品，基本上就是量少且多样化，而不像传统工厂大量制造出来的产品。这么多好设计师创造出好的产品，怎样卖给喜欢这样产品的收藏者，这就需要国际上发展起来的智慧型客户服务系统。公司需要掌握客户喜爱哪些产品，一个城市包含多少外来人口。当他们进到这个城市以后，希望看到这个城市的特色，希望购买这个城市最好的文创产品，你怎样把产品的信息传播到未来消费者那里去。这也是非常重要的领域。另外，我们这个设计公司，连续拿了两个德国艺术奖。这次参加国际大赛，也有我女儿。她了解到全世界有3000多万头牦牛在中国，占世界牦牛总量的70%。这么好的资源，我们怎样把牦牛的绒经过好的梳理，经过好的设计加工，做成好的产品卖到国际市场上去呢？她的创意产品就是把西藏的牦牛绒，经过梳理和设计加工，形成文化创意产品。我觉得，结合文化创意产业，结合传统产业，结合我们农牧产业，经过好的设计和加工走向全球市场，今后也是发展趋势。

在当前情况下，两岸发展合作机会非常多。昨天，我们高兴地看到在梅总这边，经过这样一个设计，把文化旅游做一个最好的结合，创作出这样一个大气的文化旅游项目，发展出一种新的产业形态。今天大会还要安排两岸企业家面对面交流，相信经过交流可以碰撞出新的火花来。我相信，一定能够在未来两岸文化创意产业中创造更多、更大、更成功案例出来，谢谢大家！

主持人点评： 乔先生和梅先生两个人身份不一样，但是共同寻求两岸市场合作点和合作机会的心愿是一样的。乔先生也谈了数字化的问题，这是转型过程中我们共同面临的文化问题。今天两岸文化创意产业的发展实际上面临着一个非常深刻的转型，我们今天已经经历了农业文明向工业文明的转型，又面临着工业文明向信息文明的转型，这三个文明在创意产业当中没有办法完全隔离开。我们以现代的手段生产文化产品，很多创意来自传统文化资源。我常常和朋友们开玩笑，去博物馆看一下，你的创意产品有没有超过博物馆的东西——前人留给我们的文化资源。这是我们今天两岸中华儿女所共同面临的创意难、创新难和创造更难的问题。

夏岩（北京夏岩园林文化艺术集团有限公司董事长）

各位领导，各位女士、先生，大家上午好！

我是夏岩品牌的创始人，我以一个实践者的身份，谈一些拙见，非常希望得到各位专家和领导的指点。也特别希望台湾的朋友，特别是研究文化创意产业的朋友多了解一些中国目前旅游休闲体也好，休闲产业也罢，是什么样的具体现象。我今天演讲的主题是“真正的传承就是创造”！

夏岩集团是上市公司，是做园林的文化创意企业，但又不完全做园林。我个人认为，任何研究如果得不到实践，只能是书本上面的故事。所以我主要讲项目落地过程。大家知道，随着近几年来十分迅速发展的现代化城市建设，大陆做了大量的园林，我第一个项目就是从中国园林做起的。最伟大的建筑是什么？是园林。我国明清以前最伟大的建筑，从圆明园到我们现在开会的避暑山庄，是不是园林？包括国外埃菲尔铁塔、卢浮宫，以及宗教场所，都是园林，都是最伟大的建筑。用黑格尔的话说，最伟大的园林是什么？就是把美好的事情凝聚到一起。换句话说，建筑体才是主体，我们的红花绿叶永远是副体。现在大陆的园林公司，有不少其实都在做着栽花种树的工作。很多专家，包括院士，都在呼吁这个问题。中国教育体制非常有意思，懂艺术的都在中央美院、美术学院等等，懂园林的人都在农大、林大。两者都懂的人太少了。对中国博大精深传统文化说不清楚，说不清楚该策划什么、经营什么、投资什么。

做园林必须做传承。真能够传承的是要创造出一种新的文化创意产业商业模式。现在中国的古典建筑，如承德的避暑山庄、外八庙，谁还用多少钱复制它呢？既不可能，也没有必要。传承是根本，本源是很大的问题。真正的传承就是如何用古典的符号装点到我们现代人习惯的生活空间里边来。只有创造才会形成创造性的商业模式，也才会可持续发展。

下面，我把夏岩集团做的几个案例给大家介绍一下。（大屏幕演示）大家看到的不是设计方案，而是实实在在的建筑实景。这里面既体现了用国学的方式创造中国园林，又反映了生态文明和美丽中国等元素。这都是 15 年来我个人研发的一些园林产品。我创造中国首家阳光生态主题酒店，解决南北四季温差问题。这个是我在江苏宿迁用世界之窗的概念创造的一个五大洲的旅游产品，现在已经开业了。就是把阳光、生态、文化融入我们生活的每一个细节之中。这个是我在江苏投资的一些温泉文化的实景照片。这个是我把《红楼梦》的故事用一张长卷展现在酒店的走廊里，获得了吉尼斯世界纪录。这个酒店每个房间的装饰都是青花瓷系列。现在好多主题酒店都是单体的东西，文化与建造、文化与装饰联系不上。因为他们不知道怎么去用它、发挥它。我在设计中增加了许多视觉符号、文化符号，让人们了解中国传统文化博大精深，改变人们的生活方式。还有园林加餐饮，园林加温泉，园林加主题公园，包括昨天看的大型实景演出都是实实在在的商业模式。这个是恢复国学文化山体部分，现在没人去研究它、实现它。台湾我还没有去过，不知道有没有这种公司，方便的时候我会把 PPT 献给台湾来的各位朋友。

我当兵的时候来过承德，距今 21 年了。这次主办方的精心安排，让我们大家看到承德巨大变化的同时，也深深感受到了的文化感染力，感受了亲情，特别是两岸的亲情。谢谢！

主持人点评：我理解的园林，我看过的园林，总是供人居住的，它是人的一种生活方式、生活态度和对天地人的关系的理解。但是我们今天的造园，今天的园林产业，已经把园林作品作为一种创意产品在生产，并且提供给大众消费，它已经不只是为了我们居住，而且为了我们消费，这也许是今天的园林产业，或者说园林产业化和园林本身的一个很大的发展差异。我不知道我的理解对不对，刚才前一场的乔先生特别强调高新技术和文化创意的结合，而夏岩先生着重于从传承里面寻找创造，为我们提供了一种新的理解。所以我前面讲，我们面临着许多困难，如何能够把我们最新的信息文明、数字文明和我们传统的，特别是五千年的农耕文明建造起来的文化有机结合起来，五千年农耕文化建立起的中华文化如何实现现代化，是今天两岸发展文化创意产业共同面临的难题。

蔡致中（台湾威名文化创投公司执行长）

非常荣幸有这个机会在这里跟各位交流。我的主要身份是在台湾旺旺中石媒体集团担任策略长，以及旺旺集团主席蔡有名的特别助理。2008 年旺旺集团回到台湾，买下台湾最大的中石媒体集团。中石媒体集团是台湾横跨电视、报纸、文化活动、艺人经济综合的传媒集团，我们的旗舰是具有 62 年历史的“《中国时报》”。“《中国时报》”在过去发展中，对于台湾的发展具有无可替代的影响力，在社会政治发展上扮演重大的历史角色。还是一份台湾重要的财经报纸，对每天股市涨跌都有非常大的影响力。另外还有电视台，“中央电视台”《康熙来了》的节目就是我们做的。

还有大陆非常喜欢的一个节目就是陈文静小姐主持的节目，从“中央”到地方大家很喜欢请陈小姐参加主持论坛。中石媒体集团还有一个电视台叫“中国电视台”。“中国电视台”以前是国民党的电视台，也是台湾上市的一个电视台，在媒体解禁之后，也成为《中国时报》旗下一位成员，是中石媒体的一部分，这些是我们所谓的传统的媒体。我们还有面向世界的媒体，办展览，办活动，开演唱会，举办体育赛事，和大英博物馆、卢浮宫等博物馆合作引进展品到台湾展览，等等。我们也办像蔡依林、那英、王菲或者蔡琴的演唱会。

我们把耐用最大的模特公司也买下来了，这不是单纯的模特公司，除了林志玲以外，台湾大多数知名的艺人经纪，有一半以上在这个媒体集团。所以旺旺接管的媒体是台湾最具规模的，唯一横跨报纸、电视的总体媒体。大陆从 2005 年，通过国民党荣誉主席连战先生实现两岸破冰之旅，建立两岸交流平台，在这样一个重要时点上，旺旺回去买了这个媒体，重要任务就是要替大陆好朋友服务，一肩挑起两岸交流的重要工作。

既然有媒体可以做文化交流，那两岸交流应该是最方便、最有效率的。但其实我们承受着非常大的市场压力，并不是像表面上大家看到的传媒集团一样，那么光鲜亮丽。我们接手时的中石媒体集团像美国、欧洲的大多数媒体，都有非常优良的历史传统，对社会有非常大的影响力，但是不管是报纸还是电视都有老化的现象，包括观众老化、广告的老化、员工的老化，经营绩效属于持续亏损的状态。2008 年我们接手的时候，媒体这一部分，主要是报纸和杂志，还有一些传统的媒体，基本上一年亏损两亿多，过去累积亏损也超过了 20 亿。我们接手媒体集团，希望做两岸交流，第一件事就是求生存，要把媒体集团亏损补住，要转为零赢。因为只有强大财政资源支持，才能做好台湾与大陆的文化交流。

2009 年、2010 年两年全世界景气和台湾景气还不错，我们经过努力做了很多改造，人员调动的弥补，还有在红海市场中找到新的营收来源，2010 年以后每年都有几亿元的利润，可以真正为大陆对口单位提供服务。2009 年 8 月，我们在台湾办了《旺报》。在座有非常多朋友都去过台湾，包括 2010 年 5 月河北的杨省长，率领包括贾市长在内的河北领导到台湾去，大陆的所有这些参访活动，我们《旺报》和中石媒体集团都用最大篇幅报道。我们在和大陆交流上面，包括与大陆 CCTV、《人民日报》、新华社、河北的省台，甚至江苏、浙江、上海，也包括重庆、成都在内，我们都有非常多的往来和交流。除了媒体相互的交流和媒体活动的互换之外，在文化的展览活动上我们也投入了非常多的精力。我们透过国务院台办系统，协调协助大陆所有想要到台湾办展览的博物馆和博物院在台湾办展览。我们办过《三星堆的传奇》，整合过大陆 13 个省市的博物馆办《丝路传奇》，2005 年还在台湾办了“避暑山庄文化展”，还有《康熙跟法国路易 16》，把故宫和卢浮宫两个博物馆结合在一起，做盛世皇帝的比较。这也是非常轰动的展览。除了这些，在娱乐事业的领域，大陆各地都喜欢办晚会，我们跟大陆电视台的领导，跟总导演都有非常密切的联系，所以让我们办中秋晚会、春节晚会我们都会找台湾的歌手。不管有没有酬劳，我们都协助大陆把晚会办好办得热闹。

2009 年，我们与大陆媒体合作，在日月坛和福建省台办一个中秋晚会。是史无前例的大型晚会，在日月潭湖面上搭了非常大的舞台，规模和昨天晚上不能比的。那是一个具有历史意义的两岸中秋联欢晚会，而且这个晚会在CCTV4台、上海台、福建台等几个电视台联合实况转播，这也是两岸实况转播第一次。除了在电视剧、电影、新闻交流等领域合作之外，我们还有非常多的活动。只要大家有需要，通过省、中央台办来的需求我们都尽量满足。简单来讲，我们经营旺旺传媒集团，在每一个事业体都有一个与大陆对口的单位，随时随地处理大大小小发生交流的活动。

刚才梅主任提到《甄嬛传》的版权问题没有解决。这事很快会接头，因为中间有代理商，协商过程也需要一段时间，结果电视台一看有需求就迫不及待先播先放了。但是《甄嬛传》在两岸文化交流上派上用场了。它在台湾播出的效果非常好。不只是文化效果，大家在淘宝网上看，淘宝网因为《甄嬛传》，卖了超过几千万元的商品。现在台湾年轻人聚会会穿着格格装，他们会扮演，这也是《甄嬛传》播出带来的商业效应。马英九先生讲，先求有、再求好，两岸交流就是有这样的特质。中间有非常多的障碍，但是你要先求有，把事情做出来，效应都会解决，在大的方向对的情况下，这中间的障碍，时间会解决一切。

刚才梅主任讲到大陆游戏产品进台湾收税高的问题。这是一个观念的问题。台湾不只是对大陆公司，是对所有外资都是20%的营业税。这个20%的营业税，跟台湾本土本身17%的税是相近的。对游戏产业进台湾的确有些限制。我个人过去就曾协助过大陆的“完美时空”，理论上大陆游戏不可以进台湾的，但是“完美时空”通过海外代理方式，打了个小小的擦边球，现在台湾已经有业务经营和一定影响了。

总结我在传媒一线的经验，两岸交流早就从经济交流走向文化交流，最后一定会走上政治交流。你中有我，我中有你，非常紧密的结合。文化交流就是两岸情同手足、情感上的联系，更是现在这个时间上两岸交流的重点。更好的文化交流是为政治交流营造更好的环境。结束之前我引用梅主任和吴主席所讲的，在经济的交流是手牵手，文化的交流是心连心。今天非常高兴在这个地方有机会见到各位，我的心已经和各位连在一起了，也希望上面粗浅的报告给各位一点点有用的信息。谢谢主持人，谢谢各位！

主持人点评：谈问题的时候都不忘记介绍自己，这也许就是我们乔先生所讲的品牌的传播和宣传。这是很重要的，因为在这样一个平台，这样的论坛上彼此之间要沟通。我们谈的过程中，慢慢又会把问题聚焦在一个点上。两岸交流过程中间，还有很多障碍需要我们共同克服解决。前不久，国务院通过会议解除了一些行政审批事项，我初步看了一下，记得不全，在我印象中好像有几项审批事项是专门针对台湾投资者的。比方说关于台湾的投资人要在大陆设置表演艺术团体与中介机构有关的规定好像被取消了，也就是说台湾的投资者到大陆来，从事艺术或者从事研究的企业，原有的门槛没有了。我想这对于大陆和台湾的文化创意产业的发展来说，毫无疑问是一个利好的消息。记得几年前我去台湾的时候，也是作为嘉宾演讲，台湾朋友就问我，大陆是不是允许台商到大陆投资文化创意产业。据我了解的情况我作了回答，特别是以上海为例。我介绍完以后，我同时说：我应该也有提问的权利。我问：当时在台北有几家上海的投资台北文化创意产业项目，不管是政府部门还是业界的？对于我这个问题他们都没有办法回答。现在好像还没有。这个问题，去年我在参加两岸经贸文化论坛的时候，张国立针对媒体记者提问，他在台湾拍了一部电影《原乡》，讲台湾老兵故事的。他很激动。拍这样一部电影的时候，在台湾遭遇到不少麻烦和障碍。所以我就在想，随着两岸文化创意产业交流不断深入、不断凝聚，我们应该加快破解这样障碍的步伐了。

李康（深圳中国观澜版画原创产业基地管理办公室主任）

非常荣幸代表观澜版画基地出席这次会议与大家交流。今天我把观澜版画基地进行项目推荐的实践探索向大家进行汇报。

中国文化创意产业，这些年得到了蓬勃发展，而且已经成为中国经济产业转型的一个重要途径。其中，广东尤其明显。十余年来，在国家相关管理部门包括研究机构的大力指导和支持下，广东文化创意产业得到了快速发展，我们园区也是政策下受益的一个项目。随着文化创意产业的发展，许多文化创意产业项目品牌化，形成了影响。如何让文化创意产业项目形成鲜活的生命力，在生活中发挥重要的作用，这是我们要面对的一个问题。我们的思路是着眼于未来，着重提高文化发展的核心竞争力。我们理解，文化创意产业核心竞争力表现为对文化、资源和产业链条创新能力的整合，他们既有产业的特色，也有文化的特色。这些年，观澜版画基地在提升自己核心竞争力方面，注意做到“在项目利益上注重创意，在发展方式上注重创新，在园区建设和运营上注重创造”。

第一个方面是在项目利益上注重创意，观澜版画基地于2006年启动建设。它是深圳“文化立市”背景下整合文化资源、发展文化产业的产物。观澜版画基地所在地是一个具有300年历史的客家村子，最初保护保留客家文化的目的，就是为当地留下一个人文的、历史研究的东西。为了挖掘内涵，我们进行了普查，在普查过程中，我们发现这个村子是近代中国一个很著名的版画家教育家陈烟桥的故乡。这为我们发展这个项目提供了一个全新的创意：就是与文化产业的发展相结合，把保护古村和文化产业发展项目相结合，把版画艺术元素融入一个新的原生态的自然环境当中。

为提升项目水平，我们联合中国美术家协会等四家机构共同创建了观澜版画基地，并在建设管理模式上有所创新。经过四方的共同努力和优势互补，观澜版画基地于2008年5月正式对外开放。建设期间，我们没有进行大拆大建，而是尽最大可能地保留了村里原有的河塘、花田、古井，尽量保持原来田园牧歌的自然景致。观澜版画基地建成后，集版画创作、制作、收藏、交流、学术研究和产业开发为一体，成为版画艺术家创作的首选之地。

观澜版画基地采取政府引导、专家指导、社会参与的管理方式。整个园区规划面积140万平方米，大体分为三期建设，一期包括国际艺术家村、版画工房、陈烟桥艺术馆；二期包括版画博物馆、版画教育中心、综合水环境，以及生态配套工程设施的建设；三期包括版画学院、画院、艺术家公寓，以及产权中心、教育中心等。

目前，一期、二期工程已经基本上完成，计划年底全部完工。三期工程预计2015年完成。五年来，观澜版画基地服务艺术家，坚持艺术惠民原则，先后接待各类参观者500多万人次。现在观澜版画基地已经成为深圳的一张名片，越来越多的人通过我们的活动，通过我们的展览，通过我们的展示，通过观览版画基地了解深圳文化建设和版画艺术发展的成果。2008年观澜版画基地被国家文化部命名为“国家文化产业示范基地”，从高层次、高层面对我们的版画基地给予了肯定。

第二个方面就是发展方式上注重创新。在观澜版画基地的发展中，如何普及版画艺术，让版画基地在业界产生影响，在全世界范围内得到认可？经过反复思考，我们认为，双年展是国际上通用的流行方式，最能够体现文化之间的对话和交流，也能够折射出彼此之间的差异，是提升国际知名度、进行文化构建的有效手段。于是决定创新打造了一个“观澜国家版画双年展”这个品牌，用这个品牌来提升观澜版画基地的国际影响力。台湾的国际版画双年展，已经举办21届了。这是中国最早被国际上认可的双年展，也是真正推动亚洲版画、中国版画非常有实效的双年展。我们有很多创意也来源于此。

尽管想法很好，可国际版画双年展要在观澜长期坚持办下去，并不是一件容易的事。为此，我们树立了一个国际化、规范化、高端化的工作目标。通过连续几年的努力，在世界各国版画艺术家的支持之下，到2013年，我们已经办了四届。到目前为止，已经有81个国家和地区的4000多位艺术家参与。观澜艺术展通过学术交流，定期成果展示，已经让观澜版画基地在世界范围内得到广泛认可，成为各国版画艺术家定期进行学术交流和艺术成果展示的重要平台，为中国美术创作在国际上赢得了话语权。

第三是基地建设和运营上的注重创造。观澜版画基地对专业人士来讲是一个创作基地，是一个交流创作经验的好地方，有设备齐全的版画工房和服务一流的国际艺术家村。这对学术建设是非常重要的。在坚持国际性、原创性的同时，我们也跟国内外专业的团体院校合作，建立互动交流的机制和平台，通过举办讲座、展览、论坛的方式为行业内艺术家、理论家提供作品交流，思想碰撞，观念交锋，研究成果展示的平台。从2008年到现在，观澜版画基地已经有61个国家700多位艺术家在这里定期和不定期的创造，先后创作了10万多幅作品。

艺术交流是双向的。我们在“请进来”的时候，也积极“走出去”，组织国际巡展。到目前为止，观澜版画基地已经在世界上十几个国家进行版画巡展，既扩大了对外交流，又学到了许多国外版画创作和营销的经验。大家通过以上图片可以看到，观澜版画基地是国际化程度非常高的一个文化产业项目。很多知名的顶级版画家，包括台湾的艺术家都到我们版画基地交流过，连战先生也曾经来参观过。

我们做了大量的学术交流，吸引艺术家行业相关画廊机构参与共建。这样我们就在这个领域当中有了很重要的信息了解，包括各种艺术家的诉求，这对于我们今后版画产业化运营都提供了非常好的保障。同时，观澜版画基地作为文化服务平台，我们也注重教育的传播，包括与院校的合作，与中小学的合作，让版画艺术在不同层面、不同人群当中得到传播。

观澜版画基地之所以叫观澜版画原创产业基地，是因为我们创办之初就决定将事业和产业并行发展。以事业带动产业，以产业促进事业。从 2007 年开始，借助深圳市文博会分会场的平台，我们举办中国版画原创交易会，已经连续举办了 7 届，逐步完善了版画产业化的链条。从产品的销售，衍生品开发以及展览服务派生出来的产业项目、产业内容，包括对艺术家的服务、对技术材料的研究、对规范产业交易准则和行业内广泛认可的市场制度建设等等，我们都进行实践和探索。我们事业和产业会得到均衡发展，今后我们将继续围绕文化创意产业核心竞争力问题作进一步深入研究，大胆实践。

主持人点评：我去过观澜版画基地。去过之后，我有一种新的认识：以往的文化创意产业园区，都比较集中于城市，比较体现于对工业文明遗产的再利用，例如仓库、厂房、码头。台北最著名的华山、松烟我都去过。但是观澜版画基地给我们一个新的提示：一个农村普通村落，在这几年整个社会的转型过程中间，我们有许多文明遗产在推土机面前荡然无存，面对着无数瞬间消失的文明我们突然意识到，仿佛会失去一些什么，倘若这些东西完全失去的话，那么我们的身份该如何来鉴定？我们的身份由什么来定义？在这个时候，两岸中国人都开始意识到要把我们曾经有过的东西留下来。它是这个城市和乡村文明的标志，创意产业园区就是这么产生的。在这个过程中，我们对创业产业园区形成了新的认识，不只是一个简单的、产业集聚的空间，而且是一个城市、一个农村、一个文化博物馆。在这样一个空间中，在这样一个符号面前，我们可以看到成熟的过去。我每次到台北每次都去华山，每次去华山的时候，每次看的内容都不一样，那个地方让我体会到什么叫生活美学化。台北的市民在华山这样一个工业文明遗址里，表达他对今天生活的理解，体现出来的是一个新的生活态度，同时又是在原来的城市符号里进行的。所以今天观澜版画村以如此传统的民居在这里面原创艺术，赋予了整个空间完全不一样的含义。它不是平遥古城这样的世界文化遗产。观澜这样的村落在中国大地到处都是，我在台湾的时候，也看到很多这样的创意村落，我觉得可以帮助我们创新对文化创意产业园区的认识，或者是集聚区的认识。我们不仅推动了文化的前进，我们还在这样的过程中间传递着我们共同的文化记忆。

常效宇（台湾华艺数位科技股份有限公司董事长）

昨天来到这个德泽之地，看了《鼎盛王朝·康熙大典》。这个著名之地衍生出一个文化创意产业的旅游点，对从业人员来说，是非常好的素材。

我们没有园区，也没有历史的那种题材，但是，我们也实现了文化创意的一个案例。1980 年代以后，台湾在纺织业越来越失去竞争力，整个纺织业落后在 5 年以上，当时，我们想文化创意上能否协助产业有一些变化。台湾的纺织业也很积极，希望从设计做起。于是，台湾著名纺织公司拜访了世界前三大纺织业的设计公司，当时我也参加了。因为我们不想做代工，要做设计，所以人家给了一个“欢乐校园”的概念，让我们设计一系列的布样出来，作为两年后春季推出。

回到台北，我们的设计部门就开始动手，一天时间设计了三种布，有粉红色条纹，搭配蓝色条纹，看起来光线亮丽充满欢乐的感觉。后来，我们拿着布样高兴地送到大品牌的设计部门。他看了一下说，谢谢你们。接着拿出同一时间交给意大利设计公司的布样 30 款，我们一看，个个精美，无与伦比，我们很受挫。为什么会这样？我们已经全力赶工了，却输给了别人？后来想一想一点也不意外。意大利是一个比较浪漫的地方，有一个比较自由的设计氛围和环境。如老师交代学生写一篇论文的时候，所有学生都是先到图书馆查资料，看一下过去主题有什么样的研究，用什么样的方法。搞设计也是如此。设计也不是给你一张纸一支笔，你就可以画出一个设计书来的。做设计与学术研究一样，也是站在巨人的肩膀上再走下去的。

讲到这里，回到 200 年前工业革命。我们知道工业革命在英国是蒸汽机先发明出来，然后应用到各个产业，很快便运用在织布机上。这样一来，织布成本大幅度下降，设计需要也开始起来。这个过程中，围绕着巴黎周围的区域，东边到布达佩斯，南边到里昂，更南到意大利米兰，后来都成为了纺织和设计的重镇。当公司不做纺织的时候，他们通常除了卖掉土地和设备外，会把设计的每一款布样都剪下来。这样布样就传承下来。欧洲设计公司的设计部门有一个宝库。他们搜集所有值得收的布样。当一个国外设计部门有人来的时候，他们就先到宝库中，找类似的东西，看一下有没有类似的设计，再做更改。一样是坐在巨人肩膀上向前行。不管台湾还是大陆纺织业，我们过去做代工，挣辛苦钱。当我们做设计的时候，我们缺乏了设计的参考资料、数据库。所以，我们没有办法站在巨人的肩膀上往前走。

请各位看看下面的图案。最右边的这些是欧洲所有的布样，有公司纺织厂的，设计公司的，它们就这样堆着，需要的时候就去翻找他想要的布。国外有所谓的圈布，告诉你两年以后设计应该是什么样子，还有什么？创意部门要设计，它提案，要很多照片，找很多布，支持两年后的设计。所以了解资料，创意产出流程后，就要有灵感、概念设计，有素材、有打样，修正，制作。我们公司的数据库，就是帮助你克服局限性，帮助你找到解答，找到美的方程式。实际上是说，在设计前让你大量搜集资料的方程式，而不是创意上的方程式。当找到你要的概念，找到相对合适设计及参考文献的时候，我们能够用最快的工具辅助你，让你迅速达成。

数据库因此决定了几个面向。第一个，这个数据库要搜集大量的图，所有的主题，不管是流行的，还是动物植物的，也包括相关的灵感。过去一百年来流行杂志的词语都总结出来，除了灵感外，还要有大量的布样，而且是主流市场。我这里指主流市场定位是欧美，因为欧美设计公司前一百大品牌大概决定70% ~80%人身上穿的颜色的设计。目前，我们已经从欧洲各地搜集 140 万片布样。我们要把布样和灵感结合起来。由概念到灵感图，到选出来的布样做的辅助设计。新设计的图案应用在什么样的设计上，不管是衣服还是家具、文创，我们都有案例给大家分享。

大家可以看一下，丰富一下大量灵感来源（见大屏幕）。这里有摄影、绘画，色彩有服装秀、自然风景。灵感是每个人都可以有的，都可以呈现出来的，国外大品牌公司的灵感，大多来自设计师、设计团队。他们有的还到海边度假，某一次到乡村度假，那里发生的事可能就是灵感。我们不是偷工具，而是提供工具。这些图案是编辑部挑出来的。全世界设计部门、设计师都可以上传自己的灵感图来做这方面的编辑。

这个水母的照片，你开始做设计，第一个动作是抽出颜色，这是由系统自动控制的，把你所在意的、最能够展现你概念的颜色萃取出来。萃取出主颜色以后，再丢到搜寻里，看着100多万幅布是否有符合你这个颜色的布，再挑出来。然后经过整理和分类运作，做出一个类别，把这些类别支撑与灵感搭配。有了概念，有了图片，有了布样，就可以运用到各个产业上。设计在商品上的搭配，除了我们每个礼拜提供之外，使用者、设计师，以及全球各个品牌设计师，都可以把自己要设计的图放在自己账户里。包括家具、家饰、传统设计、工业设计等，萃取一下设计的花样，然后套到设计的商品上。

这个数据库定位是一个价值的服务，服务于某一个产业，希望带动纺织业能够从原来代工走向设计。我们希望通过分析外国设计公司、设计部门的成功案例，来帮助大陆和台湾的纺织业能够快速从OEN走ODN。这个数据库是供应给全世界一百大设计部门的，先让他们使用。现在得到非常多好评，很多国际知名设计学院来订购这个数据库了。

这个数据库可延伸引用到刚才提到各个产业，如衣服、居家设计等。像熏衣草，就是一个灵感来源。通常概念上有一段文字描述，这是找灵感图的一个重要依据，也是设计师要的东西。这张图中自动分出来这么多颜色，从中找出最有代表性的颜色，再套到我们的样板上面，这就成为一种女装服饰。一个清新的、绿色的，新鲜的颜色。再看这是一个蛋糕上面的奶油套到女装上面。这个是空间设计，比较冷的颜色，这是一个比较暖的颜色。这个沙发设计得很特别，如坐针毡，从概念找到灵感，以下都是设计师的作品，给大家分享的。

这些布是从100多万片的布中挑出来的。不一定用布的方式呈现，可以用印刷的方式呈现。如商品应用、包装设计应用等。我们这个产品在2000年、2011年参加台北世贸大展，这是当时的概念和主轴。这个是利用资料库的图喷出来做一个布样的设计。简单来说，过去的布是大量生产的，如果生产少的话就会亏损。实际上现在布完全可以做得很个性化。我们依靠所有的设计成本降低，这都会由不可能变成可能。

大陆通过孔子学院把中华文化宣传到世界各个地方去，让全世界欣赏中国的文化作品。可是，我们的文化传播不只是用文字，也希望用美，希望让外国人能够认识我们东方的美，就像我昨天看《鼎盛王朝·康熙大典》里面，水墨间那一点桃红就是极致。我们很难拿中国龙头做成的东西让模特走，但我们希望把涉及中国的元素抽取出来，利用灵感图的方式，搭配到习惯的布上，让他们可以接受。就像几百年前，他们习惯从布里面找到他们可以接受的东西一样，我们希望这灵感图轻舟已过万重山，希望来一段编钟或者二胡。把我们视觉美学和音乐美学有了灵感的词语，透过视觉和音乐，利用他们熟悉的设计，把我们中国的元素能够融入主流的流行文学里面，这就是华语公司希望借助这套数据库达到的目的。

主持人点评：设计会改变我们每一个人。但是问题不在于设计的本身，问题在于谁能够改变你、谁能够主导你。我觉得这是刚才报告画龙点睛之笔，但同时他还谈了另外一点，前面乔先生讲了文化创意产业的数字化问题，他讲了文化创意产业的数据问题，这是两个既有高度关联性，又有一定区别的内容。所以他特别强调我们中国企业不太注意搜集样本，而在欧美很多公司有成百万上千万的设计样本，这是东西方之间的差距，我们为什么如此不重视数据的收集。去年我和我的同事发表了《中国文化产业发展指数报告》，我们在研究中国大陆文化产业发展的时候，就面临着巨大的困难：数据搜集不全。所以我们发布之后，有很多地方官员说你们把我们排在那么后面，他说我们做了多少多少事情。后来我就问他，你打开门户网站，你里面有什么内容？你翻翻看当地公开发布的统计年鉴，里面有你的多少内容？实际上这些不仅影响我们已经做的工作，还影响了一个宏观的投资环境，人们不了解你。在这种过程中间，对于文化产业数据的搜集整理、规范，对发展两岸的文化创意产业具有特别重大的意义，特别是刚才我们蔡先生所讲的投资效益。这是决策的依据，没有它，我们很可能是盲目投资。

黄鋆钡（台湾文化创意产业联盟协会秘书长）

我是台湾文化创意产业联盟协会的秘书长，我主要工作单位还是在电脑工会，电脑工会本身是电脑行业协会，大家可能觉得很诧异，电脑为什么跟文创有关系？在台湾“文化部”，文创产业分成15个项目，其中有一项数字内容，数字内容就是在电脑工会的层面中。我们工会有4500家会员厂商，其中在文创、数字学习、数字部分的有600家。

我们工会在这个行业里办很多展览，每个展览都有一个主旨，并且用年轻人听得懂的语言吸引他来参观，他才会来参加这个活动，展览才会办得好。目前行业协会有450个员工做这个事情，自己挣钱养活自己。

有很多人讲文创。现在两岸应该去做的是什么事情呢？我觉得，要去解决的是所谓文化折扣和文化逆差。什么叫做文化折扣？就是很多的文化产品因为背景差异在国际市场上是不等值的。中华文化的画跟西方画去拍卖价格肯定不一样。很多西方人体验不到中国化的内涵，这个目前两岸国际文化市场上碰到最大的一个问题。什么叫做文化逆差？从两岸来看，我们从国外进口的文化产品绝对比我们出去得还要多。这个方面我们两岸可以一起合作。我们再看两岸在原创产业上的差别。大陆的文化产业和创意产业是分开的，但是在台湾文化产业和创意产业是在一起的。当然，在大陆，北京、深圳叫做文化创意产业。

未来我们两岸合作应该把它变成一个概念，这是我们两岸应该努力的一个地方。大陆在发展文化产业上有优势。2008年举办奥运会之后，“中国风”在全球发热。现在全世界其他国家学中文的有3亿人口。目前，大陆文化部已经把文化大发展大繁荣列成非常重要的一个规划，并提出文化兴国、文化强国，这是大陆发展文化产业的优势。

再看一下台湾。台湾在文创发展方面最重要的是中华传统文化的保存，这是目前在台湾的部分。台湾容易跟国际市场接轨。两岸最大差异在什么地方？在大陆我们看到的所谓文创园区，好多是圈地，而且是工厂生产型的思维，跟台湾大体一样。台湾文创园区和居民生活在一起，所谓创业园区肯定是在市中心里面人最多的地方，为什么？因为它是一个孵化器，是市场结合的体系。刚才胡教授提到他去过华山，去过松烟，这些地方都是在市中心精华地段，晚上年轻人一定会去的地方。

在大陆很多城市规划里有文化产业园区，不管是798，还是北京宋庄、上海的1933、杭州的凤凰创意园，发展思路就是生产创意文化产品的区域。这是我们没有办法想象的。因为文化产品没有那么大量，不需要那么大片的土地和厂房。台北的文创园区，每个礼拜六、礼拜天甚至每晚都有活动，所有最新的产品和游戏都在这边，为什么呢？台湾这个部分是由政府主打的，政府主打的同时，要求租金下降，要辅导这个厂商做起来。但是大陆完全不一样，这些文创地点由地产公司把控着，租金每年都在涨，最后让公司活不下去，不得不退出。这是两岸文创产业基地最大的不同。

台湾重视产业人才的培育。我们从2003年开始已经有10年了，参加全世界四大创意的设计比赛，美国的、日本的，我们每一年大概超过450个院校的4000名学生去参加，每一年都会得奖，第一名的设计大赛是台湾科技大学，台湾在这一块已经做了很多事情。现在大陆也在文创产业培育下一代。我们这个行业协会会定期举办活动，我们从海外的通路开拓，找厂商分享，让大家彼此合作。对企业来讲，你的产品出来以后，怎么授权，有哪些条件，这个是很重要的。我们通过办活动让他们去了解。设计出来之后，怎样结合已有的人才，组织产品的开发，这也是行业协会办的活动。

我觉得两岸的合作发展，应以创意为核心，不管是文本的、美术的、音乐的或者是艺术的，要变成文化产业，变成艺术品、出版物、电视音乐节目，甚至是表演艺术，并渐渐地扩充到创意产业的周边产业。比如说网游，或者是科技美学，等等。

台湾有创意，大陆有产业，怎么结合在一起，这是两岸要共同努力的方向。《花木兰》的故事是中华的，还有《功夫熊猫》，谁赚钱了？我们只是卖了一些复制品而已，赚钱的是谁？是好莱坞、迪士尼，卖了授权，卖商品，赚了我们多少钱。两岸应该通过这个案例思考很多事情。

再说交响乐团。我与台湾的纪念馆馆长沟通过，一般听交响乐的都在35岁以上，很少听到国中生。怎么样让这些人进去听交响乐？如果现在年轻人，这些小朋友都在打电玩游戏，他们有没有机会进音乐厅，那我们怎样让这些年轻人听音乐呢？台湾师范大学教授和台北一所大学合作，把电玩配乐改变成交响乐的方式来演奏，结果可以容纳2500个人的国父纪念馆坐得满满的，除了贵宾席，来得统统都是20岁上下的，35岁以上的非常少，每一张门票相当于500元人民币。这样的活动，就告诉所有家长，电玩游戏本身不是一个不好的事情，是可以跟传统的音乐结合在一起的，也可以和交响乐结合在一起的。还有一个原因，那时刚好办了一个台北国际电玩展，我需要这些玩家来看我的展览，所以我就办了这样一个活动，来的人回去会在QQ上面、微博上面帮助我们宣传。4天展览大概有50万人次参观，这就是创意。

既然我的厂商都在生产智慧型装置，我怎么样帮助他们做推广呢？今天分享三个影片就是告诉各位，其实创意没有什么，只是一般人不会想到，你想到了，这很容易就能做到。

这是台北故宫，你的文化产品如果没有跟生活结合在一起，对不起，还是走不进个人生活的。这个是乾隆皇帝的画像，但是做成盐罐、法蓝瓷，就变成了艺术品。这是台湾一家百货公司，把十个楼层策划成十个不同的主题。所以说一个创意或者文创必须和生活结合。两岸要从交流走向合作，要从给力走向合力。中国字非常有意思，如“劣”就是“少力”而“夯”就是“大力”。如果大家给的力量都很少，大家有所保留没有把心胸打开，就不会有一个这样的合作，这样的场面。我们今天做的任何的交流，就像一个拼图，未来会成为什么样子，就是靠大家一起来努力。携手并进，共创未来，谢谢大家！

主持人点评：携手并进共创未来，表达了两岸共同心愿。重要的是我们如何来分享两岸经验，在这个地方信息沟通和交流是非常重要的。例如大陆目前有100多个大学有文化产业管理专业，也有设计专业。如何使两岸高校在文化创意人才培养上增加信息沟通和经验交流，我想这对于两岸文化创意产业人才培养和两岸文化产业大力夯实基础，都是有益的。

梅洪（鼎盛文化产业投资有限公司总裁）

今天在这里进行海峡两岸的文化交流，我非常高兴。特别是刚才黄总谈到一个观点，就是过去是文化，现在是文明，未来是文创！我觉得今天上午梅松主任做了很好的引喻，梅松主任引吴伯雄主席的话，两岸经济手拉手，文化心连心。这些观点，我很赞成。

我们打造《鼎盛王朝·康熙大典》这台实景演出的时候，有过两个细节。

一是我们曾经邀约过李安导演。他知道我们项目的时候非常兴奋。为什么找李安导演合作？因为他当年导演的获得奥斯卡奖的《卧虎藏龙》，题材也是清代的。但是非常遗憾，当时李安导演正在创作《少年派》，没有档期。他给我们做了一些解释，并对我们的项目做了充分的肯定。所以《少年派》使李安导演在国际影坛走上了新的巅峰，对我们也是极大的激励。

另外一个细节是，去年 1 月我们曾去台湾做了项目推广，我跟台湾的朋友讲，可能大陆很多的项目在台湾做过推广和交流，但是有一点是无法与我们的项目相比的。

昨晚大家看演出时会发现，其中有一个海战的场景，表现的是 1683 年康熙派施琅收复台湾的历史。我想，如果没有康熙当年的决策，那么今天不可能会有两岸这个概念。那么这个功绩是谁带来的，当然是康熙。所以我们打造这台演出有更多文化和政治上的意义。今天，我想就山水实景演出谈谈我个人的一些理解。

中国文化强调纵横交织，强调泾渭分明。从横向角度来看中国的文脉，可谓千姿百态，得天独厚。我们从桂林山水甲天下、阳朔山水胜桂林的导引中，能够看到印象中的刘三姐。从一个山庄、半部清史的承德，我们又可以梦回清朝，从而享受大清的鼎盛。从纵向角度看史脉，我们能够听到论语，读到诗经，知道庄周梦蝶，看到唐诗宋词，感受到中华文化的博大精深。然而，当我们从一个回眸角度，品味其中一个段落，采集局部一个篇幅，我们惊喜地发现这个纵横之间形成的交叉恰好是一个十字，恰如我们山水实景演出发展的 10 年的历程。

10 年前，也就是这个季节，在广西阳朔，由梅率元和张艺谋共同打造全球第一部山水实景演出《印象・刘三姐》诞生了。它不仅创造了全新的舞台表演形态，更为重要的是创造了全新的商业模式。它告诉了世人，告诉了同行，文化和艺术是能够这样来挣钱的。同时揭示了一个真谛，艺术不仅在殿堂，同时在民间，更在大自然的山水中。人们可以在游乐中享受和消费艺术。同时也告诉了我们的政府，文化产业也可以这样来做。

其实，10 年前的今天，也是大陆闹“非典”最危险的时候，几乎所有的人都没有信心。但是，在这个行业里有一批先驱人物，他们相信 10 年以后的中国会更好，10 年以后的旅游文化一定会受到更多人的关注。只是谁也没有想到，10 年以后的今天，我们这个行业已经成为文化产业中一个重要的板块，势如破竹，蓬勃发展。

我们来看一下中国版图，从东到西，从北到南，大大小小的山水实景演出有 43 台，2012 年又新增了 12 台。平均每台投入 1 亿 ~2 亿元，全国该项目资金总投资 60 多亿元人民币。山水实景演出创造的综合价值已达百亿。每一台实景演出给当地提供 500 ~ 800 人次就业机会，同时拉动了相关产业，安排就业人数达到几十万人。就一台演出带动一个行业，一个行业拉动一个区域综合效益，这就是山水实景演出开创的全新行业模式。

昨天晚上，来自海峡两岸的朋友都观看了我们投资两亿打造的山水实景演出《鼎盛王朝 · 康熙大典》。这个演出是从前年开始的，当年演了 103 场，营收 1300 多万。去年演了 150 场，综合营收突破 4000 万元。今年我们的目标是争取 6000 万 ~7000 万元，增长幅度在 50% 以上。应该说，这个目标对于北方受季节影响较大的演艺项目来说，确实不太容易。

昨天有朋友问到我，你们这台演出的魂是什么？我告诉他两点，第一点我们是反映满族入主中原后，反过来又被汉族文化同化过程中所体现出来的一种中华文化多元一体的魅力；第二点和历代帝王相比，康熙最善于把自己的生命从深宫里面释放出来，在猎场、在文化、在疆域，尽情挥洒，而避暑山庄就是这种生命方式最重要的吐纳口。我们的目的，就是把过去固化的历史通过现代方式加以活化。

我认为，我们所做的不仅仅是一台演出，而且是一种文化的担当。我们在企业发展过程中，最为强调的就是我们企业自身的核心价值体系，那就是：弘扬传统文化，彰显主流文化，拓展地域文化，引导消费文化，塑造企业文化。这里我特别强调引导消费文化。发展文化产业依靠大众消费，而文化消费在总支出占的比重是衡量一个国家和地区的重要指标。据有关部门统计，大陆人均 GDP 已经突破 4000 美元，按照国际惯例推算，每年应约有 4 万亿元文化消费规模。可去年我国文化消费仅为 1 万亿元。由此可见，其市场潜力之巨大。我们所面临的问题是，落后的消费观念仍然是阻碍文化消费的重要原因。人们宁可花 1000 元钱去吃饭，也不愿意花 100 元钱看戏。因此，只抓发展是不够的，还要加强引导文化消费，鼓励人们文化消费。《鼎盛王朝·康熙大典》这样的历史文化积淀深厚、表现形式现代的文化产品，如果没有适当的引导，也会影响其社会效果。

明天也是在这个现场，我们将举行中国旅游演艺发展论坛。这个论坛由中国旅游演艺联盟组织发起。我们这个机构得到业界认可，在其背后有更多商业策略。同时，围绕旅游演艺文化发展，我们组织了中国旅游演艺行业唯一的广告公司，搭平台，做渠道，做媒介，为整体发展创造新价值。这是以差异化求发展的经营策划。构建做强资本运作，就是强化企业投资能力、融资能力和资本运营能力，核心是规划如何上市。上市的推手靠什么，上市路径该如何走？我们就是搭建企业资本运营平台，也就是说获得工具的平台。

我个人设想，将我们广告公司和北京传媒公司合并，做中国旅游演艺的营销推广公司。这是全新的商业模式，只要有量就能有创业板。同时，旅游演艺联盟、广告联盟、媒体联盟、电影联盟与民生银行等金融机构可以合作建立基金管理公司，建立股权基金，可发展构建一个金融平台。我认为，一个企业一定要善于在自己最优秀的时候组合基金，在自己最有能力的时候借助力量，优化人才机制。一是在数量上进行优化，定编、定岗、定员，二是在质量上优化，细化岗位说明书、职位说明书，构建合理的用人机制。培养人才是重中之重。我认为，人才是用出来的，授权放权是优化人才机制最大的举措。

打造品牌价值，就是说在强调用户价值的同时，更注重强化知名度、美誉度、普及度、自我品牌价值。我们这次承办两岸文化产业发展论坛和明天将要举办的演艺发展论坛，从一定意义上来讲，就是一个有意尝试大家聚集一堂、交流切磋、相互给予的平台、氛围，让人们知道了我们，也知道了鼎盛。品牌的价值融于其中，彰显其外。接下来我们要发展的是品牌的输出。品牌的输出也能够产生价值。很多地方政府看到我们这个项目以后都非常愿意和我们合作。实际上，我想就是这个品牌本身的价值，可以通过输出获得新的项目。

我们处在一个创新的时代，10 年前我们谁也不会想到今天会是这样，谁也不会想到山水实景演出如此深入人心，家喻户晓。10 年前，当很多人在质疑这种形态的时候，我们选择了自信，选择了坚持，选择了“十年磨一剑，扬眉剑出鞘”。同时 10 年见证，10 年参与，让我们懂得了，这对于我们来说又是一个新的机遇，我们将从点滴做起。中国梦的起点在于累积、求实、创新。谢谢大家！

主持人点评：什么叫一个企业家的担当，尤其是文化企业家的担当是文化担当，我想这也是我们两岸文化企业界的共识。今天上午两岸的企业家从各自不同的角度，从各自不同的经验，让我们在座的一起分享了他们的成功、喜悦、困惑、困难，以及他们对于未来的信心。请让我们以热烈的掌声送给他们！

今天上午听了那么多嘉宾演讲之后，我看到了我们两岸的企业家，在为两岸文化创意产业建设奔走努力。但是在这个过程中间我也看到了许多遗憾。我每年会去台湾一到两次，我在我的宾馆里面，蔡先生的《旺报》我是一定要看的，他的报纸还发表我的消息。

什么意思呢？仅仅我们知道是不够的，我们应该让两岸的民众，让各界都了解我们在座所付出的辛勤劳动和努力。去年我主编出版了两岸第一本《两岸文化产业合作发展报告》，就是为两岸文化产业的合作发展提供一个公共的信息交流平台。我们这里有做媒体的，它就是媒体，放到图书馆、到新华书店，买的人、看的人会很多，所以，在这里面，我们有两岸的经验，有很多做法，同时我们也坦承两岸在文化产业合作发展中的分歧。在我们的第一本报告里面，就有台湾的盛治仁，在担任文化行政长官的时候，他坦承在文化发展过程中间他和大陆的分歧；这里面也有大陆文化部部长蔡武从大陆角度、大陆立场来看如何推进两岸的和平发展，观点鲜明，共同点鲜明，分歧也很鲜明。我觉得这让两岸的民众来了解两岸文化发展的分歧是有好处的。我可以这样说，坦承和公开这种分歧，在大陆是第一次。盛治仁把讲稿给我们，这样一个报告出来了以后，我们得到了两岸文化创意产业界的呼应，所以今年2013年的两岸文化创意产业的报告，我们已经交给出版社付印了。这里面有沈春池文教基金会提供的，他们这么多年来如何推进文教交流和产业发展的，他们有一个报告。政治大学前校长张京育先生在两岸文物交流十周年座谈会上有一个讲话。我听了以后很受感动。我说你能不能把讲话稿整理给我，我在明年《两岸文化蓝皮书》上发表。他把讲稿的复印件给我了，回到台湾以后，他又亲自整理了讲稿，用电子邮件发给我，他的题目是《10年修得同船渡》。刚才梅洪先生也在讲10年。这个10年对两岸文化创意产业来说，是一个不平凡的10年，真正开始心连心的10年。在这个过程中间，我们偶尔也会有同床异梦。没有关系，慢慢我们会走到一起去的。两岸分歧仍然存在，但是实现中华民族的伟大复兴，实现中华文化的伟大复兴是我们两岸共同的梦！这是更加重要的！

B.14 沪台文化交流回顾与展望

应明达*

中华文化源远流长，是两岸同胞共同的宝贵财富，是维系海峡两岸同胞民族感情的精神纽带。从20世纪80年代后期开始，台湾当局开放台湾同胞来大陆探亲、往来后，随着两岸关系的缓和，文化交流便成为沟通祖国大陆和台湾的重要桥梁。

沪台两地文化交流从1988年起步，至今已有26年了。26年来，尽管由于台湾当局设置了种种障碍，使两岸关系的发展出现了许多曲折和反复，但两岸文化交流在两岸同胞以及两岸艺文界、教育界、新闻界和各界人士的共同努力下，呈现频繁交流、稳步发展的良好势头。26年来，上海始终朝着“加强联系、广交朋友、促进沟通、增进共识”的方向，利用上海的文化优势，有序地开展沪台两地文化交流和交往，增进了两岸相互了解，密切两岸同胞情感，促进两岸关系发展，为实现两岸和平发展发挥了积极作用。

* 应明达，上海市文化广播影视管理局。

一　沪台文化交流发展过程及基本情况

沪台两地文化交流随着两岸关系的变化、发展而产生，其经历了从无到有、从单向交流到双向交流的过程。1987 年，台湾当局开放了台湾同胞可来大陆探亲访友的政策，随此而来，台湾的艺文界人士和艺文团体纷纷来大陆交流交往。1988 年 7 月，台湾著名画家江明贤应文化部中国对外展览公司之邀，在上海美术馆举办个人画展，开启了沪台两地文化艺术交流之先河。同年，台湾再兴越剧团团长、越剧演员周弥弥专程从台湾来上海拜越剧著名艺术家傅全香为师，台湾小提琴家胡乃元来沪演出。此后，台湾艺术家、演员、歌星和演艺团体频频来沪交流。如台湾指挥家张昊、陈秋盛，钢琴家吴季札，作曲家许常惠、马水龙、李泰祥、许博允，京剧演员刘麟玉等来沪演出，还有台湾歌星童安格、池秋美、千百惠、文章、姜育恒、潘美辰、金素美等相继来上海举办演唱会。再如，台湾中华友好说唱团、台北爱乐合唱团来上海演出，台湾著名作家三毛来沪拜会著名漫画家张乐平先生，台湾作家李昂应邀来沪参加上海作协主办的“中国四十年文学道路研讨会”等。这种单向文化交流直到 1990 年 10 月，上海音乐学院小提琴演奏家俞丽拿作为上海第一位艺术家赴台湾文化交流，才有所突破。1992 年 10 月，上海昆剧团作为大陆第一个戏曲团体赴台湾演出，才真正意义上开启了沪台两地双向文化交流。

26 年来，沪台两地文化交流项目达数千项，人员往来达数万人次，交流项目具有形式多、范围广、影响大、层次高的特点，既有音乐、舞蹈、戏曲、戏剧、杂技、武术表演，又有书法、绘画、摄影、文物展览；既有学术研讨、教学办班，又有参访考察、交流座谈；既有传统艺术，又有现代艺术；既有中国艺术，又有外国艺术；既有成人交流，又有青少年交流；等等。自 1992 年台湾开放大陆各类文艺团体、文化机构、艺术院校赴台文化交流以来，上海有数十个文化单位，数百批文化团组和个人赴台湾交流。如上海京剧院、上海昆剧团、上海越剧院、上海淮剧团、上海评弹团、上海木偶剧团、上海话剧艺术中心、上海杂技团、上海歌剧院、上海交响乐团、上海爱乐乐团、上海民族乐团、上海芭蕾舞团、上海歌舞团、上海和平饭店老年爵士乐团、上海小荧星艺术团等数十个表演艺术院团赴台湾演出交流，其中，上海昆剧团8次赴台，上海京剧院、上海越剧院、上海话剧艺术中心、上海民族乐团等都赴台三次以上。再如，上海博物馆、上海图书馆、上海历史博物馆、上海美术馆、上海中国画院、上海油画雕塑院、上海艺术研究所、上海市艺术档案馆、上海市群众艺术馆、上海音乐学院、上海戏剧学院、上海美术学院、上海视觉艺术学院、上海市戏曲学校、上海市舞蹈学校、上海市马戏学校以及上海市文联、上海市作家协会、上海市美术家协会、中国福利会、上海市少年宫、上海孙中山故居、上海宋庆龄基金会等文化机构、艺术院校先后赴台湾进行文化交流。同时，上海也主动邀请台湾有影响、有规模和知名的艺术院团、文化机构、艺术院校和艺术家、学者及青少年来上海演出、办展和交流。如邀请台湾“云门舞集”、朱宗庆打击乐团、国光剧团、台湾豫剧团、台湾国乐团、台北爱乐合唱团、台北市立交响乐团、台北市立国乐团、明华园歌仔戏团、台北新剧团、高雄市立交响乐团、高雄市立国乐团、汉唐乐府、表演工作坊、屏风表演班、当代传奇剧场等文艺团体来上海演出；邀请台北市立美术馆、台北当代美术馆，台湾著名画家刘国松、李锡奇、黄光男、李奇茂、欧豪年、江明贤，雕塑家谢栋梁，陶艺家李茂宗，琉璃艺术家王侠军、杨惠珊等来上海举办展览；邀请台湾艺术大学、台北艺术大学、台湾戏曲学院和台湾海基会文教参访团、台湾文化中心主任访问团、台湾美术馆馆长、艺术学校校长访问团等来上海交流。两岸同胞通过这种文化交流形式，使彼此有了更深的了解、理解，增添了友情，增进了共识。

二　沪台文化交流主要形式及其作用

1. 发挥上海文化优势，推动沪台两地文化交流和交往

上海不仅是中国经济中心、金融中心、贸易中心，也是一个融中西文化和现代与传统文化于一体的国际文化大都市，是大陆文化中心之一，现有市级艺术院团、博物馆、图书馆、美术馆、影剧院、画院、油画雕塑院、艺术研究所、音乐学院、戏剧学院、视觉艺术学院、美术学院、电影学院、舞蹈学院、戏曲学院、马戏学校等文化机构、艺术单位和院校几百家，具有艺术门类广、

艺术人才多、艺术水平高的特点。近 20 年来又新建了一批具有国际水准的现代化标志性文化设施，如中华艺术宫、上海当代艺术博物馆、上海大剧院、东方艺术中心、文化广场、上海博物馆、上海图书馆、上海马戏城、东方明珠电视塔等。可以说，上海文化软件、硬件和艺术氛围等方面在大陆占有一定优势。在艺术水平、艺术人才方面上海与台湾相比，上海也占有一定优势。沪台两地文化交流 20 多年来，上海一方面组派上海京剧院、昆剧团、交响乐团、民族乐团、歌舞团等高水准的艺术团体赴台湾交流演出，展示上海艺术团体和艺术家的风采，组派上海博物馆藏品、上海美术馆藏品，孙中山故居、上海嘉定科举博物馆和上海钱币博物馆的文物和收藏品赴台湾展览，弘扬中华民族优秀文化，增强台湾同胞对中华文化的认同感；另一方面，主动邀请台湾的文艺团体、文化机构、社团组织和艺术家来沪参加中国上海国际艺术节、上海之春国际音乐节、上海电视节、上海国际电影节、上海美术（双年）展、上海艺术博览会和中国上海动漫游戏博览会等活动，增进了两岸文化机构和文化界人士的相互了解，推动了沪台两地的文化交流和交往。

2. 发挥优秀民族文化的独特功能，增进两岸人民的情感沟通

海峡两岸分隔了 40 多年后，于 1992 年台湾当局开放了大陆文艺院团入岛文化交流，上海在推荐赴台团组时，确立了四个优先为主的原则，即“以民族文化艺术为主，以台湾在其他地方请不到的团体为主，以在台有一定影响的为主，以选择水平高的优秀文艺团体为主”。1992 ~ 1994 年三年间，上海昆剧团、上海歌舞团、上海民族乐团、上海交响乐团、上海越剧院和上海京剧院先后赴台演出。1992 年作为大陆第一个赴台戏曲团体的上海昆剧团，在台北、台中、高雄、台南等地演出 8 场，观众达 1 万多人次。在高雄演出时，一位观众激动地在台下大声高呼：“我们等了你们 42 年啦，终于等到了本土的昆曲！”这次演出也引起台湾当局高层人士的注目，“副总统”李元簇和“行政院长”郝伯村、海基会董事长辜振甫以及台湾“教育部”“陆委会”“文建会”等一些“部长”、“议员”、国民党退役将领等都先后前来观看，有的还连看数场。蒋纬国先生也送来花篮以示祝贺。有些台湾观众说，尽管台湾与大陆社会制度不同，人们的意识形态不同，昆曲艺术却是两岸中国人共同的民族文化财富。

海峡两岸都是炎黄子孙，因而文化交流在两岸人民中往往会产生强烈的共鸣。1993 年，一位台湾观众观看了上海歌舞团《民族民间音乐舞蹈精选》后，慨叹道：“四十余年的樊篱和一道海峡隔断了两岸的交流，却隔不断文化的亲缘。”1994 年，台湾一位知名人士观看了上海京剧院的演出后对上海京剧院赴台演出团马博敏团长说：“京剧是国粹，要是大家都看京剧，就不会有人搞‘台独’了。”1998 年 10 月，辜振甫夫妇率海基会董监事参访团来大陆访问，在沪期间，参访团在兰心大戏院观看了一台“京昆折子戏专场演出”，辜振甫先生除观看演出外，在上海京剧院著名演员李炳淑的盛情邀请下，还兴致勃勃地登台表演了京剧清唱《为国家》《一事无成两鬓白》和《借东风》唱段等。

3. 运用各种文化交流形式，增进两岸同胞更为广泛的融合

一是合作演出、办展。如 1996 年上海民族乐团第二次赴台巡回演出 5 场“两岸心 · 国乐情”音乐会，采取与台湾实验国乐团同台联合演出的形式，两个乐团各出一位指挥，各选 40 名演奏员，各自拿出一套曲目，分上、下半场演奏。这在当时两岸关系处于低迷状态、台湾民众有着各种忧虑的情况下，不仅增进了两岸艺术家之间的了解和友谊，而且在台湾同胞中产生了积极的影响。台湾舆论界对此进行了大量报道并予以肯定，认为此次音乐会“开启两岸更深层次的文化交流”，并称之为“四十年来头一遭”。再如，1992 年台北爱乐合唱团来沪与上海合唱团进行了沪台文化交流史上人数最多的一次合作。海峡两岸 200 余人组成的大型合唱团，演出了气势宏伟的《黄河大合唱》，剧场内掌声经久不息，观众称赞说：“这台音乐会充分展现了中华民族团结奋进、自强不息的精神，唱出了两岸人民渴望祖国统一、富强昌盛的心声，意义十分深远。”再譬如，2006 年和 2007 年，先后在上海和台湾两地举办了《宝岛印象》画展，共展出了上海和台湾 40 余位画家创作的 80 余幅反映台湾自然风光、民俗民风、人文景观、都市生活和乡镇习俗等内容的作品，展览期间两岸画家举行了学术研讨，畅叙心得，切磋技艺，双方都表示要进一步加强交流与合作，共同弘扬中华文化，提升中国艺术家在国际上的知名度和地位。

二是举办广场活动。1994 年初，上海交响乐团应邀赴台演出。行前，时任上海市市长黄菊同志观看了上海交响乐团赴台预演，并提出要把这次赴台演出作为“上海人民献给台湾人民一份新年礼物”的要求。乐团在台期间精心办好室内音乐会的同时，在台湾《中国时报》的精心策划下，于1月3日在台北两厅院广场举行了一场有4万名观众参加的新年广场音乐会。演出中情感交融，气氛热烈，写下了赴台文化交流的新篇章。再如，2009年，上海在台北举办“两岸城市艺术节·上海文化周”系列活动时，在台北101商业区步行街举办了“广场综艺演出”和“相约上海——2010上海世博会图片展”，举办了3天演出，10天展览，吸引了十多万观众。通过演出和展览活动，使更多的台湾民众了解了中华文化，了解了上海世博会，了解了上海。再如，1997年9月16日中秋之夜，上海和平饭店老年爵士乐团应“中国时报”邀请赴台，除在剧场演出外，还在台北两厅院广场演出了由上海东方电视台、中央电视台与台湾电视台、《中国时报》合作举办的“千里共婵娟——中秋夜·两岸情”文艺晚会，通过卫星进行了两岸首次电视双向传送。

三是举办讲座、教学。随着两岸文化交流的不断深化，上海的艺术家和专家、教师不断应台湾文化机构、院团、社团和艺术院校的邀请，赴台湾举办示范演出、艺术讲座和教学活动。如上海著名昆剧艺术家岳美缇、张铭荣等7人赴台期间，在短短20天行程中，相继到台北、高雄、板桥、嘉义、花莲等地十余所中学，特意选择了台湾高中三年级语文教材《琵琶记·吃糠》一文，结合同名昆剧的演出，边讲解、边表演，深受台湾师生欢迎和喜爱。再如，上海笛子演奏家俞逊发应邀赴台南艺术大学教学等交流。同时，上海民族乐团、上海戏曲学校、舞蹈学校、上海中国画院等文艺单位在沪举办艺术讲座、教学和夏令营，也吸引了许多台湾师生和爱好者来沪学习和培训。

4. 为台湾基层民众和青少年服务，让他们更多了解中华文化

大陆赴台表演团体一般主要集中在台北市演出，观众主要是成人。而上海在组派表演团体赴台演出时，注意赴台湾中小城市和乡镇演出，为特殊民众服务，与青年学生交流。如上海杂技团一行49人，于1995年春节前夕赴台，在台湾凤山、云林、桃园、基隆、南投、板桥等地巡回演出39天，共演出38场，观众达7.5万余人次。正月初一下午，首场演出，在台南体育馆为残疾人、贫困群众义演，后来还专程到板桥“荣民之家”为老兵义演。再如，上海木偶剧团于1995年和1997年两次赴台，在台中、基隆、彰化、宜兰和澎湖等地为学生和儿童演出，共演出20多场，观众达4万余人次。他们不仅在剧场演出，还深入学校和儿童福利院，为残疾儿童和弱智儿童义演，深受台湾学生和儿童的欢迎，福利院的教师为此十分感动。再比如，2012 年春节至元宵节期间，上海文化艺术交流演出团赴金门、中坜、台中、新营和高雄巡演，这是上海文艺团体第一次到金门岛上演出，受到了当地民众的欢迎。同时，此次演出团还应邀参加高雄市在光荣码头举办的元宵灯会演出，吸引了 5 万多名观众。2014 年，上海文化艺术团再次赴台北、桃园、澎湖、云林举办“欢乐庆元宵”巡演活动，不仅在剧场演出，还到云林农博会田间地头和云林剑湖山世界演出，贴近基层百姓，与民众一起闹元宵、庆佳节，献上来自海峡彼岸的祝福。再如，1995 年，上海博物馆在台中自然科学博物馆举办“上海博物馆青铜器特展”，展出三个月，参观人数达 17 万人次，观众之中，上至台湾“行政院院长”连战，下至幼稚园孩童，无不对中华民族文化的灿烂辉煌啧啧称奇。观众中绝大多数是大、中、小学生。如果说这次展览是海峡两岸文化交流的一个硕果，那么这个硕果的意义就在于它使台湾的青少年一代对中华民族文化认同感得到了增强。许多教师认为这次特展来台，是对所有主张统一人士的一大支持，并建议这种珍贵文物展能多来、常来，以沟通两岸同胞特别是青少年之间的手足情谊和血脉联系，不断增强两岸同宗同根的意识。

5. 搭建文化交流学术研究平台，使沪台文化交流向纵深发展

上海是一个国际大都市，文化底蕴深厚，人才多，理念新，具有文化开拓性、创新性和包容性的特点。上海与台湾两地具有许多共同点，深化两岸交流，提高交流层次，双方有共同的愿望和基础，自 2005 年起，沪台两地搭建了学术交流平台，从理论到实务进行了交流与探讨。如 2005 年中华文化联谊会、上海文化联谊会在上海举办“2005 海峡两岸文化交流论坛”，文化部港澳台司副司长张爱平、上海博物馆馆长陈燮君、上海市文广局副局长刘建、上海文艺评论家毛时安、中国上海国际艺术节中心副总裁韦芝、上海大学美术学院院长邱瑞敏、上海东方艺术中心总经理林宏鸣、台湾艺术大学校长黄光男、台北艺术大学校长邱坤良、中华发展基金会董事长曾永义、新象文教基金会行政总监许博允、台中市文化局局长黄国荣、桃园县文化局局长谢小韫等参加论坛，就如何发展两岸文化交流进行了探讨，交换了意见。2007 年、2008 年，中华文化联谊会、上海文化联谊会与台北艺术大学合作，先后在上海、台北举办了“2007 海峡两岸文化管理论坛”和“2008 海峡两岸文化管理论坛”，2009 年和 2010 年，上海市文化广播影视管理局与台北市文化局合作，先后在台北、上海两地举办“双城文化论坛”。在这些学术性、专业性的论坛上，两岸同行就当前文化艺术管理现状与发展趋势，上海、台北两个国际文化大城市如何发挥各自优势，加强互动、合作等问题，各自谈了看法，交流了经验，提出了思考意见，取得了非常好的效果。2013 年，上海市文化广播影视管理局联合上海交通大学，与台北市文化局、台北教育大学合作在台北举办“海峡两岸文化（创意）产业发展论坛”。“两岸文化论坛”为沪台两地搭建了文化交流和学术研究的重要平台，已在两岸文化界、教育界成为有影响、有特色、高层次、高质量的文化交流项目，使沪台文化交流向纵深发展。

6. 举办大型系列活动，在两岸民众中产生了广泛的影响

随着两岸关系的缓和，两岸文化交流和交往越来越频繁，交流的内容和形式越来越多，交流的规模和影响越来越大。如 2009 年 10 月 13 日至 11 月 8 日，上海市赴台湾举办“两岸城市艺术节·上海文化周”系列活动，共组织了 170 多人组成赴台文化交流团，举办了“上海文化周”新闻发布会、开幕演出、昆曲经典剧目展演、少年杂技专场演出、广场综艺演出、“上海故事·上海美术馆藏品展”、“相约上海·2010 年上海世博会图片展”、上海电影展、上海电视纪录片《百年世博梦》播映、双城文化论坛和文化参访等系列活动。活动内容丰富，形式多样，各类演出 17 场，电影放映 19 场，美术藏品展为期一个月，世博会图片展为期 10 天，直接参与“上海文化团”系列活动的台湾民众有 20 多万人次。两岸报纸、电视台、电台、杂志等 40 多家媒体，刊登了 100 多篇报道和专访，有 2000 多组路旗，大大地扩大了活动的影响力，这也是上海在台湾地区举办的规模最大的一次综合性文化交流系列活动。再如，2010 年 4 月时任上海市市长韩正应邀首次访问台湾。为配合韩正市长台湾之行，上海市文化广播影视管理局组织了上海昆剧团和上海交响乐团这两个最具代表性的上海艺术团体赴台访问演出。昆曲是中国最古老的戏曲剧种，有 700 多年的历史，素有“百戏之祖”的雅称；上海交响乐团为亚洲历史最悠久的乐团，有 130 多年的历史，被誉为“远东第一”。上海昆剧团在台北两厅院戏剧院演出两轮 8 场昆曲《长生殿》，上海交响乐团在台北两厅院音乐厅和台中户外圆满剧场各演出一场。两团配合韩正市长的访台演出，受到了台湾媒体和观众的关注。同时，2010 年 6 月，台北市市长郝龙斌亲自率领近千人的文化交流团来上海参加世博会，在上海举办了“两岸城市艺术节 · 台北文化周”系列活动，在沪举办了“台北文化周”新闻发布会，京剧、话剧、歌仔戏、民乐、交响乐演出，美术展览，广场推介，文化论坛，文创博览会，纪录片播映，以及在世博园区广场的综艺表演等 15 项活动，其中剧场演出 12 场、广场演出 30 余场，美术展览 26 天，观众 20 多万人次。沪台两地这些大型系列活动的成功举办，在海峡两岸民众中产生了广泛的影响。

三　推动沪台文化交流与合作发展新构想

两岸文化同根同源，一脉相承。上海与台湾都拥有深厚的文化底蕴，以及独特的历史渊源。相近的人文环境和经济发展水平，成为开展两岸文化交流得天独厚的优势与条件。沪台两地具备良好的文化产业基础，都面临着借助发展文化创意产业、提升产业能级和城市综合实力的需求，且都有着在合作中开拓市场、谋求发展的愿望。张爱玲、白先勇等两岸文化人所营造的精致、怀旧、富有情调的都市文化氛围，也曾触动台湾人对海派文化的憧憬与向往。因此，上海将充分发挥海派文化特色资源，将沪台文化交流与合作定位于市民文化交流与文化产业合作，以融入都市生活的市民文化交流为主体，整合文创资源，集聚文创人才，共享文创成果，展现沪台文化交流与合作与众不同的定位与前景。具体可从以下几个方面来推动。

1. 建立双城纽带，开展文化合作

台北市作为台湾政治中心、经济中心、文化中心城市，与上海城市基因天然亲近，双方拥有良好的合作基础。2009 ~ 2010 年，上海市、台北市联合举办了“两岸城市艺术节——上海文化周”“台北文化周”大型交流活动，在上海世博会和台北花博会舞台成功上演“双城记”，成为近年来沪台文化交流一大亮点。其间，时任上海市市长韩正与台北市市长郝龙斌在台北共同见证了上海市文化广播影视管理局与台北市文化局签署《上海市与台北市文化交流合作备忘录》，为上海与台北的城市文化交流奠定了长效机制，带动了上海国际艺术节与台北艺术节的互动合作等一系列交流活动的开展。在两岸合作的基础上，推动上海、台北、香港、澳门城市文化互动。2011年，经香港艺术节委托，协调上海戏剧学院、戏曲学院与台湾当代传奇剧场共同创排演出现代京剧《水浒108忠义堂》即为代表性成果。2013年，上海国际艺术节、台北艺术节、香港艺术节、澳门国际艺术节建立两岸联动机制，旨在以艺术节为先锋和推手，将两岸华语文化连成圈，扶持青年艺术家，联手向世界推荐根植于中华文化传统的新作品。

以此机制为模式，推动上海市与台湾其他县市建立长期的、紧密的文化合作关系，例如上海区县、社区文化馆、活动中心与台湾县市社区文化中心建立公共文化服务对口合作交流机制，开展公共文化服务领域经验做法交流。

2. 围绕海派文化，打造交流品牌

上海可充分发掘利用"传统与现代、东西方文化兼容"的海派文化特色和文化资源，持续推动文化入岛，打造"海派文化艺术节"品牌，并为每一届艺术节活动确定一个艺术主题。2011年首届海派文化艺术节的主题为"上海戏剧季"，上海京剧院、越剧院、评弹团和上海文化艺术档案馆等260余人组成的文化艺术团赴台北、台中、桃园、宜兰等地举办了系列展演活动。2012年主题为"上海视觉艺术展"，先后在台北市立美术馆、中山纪念馆、彰化县文化中心、台湾博物馆等地推出了油画雕塑展、现代民间绘画展、上海历史风貌影像展等视觉艺术精品。2013年第三届海派文化艺术节则推出了上海非遗精品展、非遗论坛等以"非遗"为主题的交流活动。通过不同主题交流，来丰富和充实海派文化艺术节的文化内涵，提升交流品质，使得"海派文化艺术节"成为沪台文化交流的一个标志性品牌。

3. 借助艺术节庆，搭建交流桥梁

上海可充分利用上海国际艺术节、国际音乐节、国际电影节、电视节、市民文化节、美术双年展、艺术博览会等重大文化活动平台，邀请台湾文化团体、机构和艺术家来上海交流。同时，也可以借助岛内重大文化活动，组织上海文化艺术机构入岛参加岛内各类艺术交流活动，促进双向文化交流。

元旦、春节、端午、中秋都是中华民族传统佳节，也是联结海峡两岸同胞亲情的纽带。2013年，上海昆剧团百人大团赴台举办"欢乐春节暨上昆赴台

20周年纪念演出”。2014年春节，上海文化艺术团赴岛内台北、桃园、澎湖、云林等地巡演，举办“欢乐庆元宵”文艺晚会，为台湾同胞送上美好的节日祝福，受到台湾民众的热烈欢迎。继续借助传统节日推动沪台文化交流，也是一个重要的发展方向。

4. 促进艺术交流，推进共同传承

两岸艺术合作与青少年交流一直是沪台文化交流的重要组成部分。推动上海艺术院校、剧团与台湾艺术院校、剧团建立艺术人才培养对口合作，开展师资互换、演出合作、人才培训和实习等实质性交流，共同传承弘扬中华优秀传统文化。推动上海主要博物馆、美术馆、图书馆和剧院等与台湾各主要美术文博机构、剧院建立馆际合作交流机制，加强馆际交流和演出商务合作。邀请台湾文化界各领域专家、学者来沪举办讲座、培训班，参加文化研讨会以及开展文化艺术教学、联合创作、合作演出等活动。

通过组织开展各类文化交流活动，台湾年轻一代对祖国大陆有了更多的了解，增强其对中华文化的认同感，夯实两岸关系和平发展的文化、社会基础。

5. 推动产业合作，形成优势互补

沪台两地在发展文化产业方面各具优势。台湾发展文化产业起步较早，与国际市场接轨也较早，有相对丰富的市场运作和管理经验，有较为丰富的经营管理类人才；上海艺术人才众多，开放度高，作为国际大都市有丰富的文化资源和巨大的市场空间。相互间优势互补，可以为双方在文化产业领域提供众多的合作与发展机遇，形成“五大效应”，即两地文化一体化的整体效应、两地优秀精品文化的集聚效应、两地文化强强联手的联动效应、两地文化要素交融的互补效应、两地文化互相交流合作的辐射效应。

上海将进一步鼓励台湾文化企业、艺术工作者来沪发展，借助上海自贸区、上海迪士尼等平台，推动创意设计、新媒体、影视、演艺娱乐等领域建立文创产业合作机制，共同打造推出有国际影响力的文化品牌和产品。推动沪台两地有实力、有经验的文化经纪机构、文化经纪人和文化基金会之间加强交流与合作，探讨建立更紧密型的文化产业合作形式，支持两地的文化企业、文化项目进行全方位、多层次、多领域的交流与合作，使两地在资源、人才、市场等方面互通有无，联动发展。同时，为来上海发展的台湾文化界人士和在沪台胞提供服务，帮助台湾文化机构、企业、艺术家在上海落户，解决各方面的困难和需求。探讨构建沪台两地文化产业互动发展的协调机制，成立专门的协调机构或建立联席会议制度，制定文化产业合作指导目录，定期沟通、发布两地文化产业发展信息，研究、协商两地文化产业合作事宜及产业发展面临的问题，及时解决两地文化产业发展中出现的新情况、新问题，推动沪台两地文化产业健康、持续、稳步发展。

B.15

拓展视野　传承文脉　构筑现代格局　加快推动南京文化创意产业大发展

——赴港澳台学习考察文化创意产业调研报告

中共南京市委宣传部

2013 年 2 月 18 ~27 日，南京市委宣传部随省市委访问团赴澳门、香港和台湾学习交流。在 10 天的考察活动中，通过举办专场交流推介会、举办文化创意精品展、参观园区企业、拜访重要客商、洽谈合作项目等一系列活动，广泛接触了港澳台文化创意产业界人士，深入学习了三地文化创意产业先进经验，宣传推介了南京文化产业重大项目，签订了多个文化产业项目合作协议，进一步深化了两岸文化产业交流合作。本次交流考察活动开阔了视野、学习了经验、找到了差距，对开辟南京文化产业发展新空间、推动南京文化产业跨越式发展具有重要的意义。

一　印象与感受

10 天的学习考察，让我们对澳门、香港和台湾文创产业的基本情况有了一定的认识和了解，尤其是台湾的文化创意产业起步较早、经验丰富、管理先进，不仅有着巨大的经济体量、享誉世界的品牌企业，还在政策扶持、产业孵化、创新机制、人才培养等方面有着较强的优势。文化创意不仅使台湾的产业发展获得新生，还把“台湾代工”催化为“世界创造”。港、澳、台三地依托历史文化，挖掘区域特色，运用市场机制，整合社会资源推动文创产业发展取得了丰硕成果，给我们留下了深刻印象。

1. 高位的政府规划设计和政策支撑体系

台湾对于文化创意产业发展进行高位规划，给予强力推动。台湾“行政院”2009 年通过了《创意台湾——文化创意产业发展方案》，2010 年“立法院”通过《文化创意产业发展法》，对于创意产业发展给予有力的政策支持。同时将“文化创意产业发展计划”列入重点项目，整合文化与创意资源，将新的运作模式应用于发展实践，有力推动了台湾地区经济社会发展。2010 年“文建会”颁布《文化创意产业补助作业要点》，向研发生产组、品牌行销组、市场拓展组每年提供资金补助。启动 250 亿新台币的文创产业优惠贷款，贷款最高额度为 1 亿元新台币，贷款范围为有形资产、无形资产、周转资金、新技术研发、人才培训五个方面。香港也把发展创意产业作为应对经济危机、重振香港经济的重要引擎，专门成立“创意香港”办公室和文化创意督导委员会协调相关部门和重大项目，先后出台了一系列政策措施，包括投资兴建必不可少的基建设施、提供投融资及各类服务支持等。

2. 鲜明的区域资源和特色文化融合模式

台湾文化创意产业发展非常注重挖掘地方优势资源，凸显地域特色文化，在中国台湾本土、中国大陆、日本、美国等不同文化的激荡交融下，传统文化韵味和多元文化风情并存。台湾注重对烟厂、酒厂等载体的活化利用，建设了以创意生活为核心的华山文创园、以建筑设计和艺术为核心的台中文创园、以传统艺术创新为主的嘉义文创园、以发展文化观光产业为主的“东部文化橱窗”花莲文创园和具有“南部生活风格品牌”的台南文创园等“五大创意园区”，通过先进的规划、精准的定位和务实的推进，逐步打造成为功能全面的区域文化艺术中心、创意中心和消费中心。澳门则充分依托博彩业及其带动的旅游业，将文化创意产业充分嵌入本体支柱产业体系，延伸拓展博彩产业链，定期举办大型旅游节庆活动，设计推广主题旅游线路，加强文创与博彩业的融合互动，形成以旅游为载体、与博彩业相结合的特色文创产业体系。

3. 健全的市场运作和社会合作互动机制

港、澳、台三地都具有较为健全的市场经济制度和运作机制，在文化创意产业领域，政府、商界、业界和社会力量各司其职，形成了比较成熟的市场运作模式。如香港 2002 年实施香港水警总部活化改造计划，本地企业长实集团中标后，在政府的原则规范和先进的商业理念指导下，投入巨资将其改造为香港经典文化和现代潮流风尚完美结合的综合街区，让来此观光的游客既充分感受老香港的独特风貌，又享受到别具风味的文化盛宴，成为全球文物古迹活化改造的典范。台新金控和富邦金控都是台湾的商业金融机构，分别成立了文化艺术基金会和文教基金会，其对推动文化发展倾注的热情之高、运作手段之专业、眼光之长远、效果之显著，给我们留下了非常深刻的印象。三地在各大文创行业门类和领域都有相应的一批商会和协会，承担着规范行业发展、整合业界资源、提供专业服务、举办大型活动、培训创意人才的重要职责。这些大型企业、非政府组织和民间法人社团的积极参与，既充分整合了社会资源支持文创产业发展，又保证了文创产业自由市场机制的良性运行。

4. 宽广的发展视野和卓越精致的追求

我们考察所到之处，都能深深感受到，港澳台政府、文化企业家和从业者，对于文化项目运作规律的充分尊重和有效把握，文化企业无论大小，都展现出强烈的品牌意识和良好的企业形象，文化产品无论贵贱，都坚持原创，追求格调，品质上追求卓越，细节上尽善尽美，值得我们认真学习和借鉴。澳门的大型水上会演《水舞间》，总投资超过20亿港元，聘请世界级制作和演出团队，历经7年谋划排练，精彩的剧情、震撼的效果吸引了150万人次观看并口口相传。台湾积极倡导“生活创意化、创意生活化”，推出“生活美学运动”，即使是一块肥皂的外包装和表面图案，都要经过精心的创意；“台华窑”的设计师团队愿意花费一个月的精力对一个酒瓶的设计进行反复揣摩。正是这种在国际化视野下对标准和品质近似苛刻的追求，使得台湾的文创产业走上了国际化的舞台，打开了文创产业发展的广阔空间。

二　启示与收获

澳门、香港、台湾拥有不同的文化背景和发展模式，文化创意产业也走出了不同的发展路径，但是通过对三地的考察，能够发现在表象差异中存在着一些共性的东西，正是对这些深层次要素的尊重、坚守和执行，才有力保障和推动了港、澳、台三地文化创意产业的蓬勃发展。

1. 发展文化创意产业要牢固树立与坚持本土化、特色化和国际化的高位追求

本土化、特色化和国际化完美的结合是三地文化创意产业发展取得突出成效的重要因素。从台湾深刻的中华传统文化烙印和浓郁的本土风情，澳门独特的历史文化元素和博彩娱乐业特有的奢华格调，香港鲜明的多元文化烙印和国际化风格，均可以看到以上三个方面的充分融合。南京的文化创意产业发展应该借鉴港澳台成功的经验，将丰富的历史文化底蕴、特色精华元素和国际化的理念视野相结合，特别是要加强与港澳台文化创意产业界的沟通交流，认真学习消化三地的先进理念和做法，将其作为南京文化创意产业“走出去”、迈向国际化的“跳板”，在更大范围更高层面上整合融通各类资源，形成文气、大气、洋气兼具的风格，打造高品质国际化的文化创意产业。

2. 发展文化创意产业要认真遵循城市发展、文化发展和产业发展的基本规律

在考察中我们感悟到，文化创意产业是承载、传承、弘扬文化的经济活动，其发展必须遵循一定的规律。对港、澳、台三地文化创意产业的发展进行思考，我们认为文化创意产业的发展首先要遵循城市发展的规律。城市历史底蕴的挖掘为文化创意产业的发展提供内容，现代城市精神的竖立为文化创意产业发展确定了定位，城市未来的发展方向为文化创意产业的发展明确了目标，文化创意产业发展要更好地服从和服务于所在城市的战略定位和发展目标。其次，文化创意产业的发展要遵循文化发展的规律。内容是文化创意产业的核心，在发展文化创意产业过程中，要坚持对本土文化的敬畏尊重和科学创新，彰显文化传承的张力；要坚持“见物更见人”的原则，既要重视建设物化载体，更要积极培育文化内容，关注文化创意发展中最重要的要素——“人”的培育和提升。文化创意产业的发展还要遵循产业发展的规律。通过引入产业规划的原则和方法，规划和凝练产业方向，通过运用市场化的机制和手段去运营文化创意园区和培育文化创意企业，通过践行全面服务的理念去优化发展环境，培养文化创意企业家。尤其注意，发展文化创意产业不能仅仅追求增加值、园区、项目、企业的简单增加，更要使产业投入转化为有效产出，通过提供空间、创造产品、打造环境，鼓励、引导和促进广大老百姓进行各种形式的文化消费，推动文化再生产和文化大繁荣。

3. 发展文化创意产业要努力形成和巩固政府引导推动、企业主体实施和社会各方参与的工作机制

政府要找准自己的角色定位，做到“有所为有所不为”“有所大为有所小为”，在方向把握、规划引导、政策服务、市场规范方面要下大功夫，在推动重大项目实施、发挥引领示范作用上要下大力气。要尊重文化创意企业的市场主体地位，充分发挥市场在文化产业资源配置中的基础性作用，鼓励社会资本和企业主体以各种规范形式投资进入文化创意产业，走产业化和市场化的发展路径。要“跳出产业看产业”，通过充分发挥各类企业、行业协会、中介组织作用，将社会各界尊重文化、重视文化的意愿和分散在各个主体、各个层面的资源，通过有效的机制和平台，转化为推动文创产业发展的动力和行动，调动社会各界的积极性，形成文化创意产业发展的“大格局”，构建活跃的要素市场和环境，多管齐下构建人才、技术、项目、资金有效融合的生态系统。

4. 发展文化创意产业要积极推动与科技、旅游的深度融合

无论是精彩刺激的澳门《水舞间》文化演出，生动传神的台北“故宫”馆藏文物精品的数字活化，还是华丽精美的法蓝瓷、莺歌台华窑等世界级高端瓷器，或是奢华壮观的1881街区，到处体现出文化创意与科技、旅游的深度融合。通过对港澳台文化创意产业发展的考察，我们更加深刻地认识到，发展文化创意产业一定要有大视野，要积极推动产业跨界和融合，通过创意的手段焕发活力，插上科技的翅膀展翅高飞，借助旅游的平台更快速地产生价值。重点发展数字影音娱乐、现代创意设计、新型网络传媒和智慧旅游休闲等重点产业门类，推动文化创意与科技、旅游的深度融合发展，做大规模，做强产业，做出品牌。

三 对策与举措

近年来，在南京市委、市政府的正确领导下，南京文化产业取得长足发展，2012年文化产业增加值335亿元，比2011年增长25%以上，占GDP比重达到4.7%；连续三年在全省文化绩效考核中排名第一；2012年再次被评为

“全国文化体制改革工作先进地区”。在亚太文创产业协会新近公布的2013年度两岸城市文化创意产业竞争力排行榜上，南京位居北京、上海、台北、杭州之后，名列第五。但是南京的文化创意产业和先进地区相比，在产业规划、平台运营、品牌打造、机制创新等方面仍然存在一定差距，需要进一步找准发展标杆，创新发展机制，加快科学发展。

1. 规划与设计

要在2012年出台的文化大发展大繁荣“1+5+1”文件体系基础上，科学分解细化阶段性目标，聘请国内文化产业知名专家，成立全市文化产业发展专家指导委员会，围绕文化科技融合等重点领域，尽快编制完成前瞻引领、重点突出、切实可行的产业发展规划和空间布局规划，将创意、谋划落实到具体的地域和载体上，将人才、资金等资源投到重点发展的领域和方向上，将目标、思路物化到具体的项目、园区和企业上，集中力量，聚焦重点，防止同质无序竞争，提高资源配置效益，做到建成一个、带动一批、示范一片。

2. 项目与平台

按照策划一批、签约一批、开工一批、竣工一批、落地一批、产出一批的“六个一批”原则，近期我部正在牵头对全市2013年度的重点文化项目进行认真梳理。要将这次赴港澳台签约的文化项目和有关项目信息纳入项目管理体系，加强跟踪对接，重点加以推进。加强对港澳台企业界的文化招商工作，重点引进时尚设计、工业设计、影视制作、动漫创作、数字出版、音乐制作、视觉艺术、创意教育培训等行业领域内的大项目。借鉴港澳台发展文化创意产业的长远眼光，不要局限于就产业谈产业，积极鼓励更多的大型企业跨界投资文化创意项目，运用其在其他产业领域积累的经济资本、运作经验，推动文化创意产业发展。

3. 特色与品牌

南京文化内涵丰厚、历史文脉昌盛，要在世界城市之林中保持鲜明个性和独特光彩，必须要从数千年的文化积淀中提炼出最能体现南京特点的文化元素，如“天下文枢”“大明盛世”“金陵佛都”“民国印象”等，借助科技、创意的力量，将特色文化元素转化为现代的文化产品、文化服务和文化消费。可以借鉴香港创新设计中心和台湾台创中心的建设理念和运作模式，选择合适地域和载体，建设“南京文化创意设计中心”，引导全市的高层次文化创意和设计人才集聚，打造集设计、展示、活动、消费功能为一体的高品质园区。在此基础上引导和鼓励龙头企业打通产业链上设计、研发、生产和销售等环节的梗阻，成立全市创意设计师联盟，评选“南京印象设计奖”，推出“最南京”文化品牌，开设南京文创精品专卖店，建设综合性、高端化、一体化的综合功能平台，使得南京大到城市形象、重大活动和重要展会，小到旅游文创产品等，都能够在表达形式、技术水平、包装设计、营销手段、推广渠道等方面，与国际接轨，向高端看齐，进一步打响文化名片，彰显古都魅力，让南京的文化生产力释放巨大活力，产生新的飞跃。

4. 机制与活力

加强对全市文化产业发展资源的整合协调，打通政策、资金、载体、信息等资源要素的分割瓶颈和沟通渠道，使南京市的行政资源和产业资源能够更高效地服务文化产业发展。充分发挥文化企业主体作用，调动企业家的积极性和活力，定期评选“南京文创企业十强”，努力培育“三个一批”，即培育一批有实力、有竞争力的规模文化企业，培育一批潜力大、成长性好的中小文化企业，培育一批有活力的合格市场服务组织。加强对南京市已成立的十余个文创类行业协会的指导，加强与港澳台文化产业协会的沟通交流，学习借鉴先进运作模式，全年举办不少于 50 场文化产业互动交流活动，打造“不落幕的文交会”。

5. 传播与培育

抢抓 2013 亚青会、2014 青奥会机遇，充分借助各类传播媒体、文化交流、体育比赛和名城会等活动载体，架起南京与港澳台文化产业领域交流合作的便捷桥梁，积极输出南京的文化元素，以港澳台为窗口，增进国际社会对南京的认识和了解。积极鼓励南京文化创意企业“走出去”，以资本等为纽带，积极参与国际市场竞争，磨砺打造国际化的龙头文化创意企业，竖立国际化的文化创意品牌。注重营造整个社会的文化氛围，培养民众的文化消费习惯，将文化事业发展和文化产业发展有机地结合起来，在交融中更好地寻找商机、培育主体和营造环境，营造健康繁荣的文化市场环境，为发展文化创意产业搭建最好的孵化器。

四　几点建议

港澳台是南京文化创意产业追踪国际化的窗口、走向国际化的桥梁。加强与港澳台文化创意产业界的合作交流，应成为南京文化创意产业未来跨越式发展的重大契机和战略举措。为更好、更快地推动南京市文化创意产业的发展，建议市委、市政府继续加大对文化创意产业的投入和扶持力度，建立和港澳台地区开展文化交流、项目合作的长效机制，促进南京市文化创意产业的国际化、高端化发展。

1. 积极打造高层次的文化产业国际化交流平台

本次省委文化交流团赴台湾交流访问后，省委宣传部明确提出今后每年3月份都要组织各市赴台湾开展文化产业交流，形成稳定的沟通长效机制，并筹备在2014年“紫金山峰会”期间举办宁台文化产业交流活动，建议南京市主动对接省委宣传部和省台办等有关部门，争取将文化创意产业交流列入2014年“紫金山峰会”内容，在此期间以市委、市政府名义主办“紫金山·全球华人文化创意峰会”，将港澳台三地以及全球华人界的文化创意资源整合到南京这个平台上来。从2014年开始，每年定期梳理出南京与港澳台和世界各地开展以文化创意产业为主的国际文化产业交流的“十大活动项目”，通过积极开展多种方式、多种渠道的交流合作，提升南京文化创意产业的知名度和影响力。

2. 加大对港澳台文化创意产业项目的政策扶持力度

在之前南京和港澳台在文化相关产业良好的合作基础上，这次交流期间共有9个项目正式签约，内容涵盖了园区建设、人才培养、活动举办、媒体合作等多个领域，其中包括了一批重大项目，如法蓝瓷总裁陈立恒先生拟牵头在南京建立全球华人文创品牌总部园区，规划建设面积55万平方米，包括品牌营运中心、孵化中心、人才培训中心、展演销中心、活动中心和服务中心等六大功能模块，打造两岸乃至华人文创品牌的旗舰型培育和集聚平台。台湾盛杰通公司牵头，在江宁汤山建设海峡两岸文化遗产创新设计育成特区，围绕南京“大明盛世”文化品牌，建设10个博物馆和一批文化设施。台湾商玛公司与南京市惠通公司合作建设南京惠通创意文化产业园。近期这批项目的合作方将陆续来宁洽谈相关项目推进工作，建议市委、市政府进一步加大对港澳台在宁投资文化项目的政策支持，通过财税优惠、贷款担保、用地支持等方面的扶持措施，鼓励港澳台企业家关注南京、投资南京、宣传南京，推进项目加快落地，尽快建设。

3. 加强与港澳台在文创人才培养方面的交流合作

文化产业经营人才队伍的眼光、素质和能力，是决定南京文化产业尤其是文化创意产业发展层次和水平的关键要素之一，也是目前的重要制约瓶颈。建议市委、市政府一方面继续加大对“五个一批”中文化产业经营人才的培养力度，引进台湾、香港的文创培训课程，举办南京文化企业家高级研修班，运用专家培训、案例分析、实地考察、体验演练等方式，培养一批懂文化、善经营、会创新、高素质的文化企业家，打造南京文创企业界的“黄埔军校”。同时以“321”人才计划为抓手，加强对前三批“321”领军型文化创业人才的跟踪培养和项目的落地服务。在今年第四批创业人才申报工作中，考虑到文化人才和科技人才的差异性，进一步完善“321”领军型文化创业人才的认定和引进政策，特别是加大对港澳台文化创业人才的宣传和引进力度，做到引进一个人才、建设一个团队、推进一个项目，并为他们发挥作用营造良好环境。

B.16

共同拥有华夏文明：晋台文化交流与合作报告

山西省文化厅外联处

一 山西历史文化

山西地处黄河中游地区，位于太行山以西，因此得名。山西简称“晋”，是因春秋时期山西大部分地区隶属晋国而得名。战国初期，韩、赵、魏三家分晋，山西又有“三晋”的别称。山西省东与河北省比邻，西、南在黄河环绕下与陕西省、河南省隔河相望，北部以外长城与内蒙古自治区接壤。全省面积15.66万平方公里，人口3610万，辖太原、大同、朔州、忻州、吕梁、晋中、阳泉、晋城、长治、临汾、运城等11个地级市，共119个县（市区）。

山西是中华文明的重要发祥地之一，文明进程一脉相承，从未间断。早在180万年前，就有原始人类生活于此，旧石器早期遗址数量居全国之首。“三皇五帝”时代，炎帝和黄帝都曾在山西活动。“尧都平阳，舜都蒲坂，禹都安邑”，传说中尧、舜、禹都曾建都山西，是他们发祥和活动的主要区域。夏、商、周时期，山西基本处于中华民族发展生息的中心位置，有“夏墟”和商朝“邦畿之内”之说。春秋战国时期，晋国是春秋五霸之首，文化盛极一时，成为当时思想家、纵横家和军事家的发源地，代表人物有荀子、张仪。秦汉时期，山西是中原汉族和北方游牧民族交汇之地，民族融合的历史篇章在这里开启，涌现出战将卫青与霍去病、武圣关羽、谋士张良等英雄人物。魏晋时期，北魏建都平城（今山西大同），山西在政治、军事、经济、文化方面的作用举足轻重，汉民族和少数民族文化加快兼容并蓄，创造出灿烂的宗教文化和建筑文化。隋唐时期，并州（今太原）是所谓的“龙兴之地”，不仅有武则天、狄仁杰、裴度、薛仁贵等一批政治家、军事家，还涌现出王勃、王维、王昌龄、王之涣、白居易、柳宗元、温庭筠等一大批文学家，成为时代风云人物。两宋时期，史学家司马光修纂了中国第一部编年体史书《资治通鉴》，雁门关、宁武关、偏头关三关战争文化一直留存至今，杨家将故事千古流传。元代，山西晋南成为全国戏曲中心，对中国戏曲发展起了推波助澜的作用，元曲四大家出自山西的有三个（关汉卿、白朴、郑光祖）。诗人元好问、小说家罗贯中、学者傅山等山西籍文化名人，都因自己在各自擅长的文学艺术领域里所取得的成就而彪炳史册，千古留名。明清时期，晋商突起，创造了“汇通天下、富甲海内”的商业奇迹和随之而来的晋商文化。近代以来，特别是抗日战争时期，山西不仅养育了八路军三大主力部队，也孕育了灿烂的抗战红色文化。大批文化艺术人才在抗战洗礼中成长，门类日益齐全的文化机构在战火考验中壮大，为新中国文化事业的发展奠定了坚实基础。

二　山西文化发展近况

久远的历史，在山西这片沃土上积淀了丰厚的文化遗存。宫观寺院、戏楼古塔、石窟造像、彩塑壁画、城址墓葬古代艺术遍布全省，极具考古价值，被誉为华夏文明的“主题公园”、古代东方艺术的“博物馆”。大同云冈石窟、平遥古城、佛教圣地五台山先后申遗，被联合国教科文组织认定为世界文化遗产。多彩多姿的民间文化是山西历史文化的又一特色，从《诗经》的“唐风”“魏风”到如今遍布全省城乡的民歌小调，从有“活化石”之称的大同耍孩儿等稀有剧种到以晋剧四大梆子为代表的54个地方剧种，从左权开花调、河曲二人台，到“花鼓”“花庆鼓”“扇鼓”，山西获得了“民歌海洋”“戏曲摇篮”“舞蹈故乡”的美誉。

改革开放以来，地方戏曲的兴盛，文学晋军的崛起，“黄河歌舞”的风靡全国，标志着山西文化发展到了一个崭新的阶段。加强对文化产品创作生产的引导，深入挖掘丰富的传统文化资源，提炼最具影响力和吸引力的山西文化符号，热情讴歌改革发展的伟大成就，加大对优秀文化产品生产的支持力度，使山西文化的生命力在传承中得到延续，在创新中得到张扬。话剧《立秋》、舞剧《一把酸枣》、京剧《走西口》、晋剧《傅山进京》、说唱剧《解放》、晋剧

《大红灯笼》入选国家舞台艺术精品工程项目，《傅山进京》等8部舞台作品获全国“五个一工程”奖，43人46次获全国戏曲“梅花奖”，100多个群众文艺作品获全国“群星奖”，为全国之最。

今天，丰厚的文化资源成为山西实现转型跨越发展的重要优势。山西省委、省政府站在时代高度，从经济、政治、文化、社会和生态文明全面发展的要求出发，提升文化自觉，增强文化自信，实现文化自为，对加快建设文化强省做出新的部署，提出要像挖掘煤炭资源一样挖掘文化资源，像抓经济建设一样抓文化建设，即做好“地下”这篇文章，又做活“地上”这篇文章，力争“十二五”末文化产业增加值超过1000亿元，占地区生产总值6%左右，文化发展主要指标、文化事业整体水平、文化产业综合实力跃居中西部领先水平。

三　近年来和台湾的文化交往

台湾和祖国大陆，心相连，手相牵，命运与共，共同的文脉是两岸共同交流发展的纽带和力量。早在20世纪80年代，两岸还在基本隔绝状态下，就有台胞千方百计来到大陆，来到山西举办画展、书法展。让我们看到台湾有和我们同宗同祖的传统文化，和我们并不遥远。近年来，在山西省委和省政府的总体部署下，按照“构建机制、打造品牌、搭建平台、拓展领域、全方位推动两岸文化交流与合作”的政策方向，山西省对台文化工作抓住两岸关系和平发展的机遇，努力发挥山西文化资源优势，全方位多层次地开展与台湾地区的交往，推动了晋台之间的文化交流和人员互动，增进了台湾同胞对中华文化的认同和对山西的友好情感。

2009～2013年，山西省对台文化交流团组共计32批672人次赴台交流。交流活动集中在戏曲、歌舞、杂技、书画展览等方面。话剧《立秋》、舞剧《一把酸枣》、京剧《走西口》等山西优秀舞台艺术精品先后亮相台湾，使台湾同胞及时地分享到了山西省的文化建设成果。

山西省委高度重视对台文化工作。对台工作在省委对台办的规划和组织下，呈现非常活跃的局面，2009年4月25日至5月10日，山西省运城市人民政府台湾事务办公室组织“永乐宫精品壁画摹本”展出团，赴台湾高雄参加了“吕洞宾1211寿诞暨吕祖文化季活动”。此次活动台湾岛内60余家新闻媒体进行了跟踪报道，吸引了5万多名台湾民众参观。2009年4月9日，由山西国际旅行社组织的首批赴台旅游团200名游客从晋城市启程，在台湾进行了为期10天的观光旅游。2009年6月19～26日，山西省人民政府台湾事务办公室邀请台湾高雄县记者公会理事长卢鸿霖及台湾南部报纸、广播、杂志等16家新闻媒体、21位记者及媒体负责人来山西举办了“台湾记者三晋行”——山西民俗文化专题采访考察活动。此次活动是山西省组织台湾南部新闻记者人数最多、涉及台湾南部平面及电台媒体最广的一次交流活动。2009年8月，山西省台湾工作办公室邀请“中国青年文教基金会”青年干部及岛内高校学生28人来山西举办了“华夏文明看山西——两岸青年黄河行”交流活动，这是山西省历年来涉及台湾高校最多、涵盖面最广、效果最好的一次山西青年与台湾青年文化交流活动，加深了两岸青年学子之间的沟通交流。

2009年12月4～14日，山西省人民政府台湾事务办公室在台湾举办了“晋商文化暨平遥国际摄影大展推介活动”，山西组成参访团赴台参加了一系列交流活动，截至2010年7月，两岸共有23万余人次上网点击观看，引起了很大反响。

2009年10月25日至11月3日，应台湾台北指南宫的邀请，山西省运城市“永乐宫纯阳祖师协会交流团”赴台湾参加了指南宫“九皇礼斗大法会”，进行了道教文化及研习成果交流。10月29日至11月7日，应台湾高雄东照关帝庙的邀请，解州关帝庙交流团赴台湾高雄参加了“东照山关帝庙文化节”活动，举办关公文化展览等活动，增强了山西与台湾的文化交流，凝聚了海峡两岸人民的民族情结，这是其他任何力量不能够替代的。

2009年12月30日，国务院台湾工作办公室宣布太原市成为赴台湾客运直航点，太原和台湾两地人员的往来更加便利，标志着两地旅游交流迈入了前所未有的新阶段。2009年10月20～30日，应海峡两岸第五次经贸文化论坛及台湾自然科学博物馆文教基金会的邀请，山西博物馆组成了以王晓明为团长的考察团赴台湾参加了为期11天的海峡两岸经贸文化论坛，此次论坛构建了山西省博物馆与台湾博物馆界的互访互学平台，为中华文化在海峡两岸的传承与发展起到了积极的作用。

2010 年 2 月 8 日至 6 月 28 日，应台湾万象艺术国际有限公司邀请，由太原歌舞杂技团卫建勇团长带队 24 名演职人员启程赴台湾进行了为期 5 个月的商业演出。演出汇集了太原市歌舞杂技团的精华节目和优秀演员，他们通过舞蹈、杂技、魔术等精彩的杂技艺术形式，为台湾人民奉献了极具山西地方特色和中华民族风情的文艺演出，展示了中华传统文化魅力，在台湾演出的 140 天里，该团的领导和演员付出了艰辛的努力。共演出 320 场，平均每天演出 2 ~ 3 场，22 名演员每天要演够一个半小时，许多演员身上有伤，但只要一上台，都咬牙坚持了下来。他们高尚的艺德和精彩的演技获得了观众的欢迎和演出商的认可。这次演出展示了太原市歌舞杂技团的实力，推动了山西省艺术院团向市场进军商演的发展。

2010 年 2 月 20 ~ 26 日，应台湾基隆市表演艺术协会、基隆市枫香舞蹈团邀请，山西省小百灵艺术团一行 28 人赴台参加“2010 海峡两岸少儿艺术潜能开发交流活动”。21 日，台湾基隆市枫香舞蹈团为小百灵的到来举行了盛大联欢会，基隆市市长张通荣及部分议员出席了本次活动，双方互赠礼品并进行了热情洋溢的发言。联欢会上两岸少年载歌载舞，各展风采。大家肩并肩、手挽手，同声歌唱：“过去我们是一家人，今天还是一家人，手牵着手，肩靠着肩，轻轻唱出我们的歌：团结起来，相亲相爱，因为我们都是一家人。”会场的气氛达到了高潮。在场的许多人深有感触，认为大陆与台湾都是炎黄子孙，语言相通，习俗相近，中华文化深深地植根于华夏儿女的精神生活和物质生活之中，成为两岸永远也割舍不断的精神纽带。在交流中，小百灵艺术团的老师和小演员们将有着浓郁山西地方特色的民歌、舞蹈传授给台湾的小朋友，而台湾枫香舞蹈团的演员也将当地的民族舞蹈和他们的表演经验毫无保留地教给小百灵艺术团的师生。两岸师生的相互学习促进了艺术水平的提高，增进了相互了解，融洽了感情，进一步增加了双方的文化认同感。

2010 年 10 月 17 ~ 22 日，应台湾多元化艺术事业有限公司的邀请，山西省文化厅厅长张明亮先生，率新编历史京剧《走西口》剧组一行 140 人赴台湾地区进行了文化交流演出。京剧《走西口》赴台是继话剧《立秋》和舞剧《一把酸枣》在台演出后，晋台文化交流的又一盛事。演员团队由国家著名文武老生于魁智、梅派青衣李胜素、荀派花旦管波，北京战友文工团著名张派青衣张萍，山西省京剧院老旦朱丽、花巨老生安晓强和山西省京剧院演员组成，乐队由国家京剧院、山西省京剧院、山西省歌舞剧院交响乐团三个院团组成，舞美呈现由山西省京剧院、中国戏曲学院舞美队完成，这是一次强强联合、阵容豪华的大型演出，演出人员多达140人，是山西演艺团体赴台湾演出历史上规模最大的一次，也是国粹艺术在台湾演出史上规模最大的一次。对于弘扬民族艺术、宣传晋商精神，进一步推动两岸文化交流、增进同胞情谊，都起到了积极的作用，在晋台文化交流史上树起了新的里程碑。

2010年10月19日晚在台北市国立文化中心国家戏剧院首场演出《走西口》，演出开始前已是一票难求。当大幕徐徐拉开时，台下观众静静以待，随着几位演员的逐个亮相，台下每每以欢动的掌声迎接演员的出场。特别是于魁智、李胜素两位明星的亮相，全场观众好似见到娘家人一样热情鼓掌。是的，于魁智此次已是第十五次来台湾演出了，可见他受欢迎的程度[①]。当戏演到第三场烧油时，常雨桥（于魁智饰）高举火把，念道："以此为戒，牢记教训，以诚信之火，雪晋德裕之耻，这把火我们就是要烧醒天下所有作假的经商人。"台下掌声雷动。是"诚信"在呼唤着观众，观众期盼着"诚信"，两岸的观众是同胞手足，大家的感觉是一致的。这台制作精美、恢宏大气的京剧精品，为台湾同胞提供了一次原汁原味、余音绕梁的艺术享受。每场演出结束后，观众们都起立鼓掌，经久而热烈的掌声回荡整个剧场，台上台下互动场面感人。台湾戏剧评论家贡敏先生在评论文章《从〈走西口〉到新〈满江红〉》中写道：《走西口》题材新颖、制作审慎，舞台氛围浓烈，推出以来，已超过百场，由于主题贴切观众，因之相当受到观众欢迎与青睐，获得了不少奖项。两百多人之演职员阵容，以"原汁原味"在台北呈现，是经过许多人策划的，特别是山西省文化部门之慨然囊助，方能使彰扬晋商德行之佳剧，来与台北观众结戏缘的。——正如不久前，山西省的舞台剧《立秋》来台湾演出那样，同具文化意义。

2011年5月11~18日，应南华大学民族音乐学系邀请，山西省歌舞剧院民乐团民族打击乐"行云组合"一行7人，在副院长郑宏杰的带领下，赴台

① 《台湾旺报文化周刊》2010年10月17日。

参加该系举办的《金鼓齐鸣》鼓艺音乐会演出。演出中，演员高亢激昂的表演、山西鼓乐神韵的精彩呈现，赢得了台湾同行及广大观众的高度赞扬；在台期间，该团还与南华大学民族音乐学系师生进行了鼓乐艺术交流演奏与座谈，受到师生们的热烈欢迎。

应台湾新竹青年国乐团的邀请，2011 年 7 月 11～18 日，山西省歌舞剧院民族乐团赴台湾参加了由新竹政府主办的“2011 竹堑音乐节”。山西省歌舞剧院民族乐团是人员精良、创作演出水准高的民乐团。他们和台湾艺术家合作共同创作了大型民乐交响诗会《关公》。这是两岸携手共同合作的成果，为共同弘扬中华传统艺术、传承优秀民族精神做出了贡献。在新竹的演出获得成功，从中不仅看到了民族音乐在新竹的发展现状和良好的发展前景，也更坚定了通过民族音乐这一友好纽带，为宣传中华风貌、新成果，加强两岸文化交流、增进两岸人民互信、推进民族音乐发展的信心，进而为祖国统一、两岸人民福祉做出积极的贡献。

2012 年 7 月 15 日，受台湾青年国乐团邀请，晋城市上党梆子艺术团赴台湾，参加台湾新竹市第二届“竹堑音乐节”活动，为台湾观众演出具有多年传统的上党梆子戏剧，并在台湾举办上党梆子名家张爱珍个人专场演唱会。上党梆子是山西著名的四大梆子之一，是一个古老的剧种，流行于山西晋东南地区，淳朴健康、粗犷豪迈。上党梆子里包含有昆曲、皮黄、罗罗腔和卷戏的元素，从中可寻觅到古老戏曲的声腔流变，在传统文化的传承上具有很高的研究价值，是国家第一批认定的文化遗产名录。在经济大潮和现代文化的冲击下，观众大量流失，演出减少，成为急需保护的文化遗产。这样一个古老优秀的传统剧种能够赴台湾演出，不仅实现了上党梆子“走出去”的突破，也说明晋台文化交流的深度得到极大的扩展，意义重大。

鼓乐艺术传承。山西是鼓乐艺术的荟萃之地，遍布全省各地的种类繁多的锣鼓表演饱含着山西人民的性格及文化精神，是民间艺术的珍宝，也是劳动人民的最爱。享誉全国乃至世界的威风锣鼓、太原锣鼓、绛州鼓乐是山西鼓乐艺术的代表。省歌舞剧院老艺术家王宝灿先生，是鼓乐艺术发掘保护的一等功臣，他虽已年逾七十，但只要接触到锣鼓，就有使不完的力气、干不完的事、说不完的话。由于他的艺术造诣和钻研精神，台湾南华大学连续十年邀请他在学校任教，讲授中国鼓乐课程。他通过努力和辛勤劳动，在台湾培养了相当数量的鼓乐爱好者，为晋台文化交流和山西鼓乐艺术的发扬光大做出了积极贡献。

2013 年 7 月 4 ~10 日，受台湾竹堑国乐节邀请，山西吕梁临县大唢呐演出团赴台湾参加“2013 年竹堑国乐节”演出活动。在台期间，他们表演了《狂吹猛打》专场演奏会。唢呐是山西民众喜闻乐见的音乐形式，地域特色非常浓厚。临县大唢呐艺术团在当地是一支很受欢迎的民间演艺团体，演员都是当地的农民。他们的演出活动不仅大大丰富了当地老百姓的业余文化生活，在弘扬中华传统文化、加强晋台文化交流中也挑起了大梁。

2013 年，太原市歌舞杂技团继续在台湾的商业性演出，长治市杂技团应邀组团赴台湾演出，在高雄等地深入了台湾南部民众中。观看完他们的演出，当地的荣民之家、乐仁启智中心发来了感谢信，感谢他们把艺术送给了需要艺术和精神快乐的人。

今后我们要继续贯彻“两岸一家亲，共圆中国梦”的对台工作理念，充分发挥山西省文化资源优势，将山西省“国家资源型经济转型综合配套改革试验区”建设与对台湾文化交流工作结合起来，进一步推动晋台合作交流，开创晋台文化产业合作交流新时期。

B.17 台北市民 2013 年文化素养调查研究

林义斌　林炎旦*

摘　要：

文化参与和文化消费是一个国家重要的文化指标之一。台北市政府虽然早在 2002 年即开始进行文化统计调查，不过，2007～2011 年间因故中断。近年，台北市文化局委托台北教育大学文化创意产业经营学系重启调查，然因间隔已久，且部分调查项目已有修正，最后仅能就统计结果做描述性分析，暂时无法进行纵贯比较。未来，台北市政府若能延续文化统计调查工作，不仅可以更深入了解台北市整体文化发展的脉络，作为文化政策拟订参考依据，也可作为地区、城市甚至国家间国民素养和文化实力比较的基准。

关键词：

文化素养　文化统计　文化参与　文化消费

一　绪论

文化是一种复杂的概念和行为系统，广泛包含人类生活的所有面向。Raymond Williams（1958）主张文化是一种整体生活方式并兼具艺术性与学习性的概念，他认为文化是特定族群或社会群体的整体生活方式，对各种社会性、艺术性或智识性活动有其独特的表意系统①。

---

* 林义斌，台北教育大学文化创意产业经营学系助理教授；林炎旦，台北教育大学文化创意产业经营学系教授。

① R. Williams, *Culture and Society*, New York: Columbia University Press, 1958.

文化通常是由价值、观念、思考方法、沟通、习俗与感情所构成，也是个人、团体和国家对应社会生态的机制。在全球化的趋势下，文化的影响力已经逐渐超越地区、城市或国家的疆界；因此，一个具有特色的文化，将有助于增进国家的竞争力。

素养是指个人为了发展成为一个健全的个体，必须因应生活情境需求所不可欠缺的知识（knowledge）、能力（ability）和态度（attitude）①。素养又可分为基本知能、文化素养以及专业能力等三个层次，它不仅是个人在社会中适应与发展所需具备的条件②，也有助于个人获得成功生活与建构功能健全的社会③。Hirsch（1987）认为文化素养（cultural literacy）是一个社会中每个人所共有或共享的知识和能力，对于维系社会秩序与塑造价值具有相当的重要性④，因此，文化素养也是世界各国教育系统中普遍关切的议题。

近年来，世界各国莫不积极透过文化指标的建立与调查，作为衡量国家文化实力的依据，并用以推展文化政策、提升行政绩效、展现国家特色与活力，进而促进国际文化交流与竞争力。当文化已经成为衡量国家竞争力的重要指标时，如何培养国民具有丰厚的文化素养与价值观愈加重要。

台北市虽然早在2002年即开始建构文化指标系统⑤，并逐年进行调查⑥；然而2007～2011年间因将关注焦点放在文创聚落和园区调查，致使文化指标各项调查工作暂时中止。近年本系受台北市政府文化局委托，重新启动台北市

---

① 蔡清田：《课程改革中的“素养”（competence）与“能力”（ability）》，《教育研究月刊》2010年第12期，第93～104页。

② 张一蕃：《英语文能力是国民必需的素养吗?》，*English Career*（期刊）2009年第29期，第16～18页。

③ D. S. Rychen & L. H. Salganik (eds.), *Key Competencies for a Successful Life and a Well-functioning Society*, G. ttingen, Germany: Hogrefe & Huber Publishers, 2003.

④ E. D. Hirsch, *Cultural Literacy: What Every American Needs to Know*, Boston: Houghton Mifflin, 1987.

⑤ 台北市政府文化局：《台北市92年文化指标调查报告》，台北市政府文化局出版，2004；台北市政府文化局：《台北市文化指标变迁趋势分析报告》，台北市政府文化局出版，2008。

⑥ 台北市政府文化局：《台北市93年文化指标调查报告》，台北市政府文化局出版，2005；台北市政府文化局：《台北市94年文化指标调查报告》，台北市政府文化局出版，2006；台北市政府文化局：《台北市95年文化指标调查报告》，台北市政府文化局出版，2007。

文化指标调查工作。唯因2010年“中央”颁布“文化创意产业发展法”，部分指标内容项目稍有调整修正；复因相关统计资料中断五年，难以衔接比较，因此，本文仅能呈现文化素养调查结果概况，暂时无法进行纵贯比较；未来政府若能持续文化统计相关调查工作，将有助于深入了解台北市的整体文化发展脉络。

二　台北市文化指标内涵与文化素养定义

为了解台北市民众的文化生活，掌握文化之动态发展，建立兼具台北市文化特色的文化指标系统，提供拟订文化政策、规划文化活动与编列文化预算之所需，台北市自2002年开始，参考联合国教科文组织（UNESCO）、上海、加拿大、英国、日本、法国、比利时、德国、瑞士等国家或城市的相关文化指标，于2003年首先建立第一个文化指标系统。

台北市的文化指标系统包括：文化资产、文化环境、文化素养、文化活动、文化交流与文化产业等六个子系统；其中，文化素养又分为：文化参与和文化消费两大构面。台北市民的文化素养调查，旨在了解台北市民在大众传播活动、视觉艺术活动、表演艺术活动、文化艺术机构与设施、文艺民俗节庆活动以及休闲旅游活动等六个面向的文化参与和文化消费概况，其调查内容与操作型定义，详见表1所示。

表1　台北市民文化素养调查内容与操作型定义

类别	项　目	定　　义
文化参与	大众传播类活动	含电影、电视、广播、报纸、杂志、书籍、网络
	视觉艺术类活动	传统形式（传统/现代水墨、书法与金石、绘画、版画）、现代形式（装置艺术、公共艺术、录像、电脑多媒体即时互动）、摄影、雕塑、古董文物、设计、工艺
	表演艺术性活动	现代戏剧、传统戏曲、舞蹈、音乐
	文化艺术机构与设施	博物馆、县市立文化中心、公园、图书馆、纪念堂、纪念馆、各级公私立学校、表演厅/馆、民间文教机构组织/教室/活动场所、社区文化中心、地方文化馆、宗教与民俗机构、名胜古迹/遗址/历史聚落

续表

类别	项　目	定　　义
文化参与	文艺民俗节庆活动	民俗宗教节庆活动包含有宗教节庆(以宗教节日或主题为主之文化庆典活动,不含具产业色彩者,例如:地方祭祀圈绕境活动)、地方民俗节庆(以地方特殊民俗为主题,不具地方文化产业与宗教主题者,如放天灯)、地方文化产业节庆(以台北市辖内地方产业为主的庆典活动,不含宗教节庆或地方风俗庆典,例如:北投温泉产业节、乌来樱花季)、国家历史节庆:以"中央"或台北市政府法定节日为主之庆典活动,例如国庆日音乐晚会
	休闲旅游活动	国内外旅游
文化消费	大众传播类活动	15岁以上市民从事电影、电视、广播、报纸、杂志、书籍、网络之平均消费金额
	视觉艺术类活动	15岁以上市民从事传统形式(传统/现代水墨、书法与金石、绘画、版画)、现代形式(装置艺术、公共艺术、录像、电脑多媒体即时互动)、摄影、雕塑、古董文物、设计、工艺欣赏或参与创作之平均消费金额
	表演艺术性活动	15岁以上市民从事现代戏剧、传统戏曲、舞蹈、音乐欣赏或参与创作之平均消费金额
	文化艺术机构与设施	15岁以上市民参与博物馆、县市立文化中心、公园、图书馆、纪念堂、纪念馆、各级公私立学校、表演厅/馆、民间文教机构组织/教室/活动场所、社区文化中心、地方文化馆、宗教与民俗机构、名胜古迹/遗址/历史聚落之平均消费金额
	文艺民俗节庆活动	15岁以上市民参与民俗宗教节庆活动包含有宗教节庆(以宗教节日或主题为主之文化庆典活动,不含具产业色彩者,如:地方祭祀圈绕境活动)、地方民俗节庆(以地方特殊民俗为主题,不具地方文化产业与宗教主题者,如放天灯)、地方文化产业节庆(以台北市辖内地方产业为主的庆典活动,不含宗教节庆或地方风俗庆典,如:北投温泉产业节)、国家历史节庆:以"中央"或台北市政府法定节日为主之庆典活动,如国庆日音乐晚会之平均消费金额
	休闲旅游活动	15岁以上市民参与国内外旅游之平均消费金额

三　研究设计实施与样本结构分析

台北市民文化素养调查主要透过抽样与电话访查法，借以了解台北市民在各项文化活动的参与及消费概况①；其调查范围、调查对象及抽样方法等，说明如下。

① 台北市政府文化局：《2012年度台北市文化指标调查》，台北市政府文化局出版，2013。

（一）调查方法

台北市民文化素养调查主要采用电脑辅助电话调查法（Computer Assisted Telephone Interview，CATI）进行，首先将调查问卷各题项输入电脑系统后，访查员依电脑屏幕上的拨号进行访问，并点选受访者回答的答案；访问完毕后资料直接保存于电脑中，减少人工可能造成的错误，确保调查品质。

（二）调查对象及样本数目

本调查以居住在台北市各行政区、年满 15 岁以上之市民为调查母群体。依据台北市政府统计资料，截至 2013 年 11 月底居住于台北市内、年满 15 岁以上的人口，共有 2290092 人。

台北市有 12 个行政区，本调查以行政区为分层变数，采分层随机抽样（stratified random sampling）方式，依比例配置计算各行政区所需样本。另外，随机抽取样本采户内抽样，以符合台北市各行政区、性别及年龄等之人口结构。本研究透过电话访查法，最后实际完成 2002 份有效样本，在信心水准 95% 的情况下，总体抽样误差控制在正负 2. 19% 。

有关本调查分层随机抽样之公式如下所示：

$$n = \frac{\sum_{i=1}^{L} N_i p_i q_i}{ND + \frac{1}{N}\sum_{i=1}^{L} N_i p_i q_i},\ n_i = n \times \left(\frac{N_i}{N}\right),\ \text{其中}\ i = 1,2,\cdots,L$$

$$D = \frac{B^2}{4}$$

其中，L：行政区别之分层数；

N：年满 15 岁以上之台北市母体总人数；

N_i：第 i 行政区之母体数；

n：总样本数；

n_i：第 i 行政区之样本数；

p_i：第 i 行政区年满 15 岁以上之某特征值之比率；

q_i：$1 - p_i$；

D：为估计误差；

B：为抽样误差。

其中，i表示行政区别：$i=1$为松山区；$i=2$为信义区；$i=3$为大安区等。

在抽样误差方面，其无限母体计算之公式如下：

$$B = Z_{\frac{\alpha}{2}} \times \sqrt{\frac{1}{4n}}(\text{信心水准 } 1 - \alpha = 0.95)$$

（三）调查时间

本调查执行期间自2003年12月18日至12月31日止，利用星期一至星期五晚间（每天18：00～22：00）进行电话访查。

（四）问卷内容

本调查问卷各题项参考历年调查报告，其内容主要有下列三大部分：

1. 基本资料：包括年龄、教育程度、族群、行业别、职业别、月收入以及性别等；

2. 文化参与：受访者参与各类型文化活动的频率（次数或时间）；

3. 文化消费：受访者参与各类型文化活动的消费金额。

（五）调查接触状况

本调查共拨打15902个电话号码，其中有2002个接通电话，其余未接通或拒绝受访，访查成功率约12.6%。本调查接触状况，详见表1。

表2　2013年台北市民文化素养调查电话接触状况一览表

代码	接触情况	次数	百分比(%)
0	成功样本	2002	12.6
1	拒访	3562	22.4
2	无人接听/通话中/答录机	8755	55.1
3	空号/传真机	385	2.4
4	电话故障/暂停使用	159	1.0
5	语言因素无法沟通	17	0.1

续表

代码	接触情况	次数	百分比(%)
6	公司机构/营业用电话	157	1.0
7	非调查地区电话样本	392	2.5
8	户中无可受访样本	6	0.0
9	已停止访问	55	0.3
10	已访问过	225	1.4
11	中途拒访	121	0.8
12	受访者不在家/受访者无法接听	66	0.4
合　计		15902	100.0

（六）样本结构检定

本研究以电话访查法最后实际完成2002份有效样本，在信心水准95%的情况下，总体抽样误差控制在正负2.19%。为使样本结构与母群体相符，调查样本除依“行政区”为主要分层变数外，并辅以“性别”及“年龄层”进行结构控制。2013年11月底前台北市15岁以上市民各行政区居住分布、性别及年龄样本结构等数据，详见表3、表4及表5。

表3　台北市2013年15岁以上人口数及样本配置——依行政区区分

单位：人

行政区别	15岁以上人口数	原始样本数	加权后样本数
松山区	177980	155	164
信义区	198347	173	165
大安区	265154	232	208
中山区	197677	173	181
中正区	134978	118	102
大同区	111049	97	104
万华区	170051	149	160
文山区	228544	200	196
南港区	101955	89	89
内湖区	236955	207	222
士林区	249804	218	207
北投区	217598	190	203
总　计	2290092	2000	2002

表4　台北市2013年15岁以上人口数及样本配置——依性别区分

单位：人

性别	15岁以上人口数	原始样本数	加权后样本数
男	1085892	948	950
女	1204200	1052	1052
总　计	2290092	2000	2002

注：经卡方一致性检定，P值为0.975，即有效样本与母体之性别结构具一致性。

表5　台北市2013年15岁以上人口数及样本配置——依年龄层区分

单位：人

年龄层	15岁以上人口数	原始样本数	加权后样本数
15~19岁	159549	139	140
20~29岁	323350	282	282
30~39岁	440254	384	384
40~49岁	427665	373	374
50~59岁	418464	365	366
60~64岁	172154	150	150
65岁及以上	348656	304	304
总　计	2290092	2000	2002

注：经卡方一致性检定，P值为1.000，即有效样本与母体之年龄层结构具一致性。

（七）受访民众概况分析

1. 性别

性别为样本结构控制变数，本研究调查样本之性别结构与台北市民母群体性别结构相符。在2002位受访的15岁以上台北市民中，有47.5%的民众为男性，52.5%为女性。

2. 年龄

年龄为样本结构控制变数，本研究调查样本之年龄结构与台北市民母群体年龄结构相符。在2002位受访的15岁以上台北市民中，以30~39岁的民众最多，占19.2%；其次分别为40~49岁（18.7%），以及50~59岁（18.3%）。

3. 教育程度

在2002位受访的15岁以上台北市民中，教育程度以专科/大学的民众最多，占51.8%；其次为高中/职学历，占23.4%；研究生以上者，占11.7%。

4. 月收入

在2002位受访的15岁以上台北市民中，其个人所得以月收入20000元新台币及以下者比例最高，约占37.6%；其次为收入20001～40000元新台币者，占23.7%。

5. 族群别

在2002位受访的15岁以上台北市民中，其族群以闽南人比例最多，占75.5%；其次为外省籍，约占15.0%；客家族群则占8.0%。

6. 职业别

在2002位受访的15岁以上台北市民中，以退休人员及家庭主妇的比例最高，占33.5%；其次为学生，约占13.2%；再者为服务及销售工作人员，占10.7%。

7. 行政区别

行政区为样本结构控制变数，本研究调查样本之行政区别结构与台北市民母群体行政区别结构相符。在2002位受访的15岁以上台北市民中，以居住在内湖区的比例较高，占11.1%；其次为大安区，为10.4%；再次为士林区，为10.3%。

四　结果与讨论

（一）大众传播类活动

大众传播类媒体包括：电视、广播、报纸、杂志、书籍及网际网络，本项调查旨在了解台北市民2013年各类大众传播类活动的参与状况、接触频率以及消费金额。

1. 接触率

2013年的调查结果显示，2002位15岁以上受访的台北市民中，绝大多数接触过（收看/收听/阅读/使用）大众传播媒体，比率高达98.8%（1978人）。

进一步比较2012年、2013年的调查结果发现，台北市民接触大众传播类活动的频率，在广播、报纸与网际网络方面均呈现逐年成长趋势；其中，以网际网络成长幅度较大。在电视媒体方面，2013年的接触率最高，平均每人每周高达17.7小时。至于杂志的接触率方面，则呈现逐年递减的趋势。详见表6所示。

表6　台北市民2012年、2013年每周接触大众媒体时数趋势分析

单位：小时

大众传播媒体类型	2012年	2013年
电　视	15.7	17.7
广　播	8.4	11.7
报　纸	4.4	5.5
杂　志	3.8	2.8
书　籍	7.9	6.4
网际网络	21.0	24.5

2. 接触类型

在1978位2013年曾接触过大众传播媒体的受访民众中，以电视的接触率最高，占92.4%；其次为网际网络，占76.1%（1504位）；再者为报纸，占59.7%。

进一步分析1504位曾透过网际网络浏览、观赏艺文活动或购买相关周边产品的受访民众发现，其接触类型，以浏览新闻比例最高，占83.2%；其次为阅读博客或文章，占73.0%；再次为观看或下载影音作品，占61.4%。

比较2012年与2013年调查结果发现，整体而言，台北市民接触网际网络的比例呈现微幅上升趋势；而接触电影、电视、广播、报纸、杂志与书籍的比例，则呈现下降趋势。详见表7所示。

表7　台北市民2012年、2013年接触各类大众传播类活动概况分析

单位：%

大众传播媒体类型	2012年	2013年
电　影	54.8	52.2
电　视	97.0	92.4
广　播	56.5	43.6
报　纸	74.1	59.7
杂　志	62.5	47.6
书　籍	69.7	51.4
网际网络	75.9	76.1

注：本题为复选题，百分比加总不等于100%。

3. 接触频率（时间）

在1978位2013年曾接触过各类大众传播活动的受访民众中，以网际网络的接触时间最长，平均每周24.5小时（3.5小时/天）；其次为电视，平均每周17.5小时（2.5小时/天）；再次依序为广播（平均11.7小时/周）、书籍（平均6.4小时/周）、报纸（平均5.6小时/周），以及杂志（平均2.8小时/周）。

4. 消费金额

在接触过各类大众传播活动媒体的15岁以上受访民众中，其消费金额以书籍的花费最高，平均每年3440元；其次为杂志，平均每年2820元；再次为电影，平均每年2268元（420元/次），以及报纸，平均每年2124元。

比较2012年与2013年调查结果发现，整体而言，受访者每年花费在电影以及报纸的消费金额，呈现上升趋势；而杂志、书籍的消费金额则呈现下降趋势，其中书籍的消费衰减最剧烈。详见表8所示。

表8　台北市民2012年、2013年接触各类大众传播类活动消费金额趋势分析

单位：元

大众传播媒体类型	2012年	2013年
电影	1629	2268
报纸	1954	2124
杂志	2947	2820
书籍	7056	3440

5. 基本变项检定与综合分析

（1）接触频率

1）台北市民2013年观赏电影频率较高的受访者，性别多为男性（5.8片/年）；年龄介于20~29岁（6.6片/年）；教育程度为研究生以上者（5.7片/年）；个人月收入介于4万~6万元新台币者（6.0片/年）；职业为自由职业者（6.9片/年）；族群为新移民者（11.0片/年）。

2）台北市民2013年观赏电视频率较高的受访者，性别多为女性（2.0小时/天）；年龄为65岁以上（3.2小时/天）；教育程度为国小及以下（3.4小时/天）；个人月收入介于2万元新台币以下（2.7小时/天）。

3）台北市民2013年收听广播节目频率较高的受访者，性别多为女性（1.80小时/天）；年龄为60岁以上（1.9小时/天）；教育程度为国小及以下（2.3小时/天）；个人月收入介于2万~4万元新台币（2.1小时/天）；职业为事务支援人员（2.4小时/天）。

4）台北市民2013年阅读报纸频率较高的受访者，年龄多为65岁以上（1.2小时/天）；教育程度为初中以下（1.0小时/天）；职业为退休人员/家庭主妇（1.0小时/天）。

5）台北市民2013年阅读杂志频率较高的受访者，年龄多为65岁以上（3.8小时/周）；职业为技术员及助理专业人员（4.1小时/周）。

6）台北市民2013年阅读书籍频率较高的受访者，其教育程度多为研究生以上（7.7小时/周）；个人月收入介于6万~8万元新台币（8.1小时/周）；职业为待业中/无业（9.5小时/周）；居住行政区则为中正区（10.1小时/周）。

7）台北市民2013年使用网际网络频率较高的受访者，性别多为男性（3.6小时/天）；年龄介于20~29岁（4.5小时/天）；教育程度为研究生以上（3.9小时/天）；个人月收入介于2万~4万元新台币（3.9小时/天）；职业多为事务支援人员（4.3小时/天）。

（2）消费金额

1）台北市民2013年报纸消费金额较高的受访者，年龄多为65岁以上（289元新台币/月）；教育程度为国小及以下（244元新台币/月）；职业为民意代表、主管及经理人员（264元新台币/月）。

2）台北市民2013年杂志消费金额较高的受访者，年龄多介于50~59岁（307元新台币/月）；个人月收入为8万元新台币以上（475元新台币/月）；教育程度为国小及以下（244元新台币/月）；职业为自由业（479元新台币/月）。

3）台北市民2013年书籍消费金额较高的受访者，年龄多为60~64岁（5392元新台币）；个人月收入介于6万~8万（4457元新台币）；职业为民意代表、主管及经理人员（7913元新台币）。

（二）视觉艺术类活动

视觉艺术类活动包括：传统形式视觉艺术、现代形式视觉艺术、摄影、雕塑、古董文物、设计以及工艺等七项，本项调查旨在了解台北市民2012年各类视觉艺术类活动的参与状况以及消费金额。

1. 参与率

根据2013年的调查结果显示，2002位15岁以上受访的台北市民中，2013年曾参与或欣赏视觉艺术类活动的比例占33.3%（666位）。

进一步比较2012年与2013年的调查结果发现，台北市民在视觉艺术活动的参与率呈现下降趋势，详见表9所示。

表9　台北市民2012年、2013年参与或欣赏视觉艺术类活动趋势分析

单位：%

视觉艺术类活动参与度	2012年	2013年	成长率 2012～2013年
是	51.2	33.3	-17.9
否	48.8	66.7	

2. 参与类型

在666位2013年曾参与视觉艺术类活动的受访民众中，以传统形式视觉艺术类的参与率较高，占62.4%（415位）；其次为摄影类，占27.1%；再次依序为设计类，占26.8%（179位）；现代形式视觉艺术类，占25.7%（171位）；雕塑类（17.3%）、古董文物类（14.8%）以及工艺类（14.4%）。

比较2012年、2013年两年调查结果发现，整体而言，台北市民参与或欣赏视觉艺术类活动，在传统形式视觉艺术类活动的参与率，呈现大幅上升趋势；而现代形式视觉艺术类、设计类、摄影类、雕塑类、古董文物类及工艺类，则呈现下降趋势。详见表10。

表10　台北市民2012年、2013年参与或欣赏视觉艺术类活动趋势分析

单位：%

视觉艺术类型	2012年（n=551）	2013年（n=666）
传统形式视觉艺术类	48.1	62.4
现代形式视觉艺术类	43.5	25.7
设计类	44.8	26.8
摄影类	43.2	27.1

续表

视觉艺术类型	2012年(n=551)	2013年(n=666)
雕塑类	29.7	17.3
古董文物类	29.6	14.8
工艺类	35.1	14.4

注：本题为复选题，百分比加总不等于100%。

进一步分析2013年曾参与或欣赏传统形式视觉艺术类活动的415位受访者，以绘画类的参与率较高，占75.7%；其次为水彩类，占39.7%；再次为传统水墨，占29.3%。

比较2012年与2013年两年调查结果发现，台北市民参与或欣赏各类传统形式视觉艺术类活动，以绘画类型的参与率呈现大幅上升趋势；其余则呈现下降趋势，详见表11。

表11　台北市民2012年、2013年参与或欣赏各类传统形式视觉艺术活动趋势分析

单位：%

传统形式视觉艺术类型	2012年	2013年
传统水墨	46.1	29.3
现代水墨	31.5	26.5
书法与金石	39.1	25.3
绘画(如油画)	67.3	75.7
水彩	43.6	39.7
版画、素描	29.5	25.9
其他	0.5	0.4
字画	—	0.1
棉纸	—	0.6
撕画	—	0.6

注：本题为复选题，百分比加总不等于100%。

进一步分析2013年曾参与或欣赏现代形式视觉艺术类活动的171位受访者，以参与装置艺术类活动的比率较高，占55.2%；其次为电脑多媒体及互动艺术类，占52.6%；再次为公共艺术类，占39.7%。

比较2012年与2013年两年调查结果发现，整体而言，台北市民参与或欣赏各类现代形式视觉艺术类活动，在装置艺术类型的参与率呈现大幅上升趋势、录像类型微幅上升；其余类型则呈现微幅下降趋势。详见表12。

表 12　台北市民 2012 年、2013 年参与或欣赏各类现代形式视觉艺术活动趋势分析

单位：%

现代形式视觉艺术类型	2012 年	2013 年
装置艺术	43.8	55.2
公共艺术	43.1	39.7
录像	22.5	26.4
电脑多媒体及互动艺术	53.3	52.6
其他	1.2	0.4
现代艺术	—	0.9
画展艺术	—	0.2
花卉设计	—	0.2
画技类	—	0.2

注：本题为复选题，百分比加总不等于 100%。

进一步分析 2013 年曾参与或欣赏设计类活动的 179 位受访者，以平面设计类的参与率较高，占 49.0%；其次为家具设计类，占 39.4%；再次为建筑设计类，占 32.7%。

比较 2012 年与 2013 年两年调查结果发现，台北市民参与或欣赏各类设计类活动，以平面设计类型的参与率呈现大幅上升趋势；家具设计、建筑设计类型也有微幅上升现象；其余类型则呈现下降趋势。详见表 13。

表 13　台北市民 2012 年、2013 年参与或欣赏各类设计类活动趋势分析

单位：%

设计类类型	2012 年	2013 年
平面设计	36.6	49.0
流行时尚设计及时装设计	35.4	23.4
家具设计	38.4	39.4
建筑设计	29.3	32.7
珠宝设计	12.1	9.5
室内设计	36.7	27.7
其他	2.9	12.3

注：本题为复选题，百分比加总不等于 100%。

3. 接触频率（时间）

在 666 位 2013 年曾参与或欣赏各类视觉艺术类活动的受访民众中，以现代形式视觉艺术类接触频率最高，平均8.8次；其次为传统形式视觉艺术类，平均4.6次；再者为设计类，平均3.6次。

比较2012年与2013年调查结果发现，整体而言，台北市民参与或欣赏各类视觉艺术活动，在现代形式视觉艺术类活动的接触频率呈现大幅上升趋势，传统形式视觉艺术类也有微幅上升；而设计类活动则无明显变化。详见表14。

表14　台北市民2012年、2013年参与或欣赏各类视觉艺术活动趋势分析

单位：次

视觉艺术类型	2012年	2013年	增长情况 2012～2013年
传统形式视觉艺术类	4.5	4.6	0.1
现代形式视觉艺术类	3.9	8.8	4.9
设计类	3.6	3.6	0.0

4. 消费金额

2013年曾参与或欣赏各类视觉艺术类活动的666位受访民众中，以设计类的平均消费金额最高，达2511元/年；其次为传统形式视觉艺术类，为2019元/年；再者为现代形式视觉艺术类，每人每年平均为1099元。

比较2012年与2013年调查结果发现，整体而言，台北市民每年在传统形式视觉艺术类活动的消费金额呈现大幅上升趋势；而现代形式视觉艺术类、设计类的消费金额则呈现下降趋势。详见表15所示。

表15　台北市民2012年、2013年有参与视觉艺术类活动民众欣赏、参观、购买相关作品或产品的平均消费金额趋势分析表

单位：元/年

视觉艺术类型	2012年	2013年
传统形式视觉艺术类	1467	2019
现代形式视觉艺术类	1434	1099
设计类	2521	2511

5. 基本变项检定与综合分析

（1）接触频率

1）台北市民2013年视觉艺术类活动参与率较高的受访者，性别多为女性

(36.6%)；年龄介于20～29岁（45.7%）；教育程度为研究生以上（47.3%）；个人月收入为6万～8万元（40.0%）；族群为新移民（52.6%）；职业为专业人员（42.4%）。

2）台北市民2013年传统形式视觉艺术类活动参与率较高的受访者，职业多为自由职业者（11.0次）。

3）台北市民2013年设计类活动参与率较高的受访者，教育程度多为高中（职）（9.4次）；职业为专业人员（10.6次）。

（2）消费金额

1）台北市民2013年参与现代形式视觉艺术类活动平均消费金额较高的受访者（2894元），其居住地大多为信义区。

2）台北市民2013年参与设计类活动平均消费金额较高的受访者（13800元），其个人月收入多为8万元新台币以上。

（三）表演艺术类活动

表演艺术类活动包含：现代戏剧、传统戏剧、舞蹈类以及音乐类等；本调查旨在了解台北市民2012年各类表演艺术类活动的参与概况以及消费金额。

1. 参与率

根据2013年的调查结果显示，2002位15岁以上受访的台北市民中，2013年曾参与或欣赏表演艺术类活动的比例占39.2%（784位）。

进一步比较2012年与2013两年的调查结果发现，台北市民在表演艺术类活动的参与率，呈现微幅下降趋势，详见表16所示。

表16　台北市民2012年、2013年曾参与或欣赏表演艺术类活动趋势分析

单位：%

表演艺术类活动参与度	2012年	2013年	成长率(个百分点)
			2012～2013年
是	47.0	39.2	-7.8
否	53.0	60.8	—

2. 参与类型

在784位2012年曾参与或欣赏表演艺术类活动的受访民众中，以音乐类的参与率最高，占54.9%（431位）；其次为现代戏剧类，占35.4%（278位）；再次依序为舞蹈类，占18.2%，以及传统戏剧类，占16.8%。

比较2012年、2013年两年调查结果发现，整体而言，台北市民表演艺术类活动的参与率，呈现逐年下降的趋势，详见表17。

表17　台北市民2012年、2013年参与或欣赏表演艺术类活动趋势分析

单位：%

表演艺术类型	2012年	2013年
舞　蹈	28.8	18.2
现代戏剧	42.5	35.4
传统戏剧	22.0	16.8
流行音乐	63.5	54.9

注：本题为复选题，百分比加总不等于100%。

（1）音乐类

在431位2013年曾参与或欣赏音乐类活动的受访民众中，以流行音乐的参与率较高，占48.4%；其次为西乐，占44.2%；再次为民族音乐，占14.1%。

比较2012年、2013年两年调查结果发现，整体而言，台北市民音乐类活动的参与率，除了民族音乐呈现微幅上升趋势外，西乐、世界音乐和流行音乐都呈现下降趋势。详见表18。

表18　台北市民2012年、2013年参与或欣赏不同类型音乐类活动趋势分析

单位：%

音乐类型	2012年	2013年
民族音乐	13.1	14.1
西　乐	46.8	44.2
世界音乐	10.2	9.6
流行音乐	55.5	48.4
其　他	0.3	3.4

注：本题为复选题，百分比加总不等于100%。

（2）现代戏剧类

在278位2013年曾参与或欣赏现代戏剧类活动的受访民众中，以舞台剧的参与率较高，占61.9%；其次为音乐剧，占22.6%；再次为歌舞剧，占20.5%。

比较2012年、2013年两年调查结果发现，整体而言，台北市民现代戏剧类活动的参与率，在舞台剧和儿童戏剧方面呈现微幅上升趋势；而音乐剧、歌舞剧和话剧则呈现下降趋势。详见表19。

表19　台北市民2012年、2013年参与或欣赏不同类型现代戏剧类活动趋势分析

单位：%

现代戏剧类型	2012年	2013年
舞台剧	61.8	61.9
音乐剧	25.5	22.6
歌舞剧	22.4	20.5
话剧	20.1	10.7
儿童戏剧	16.2	19.4
其他	1.0	0.0

注：本题为复选题，百分比加总不等于100%。

3. 接触频率（时间）

在784位2013年曾参与或欣赏各类表演艺术类活动的受访民众中，以音乐类活动接触频率最高，平均3.1次；其次为现代戏剧类，平均2.8次。

比较2012年与2013年调查结果发现，整体而言，台北市民主要表演艺术类活动的参与率（音乐类、现代戏剧类）皆呈现微幅下降趋势。详见表20。

表20　台北市民2012年、2013年参与或欣赏表演艺术类活动趋势分析

单位：次

表演艺术类型	2012年	2013年	增长情况 2012~2013年
现代戏剧类	3.7	2.8	-0.9
音乐类	3.4	3.1	-0.3

4. 消费金额

在接触过各项表演艺术类活动的受访者中，其平均消费金额，以现代戏剧类最高，为5698元/年（2035元/次），其次为音乐类（3453元/年）。

5. 基本变项检定与综合分析

（1）接触频率

台北市民2013年表演艺术类活动参与率较高的受访者，年龄介于20~29岁（47.7%）；教育程度为研究生以上（52.7%）；个人月收入介于6万~8万元（53.3%）；职业为专业人员（46.3%）。

（2）消费金额

1）台北市民2013年参与表演艺术类活动平均消费金额较高的受访者，年龄大多介于40~49岁（3020元/次）；个人月收入为8万元以上（2859元/次）。

2）台北市民2013年参与音乐类活动平均消费金额较高的受访者（5358元），其个人月收入多为8万元以上；职业为自由职业者（6019元）。

（四）文化艺术机构与设施

文化艺术机构与设施包含：博物馆、县（市）立文化中心、公园、图书馆、纪念堂/纪念馆、各级公/私立学校与附属艺文设施、表演厅及表演馆所、民间文教机构或组织之舞蹈及音乐教室及相关文教活动场所、社区文化活动中心、地方文化馆、宗教与民俗机构、名胜古迹/遗址/历史建筑等共11项。本调查旨在了解台北市民2013年各类文化艺术机构与设施的参与概况以及消费金额。

1. 参与率

2013年的调查结果显示，2002位15岁以上受访的台北市民中，2013年曾使用文化艺术机构与设施的比例占56.0%（1122位）。

进一步比较2012年与2013两年的调查结果发现，台北市民使用文化艺术机构与设施的比例，呈现下降趋势。详见表21。

表21 台北市民2012年、2013年使用文化艺术机构与设施趋势分析

文化艺术类活动参与度	占比(%)		成长率(个百分点)
	2012年	2013年	2012~2013年
是	87.8	56.0	-31.8
否	12.2	44.0	—

2. 参与类型

在1122位2013年曾使用文化艺术机构与设施的受访民众中，以博物馆的比例最高，占61.7%（692位）；其次为图书馆，占43.4%；再次为纪念堂/纪念馆，占37.2%。

比较2012年、2013年调查结果发现，整体而言，台北市民参观博物馆的比例呈现微幅上升趋势；其余文化艺术机构与设施的参与率，皆呈现下降趋势。详见表22。

表22　台北市民2012年、2013年参与或欣赏文化艺术类型趋势分析

单位：%

文化艺术机构与设施艺术类型	2012年	2013年
博物馆	60.6	61.7
县(市)立文化中心	22.0	18.9
公园	76.0	32.2
图书馆	63.4	43.4
纪念堂/纪念馆	51.4	37.2
各级公/私立学校与附属艺文设施	21.2	9.5
表演厅及表演馆所	33.5	27.4
民间文教机构或组织之舞蹈及音乐教室及相关文教活动之场所	16.4	9.3
社区文化活动中心、地方文化馆	18.8	16.7
宗教与民俗机构(包括教堂、寺庙等)	64.3	26.5
名胜古迹/遗址/历史建筑	58.4	27.3
其他	0.0	2.1

注：本题为复选题，百分比加总不等于100%。

进一步分析2013年曾使用或欣赏博物馆的692位受访者，其参与类型以历史博物馆比例较高，占57.8%；其次为美术馆，占57.0%；再次为科学博物馆，占31.6%。

比较2012年与2013年两年调查结果发现，整体而言，台北市民使用博物馆的类型，美术馆呈现大幅上升趋势；自然博物馆、工艺馆的参与率也呈现微幅上升趋势。至于科学博物馆、历史博物馆的参与率，则呈现下降趋势。详见表23。

表23　台北市民2012年、2013年参与或欣赏文化艺术机构与设施类型趋势分析

单位：%

文化艺术机构与设施类型	2012年	2013年
美术馆	42.8	57.0
科学博物馆	32.2	31.6
历史博物馆	62.4	57.8
自然博物馆	17.4	19.7
工艺馆	8.9	12.0
其他	8.7	3.5

注：本题为复选题，百分比加总不等于100%。

3. 接触频率（时间）

在692位2013年曾参与或参观博物馆的受访者中，平均造访博物馆的次数为4.1次/年；相较于2012年调查每年3.2次的结果，显示台北市民在博物馆的参与率方面有上升趋势。

4. 消费金额

调查结果也显示，2013年曾参与或参观博物馆的692受访者，其平均消费金额为1062元；相较于2012年调查每年1811元的结果，显示台北市民在博物馆的消费金额方面有上升趋势。

5. 基本变项检定与综合分析

（1）接触频率

1）台北市民2013年参与文化艺术机构与设施频率较高的受访者，其性别多为女性（59.7%）；年龄介于20~29岁（68.2%）；教育程度为研究生以上（77.6%）；个人月收入为8万元新台币以上（68.5%）；职业为军、警、公、教（72.8%）。

2）台北市民2013年参与或参观博物馆比例较高的受访者（7.4次/年），其职业多为自由业。

（2）消费金额

台北市民2013年参与博物馆活动平均消费金额较高的受访者（2035元新台币），其个人月收入多为8万元新台币以上。

（五）文艺民俗节庆活动

文艺民俗节庆活动包括：政府组织的庆典、传统与民俗庆典、原住民祭典、客家祭典与节庆、各县市地方文化节等项目，本调查旨在了解台北市民2013年参与各类型文化民俗节庆活动的概况及消费金额。

1. 参与率

根据2013年的调查结果显示，2002位15岁以上受访的台北市民中，2013年曾参观或参与文艺民俗节庆活动的比例占23.7%（474位）。

进一步比较2012年与2013年的调查结果发现，台北市民在各类文艺民俗节庆活动的参与比例，呈现微幅下降趋势。详见表24。

表24　台北市民2012年、2013年参与各类文艺民俗节庆活动趋势分析

单位：%

文化民俗节庆活动参与度	2012年	2013年	成长率
			2012～2013年
是	31.5	23.7	-7.8
否	68.5	76.3	

2. 参与类型

在474位2013年曾参观或参与各类文艺民俗节庆活动的受访民众中，以传统与民俗庆典的参与比例最高，占70.8%；其次为各县市地方文化节，占24.9%。

比较2012年、2013年调查结果发现，整体而言，台北市民在传统民俗庆典的参与率，呈现大幅上升趋势；其余类型文艺民俗节庆活动的参与率皆呈现下降趋势。详见表25。

3. 接触频率（时间）

在474位2013年曾参观或参与各类文艺民俗节庆活动的受访民众中，其参与频率平均为2.6次/年；相对于2012年调查结果的每年2.7次，显示台北市民在文艺民俗活动的参与率并无明显变化。

表 25 台北市民 2012 年、2013 年参与各类文艺民俗节庆活动趋势分析

文艺民俗节庆活动类型	2012 年	2013 年
政府组织的庆典	30.0	10.6
传统与民俗庆典	43.1	70.8
原住民祭典	12.6	4.2
客家祭典与节庆	15.4	11.7
各县市地方文化节	41.0	24.9

注：本题为复选题，百分比加总不等于 100%。

4. 消费金额

分析 2013 年曾参观或参与各类文艺民俗活动的 474 位受访民众，其平均消费金额为 2060 元新台币；相较于 2012 年每年平均消费金额 3698 元，显示台北市民在文艺民俗节庆活动的消费金额呈现下降趋势。

5. 基本变项检定与综合分析

（1）接触频率

台北市民 2013 年文艺民俗节庆活动参与率较高的受访者，其年龄多为 40～49 岁（29.1%）；个人月收入为 6 万～8 万元新台币（29.0%）；职业为军、警、公、教（36.0%）。

（2）消费金额

台北市民 2013 年文艺民俗节庆活动平均消费金额较高（3632 元）的受访者，其年龄多为 50～59 岁。

（六）观光旅游活动

本调查旨在了解台北市民 2013 年观光旅游活动的参与概况及消费金额；此处所指观光旅游活动，包含：岛内（台、澎、金、马地区的旅游活动）以及岛外旅游活动。

1. 参与率

根据 2013 年的调查结果显示，2002 位 15 岁以上受访的台北市民中，2013 年曾参与观光旅游活动的比例高达 69.7%（1395 位）。

进一步比较2012年、2013年的调查结果发现，台北市民观光旅游活动的参与率，呈现微幅下降趋势。详见表26。

表26　台北市民2012年、2013年参与观光旅游活动趋势分析

单位：%

观光旅游活动参与率	2012年	2013年	成长率 2012～2013年
是	74.8	69.7	-5.1
否	25.2	30.3	

2. 参与类型

在1395位2013年曾参与观光旅游活动的受访民众中，其参与类型以岛内旅游活动的比例较高，占48.3%；其次为两者皆参加过，占39.1%。

3. 接触频率（时间）

受访者有参与观光旅游活动的频率，2013年参与次数为10.7次；相较于2012年的调查结果，民众参与观光旅游活动的次数为5.8次，由此显示台北市民2012～2013年观光旅游活动的参与率呈现大幅上升的趋势。

4. 消费金额

分析1395位2013年曾参与观光旅游活动的受访民众，其平均消费金额为66596元；相较于2012年的平均消费金额148151元，显示台北市民近两年参与观光旅游活动的消费金额呈现下降趋势。

5. 基本变项检定与综合分析

（1）接触频率

1）台北市民2013年观光旅游活动参与率较高的受访者，其性别多为女性（73.1%）；年龄介于40～49岁（77.1%）；教育程度为研究生以上（81.5%）；个人月收入为4万～6万元新台币（84.9%）；职业大多为事务支援人员（80.9%）。

2）台北市民2013年岛内旅游活动参与率较高的受访者，其性别多为男性（56.1%）；年龄介于15～19岁（66.6%）；教育程度为国小及以下（66.2%）；个人月收入为2万元以下（55.8%）；职业为学生（67.2%）。

3）台北市民2013年观光旅游活动参与率最高的受访者（24.3次），其教

育程度大多为研究生以上。

（2）消费金额

台北市民2013年参与观光旅游活动平均消费金额较高的受访者，其年龄多为50~59岁（86986元新台币）；教育程度为专科/大学（78254元新台币）；个人月收入为8万元新台币以上（145038元新台币）；职业为民意代表、主管及经理人员（129143元新台币）；居住地为士林区（102815元新台币）。

五　结语与建议

文化参与和文化消费是各国重要的文化统计指标项目之一；台北市政府将台北市民在大众传播活动、视觉艺术活动、表演艺术活动、文化艺术机构与设施、文艺民俗节庆活动以及休闲旅游活动等六大面向的参与情形和消费概况，合称为“文化素养”。文化素养不仅是现代社会中每个人所应共有或共享的知识和能力，也是维系社会秩序与文化价值的要素之一。台北教育大学文化创意产业经营学系受台北市政府文化局委托，连续两年（2012年及2013年）透过分层随机抽样以及电话访查法进行15岁以上台北市民的文化素养调查，结果显示台北市民具有高度的文化素养。

整体而言，2012年台北市民的文化参与率高达98.9%。在各类型文化艺术活动中，以大众传播类的参与率（96.8%）最高；其次为文化艺术机构与设施，占87.8%；再次是观光旅游活动，占74.8%；参与率较低的是文艺民俗节庆活动，仅有31.5%。2013年的调查结果显示，受访民众参与率最高的文化艺术活动类型还是大众传播类，比率高达98.8%；其次则是观光旅游活动，占69.7%；再者为文化艺术机构与设施，也占56.0%。值得注意的是，2012~2013年间，除了大众传播类活动之外，台北市民在其余各类型的文化艺术活动参与率普遍有下降的趋势；此外，此两年参与率最低的都是文艺民俗节庆活动，2013年甚至不到1/4，显见台北市政府在文化活动的推动安排方面，还有需要检讨改进之处。有关2012年、2013年台北市民在各类型文化艺术活动的参与概况，详见表27。

表 27　台北市民 2012 年、2013 年参与各类型文化活动分析

单位：%

各类型文化活动项目	2012 年（n = 1076）	2013 年（n = 2002）
大众传播类	96.8	98.8
视觉艺术类	51.2	33.3
表演艺术类	47.0	39.2
文化艺术机构与设施	87.8	56.0
文艺民俗节庆活动	31.5	23.7
观光旅游活动	74.8	69.7

注：本题为复选题，百分比加总不等于 100%。

文化指标是以量化数据将一个城市的文化发展脉络与现况量化呈现，让人们可以从整体的视野去检视城市文化的样貌与竞争力，也可作为地区、城市，甚至国家之间国民素养和文化实力比较的基准。目前，虽然台北市民文化素养调查暂时无法进行纵贯性比较，但从 2013 年的调查结果，却显示出下列信息，可供台北市政府未来推动文化活动的参考。

1. 积极提供文化活动资讯及咨询服务

根据 2013 年的调查结果显示，2012 ~ 2013 年间，台北市民参与各类文化活动，仅有大众传播类有微幅成长趋势，其余活动的参与率皆略微下降。其中，又以视觉艺术类（年龄 60 岁以上、教育程度高中职以下、月收入 2 万元以下）和文化艺术机构与设施类（年龄多为 65 岁以上、教育程度国初中以下、个人月收入 2 万元以下）的参与率下降幅度最高。因此，建议未来市政府可特别针对高龄者、教育程度高中职以下、月收入 2 万元以下之族群加强艺文活动的推广，透过文化宣传、网络平台提供相关资讯，或者由专业服务人员进行咨询解说，提高民众的参与率。

2. 针对高学历、高收入的女性市民规划多元艺文活动

比较 2012 年与 2013 年的调查结果发现，近年，受访者于视觉艺术类活动中之传统形式视觉艺术类活动的消费金额呈现大幅上升趋势，其消费族群大多为女性，年龄为 50 ~ 59 岁，个人月收入 8 万元新台币以上，居住地区以松山区为主；另外，受访者参与或参观博物馆的消费金额亦有上升的趋势，其中，大多为女性、学历为专科/大学以上、月收入 8 万元新台币以上的族群，显示高学历、高收入的女性市民对于视觉艺术类活动及博物馆相关商品有较高的兴趣和消费力。

3. 打造书香社会，宣贯阅读习惯

台北市政府目前正在推广“台北好文化”活动，透过智慧图书馆的设置，让民众借阅书籍更便利。本次调查显示，2012～2013年间，受访者在大众传播类活动中阅读书籍的接触率及消费金额，皆呈现下降趋势，其中，以男性、年龄19岁以下或60岁以上、月收入2万～4万元新台币、职业为基层技术劳力，以及居住在大同区的族群为甚。因此，建议可针对这些族群，透过台北市政府推动的公车图书馆、智慧图书馆以及网络借还书等服务，提升阅读风气，进一步打造书香社会，让阅读文化成为台北市的特色。

4. 鼓励民众参与各类表演艺术活动

比较2012年与2013年的调查结果发现，近年，受访者在表演艺术类活动的参与率，皆呈现微幅下降趋势。从调查中得知，参与率较低者大多为年龄65岁以上、教育程度国小及以下、月收入2万元新台币以下、居住于万华地区的族群。此外，在各类表演艺术活动类型中，以传统戏剧类和舞蹈类的参与率较低（女性、年龄30～39岁、教育程度国中以上、月收入2万～4万元新台币）。2015年台湾戏剧艺术中心即将于士林地区启用，未来，台北市民将会有更多参与艺文表演活动的机会，因此，建议台北市政府可以配合该场馆的使用，针对参与率较低的族群积极推广各类表演艺术活动，提升市民的文化素养。

B.18

2013：闽台新闻出版产业合作发展报告*

尚光一**

一 闽台文化产业的互补特质

当今世界，文化产业已成为发展最为迅猛的朝阳产业。据统计，在世界范围内，文化产业在经济领域的份额正以每年11.3%的速度增长。① 近年来，我国在国家战略层面高度重视文化产业的发展，《中共中央关于深化文化体制改革 推动社会主义文化大发展大繁荣若干重大问题的决定》指出："发展文化产业是社会主义市场经济条件下满足人民多样化精神文化需求的重要途径……推动文化产业跨越式发展，使之成为新的经济增长点、经济结构战略性调整的重要支点、转变经济发展方式的重要着力点，为推动科学发展提供重要支撑。"② 中共十八大报告进一步提出，要使文化产业"成为国民经济支柱性产业"。③ 特别是，2013年11月9~12日，中国共产党第十八届三中全会审议通过的《中共中央关于全面深化改革若干重大问题的决定》指出，要"推动文化企业跨地区、跨行业、跨所有制兼并重组，提高文化产业规模化、集约化、

* 基金项目：福建省教育厅社会科学研究A类项目（JA13103S）；福建师范大学2013年青年教师成才基金项目（VF046）；福建省2013年社会科学规划一般项目（2013B162）。

** 尚光一，文学博士，福建师范大学文学院文化产业系讲师、硕士生导师，中国新闻出版研究院海峡分院特约研究员，研究方向为两岸文化创意产业合作。

① 熊澄宇：《世界文化产业研究》，清华大学出版社，2012。

② 《中共中央关于深化文化体制改革 推动社会主义文化大发展大繁荣若干重大问题的决定》，新华网，http://news.xinhuanet.com/politics/2011-10/25/c_122197737_6.htm。

③ 胡锦涛：《在中国共产党第十八次全国代表大会上的报告》，http://www.xj.xinhuanet.com/2012-11/19/c_113722546_6.htm。

专业化水平”。[①] 就福建省而言，文化产业也受到重点扶持，相关文化产业园区、文化产业街区的建设也依次展开，据《福建日报》报道：福建省提出到2015年文化产业要占全省GDP的8%。[②]

同时，闽台文化产业具有突出的互补性。所谓的产业互补性，一般是指区域之间的资源相互补偿及其优化配置的关系。就文化产业而言，闽台之间的差异性主要体现在市场、资源、资金、生产、管理、经营理念以及人才等方面，但正是这些差异的存在构成了两岸文化产业的高度互补性。相对台湾而言，福建发展文化产业的优势主要体现在：第一，福建市场广阔，人力资源充足，成本低廉，为文化产业发展奠定了基础；第二，福建文化资源具有无可取代的优势，拥有闽都三山文化、莆仙妈祖文化、闽南侨乡文化、闽北理学文化、闽东畲族文化、闽西客家文化等绚丽多彩八闽文化，为文化产业开发提供了必要前提；第三，通过近些年的发展，福建文化基础设施渐趋完善，文化企业形成了一定的规模，为文化产业发展提供了有力保障。但是，福建文化产业发展虽有上述优势，市场化运作机制却不够成熟，产业结构不尽合理。与福建相对，台湾文化产业的发展境况恰恰相反，其优势在于文化产业结构比较完善、市场化机制比较成熟。台湾虽然没有福建“丰富的文化资源”和“低成本”的竞争优势，但对文化产品的产销创意及市场操作的实践经验丰富，产业链上中下游机能完备，文化产品具有丰富独特的多元风貌等。

因此，基于高度的产业互补性进行合作，是闽台文化产业发展的最好选择。同时，通过充分发挥闽台间的“五缘”优势，以文化产业合作为纽带，让台湾同胞深切感受到两岸文化同根同源、文化产业互补共赢，也将增加其对中华文化的认同感和归属感，从而为保障两岸和平、实现祖国统一提供有益支持。

二　闽台新闻出版产业合作的意义

新闻出版产业作为文化产业的重要组成部分，在当前产业体系转型升

① 《中共中央关于全面深化改革若干重大问题的决定》，新华网。

② 李珂：《我省十大文化产业齐头并进》，《福建日报》2012年3月11日。

级中具有举足轻重的地位。2012 年，国家统计局在《文化及相关产业分类（2012）》中提出了我国目前普遍采用的文化产业分类标准，其中“新闻出版发行服务”被归为“文化产品的生产”的第一大类，从而使新闻出版产业在文化产业统计中成为首先需要关注的产业。[①] 据统计，在闽台新闻出版产业合作的领跑下，2013 年 1～9 月，福建省全省文化产业保持平稳较快增长，文化产业实现增加值 754.95 亿元，同比增长 22.9%，高于同期 GDP 增速 11.5 个百分点，占地区生产总值比重为 5.4%，同比提高 0.5 个百分点。

同时，中共十八大报告指出：“我们要持续推进两岸交流合作。深化经济合作，厚植共同利益。扩大文化交流，增强民族认同。密切人民往来，融洽同胞感情。”[②] 闽台新闻出版产业合作正是两岸文化交流的重要领域，也是两岸文化产业互动的重中之重，具有独特的地位。正如国家新闻出版广电总局副局长邬书林所说：通过“海峡两岸图书交易会、海峡新闻出版业发展论坛等活动，两岸新闻出版业的实物贸易和版权贸易持续增长，传统出版、数字出版以及印刷、发行领域的合作日益深入，两岸新闻出版业界形成了交流交往的常态化机制，促进了两岸新闻出版业的共同繁荣和发展，也为加强两岸文化交流、促进两岸关系和平发展做出了重要贡献”。[③]

自 1980 年福建出版《又见棕榈，又见棕榈》起，新闻出版产业作为闽台文化认同的重要纽带和文化产业最具合作基础的领域，已取得了很大进步，涌现众多优秀人物和成功案例。特别是新世纪以来，不同层面都已在实践中着力推动闽台新闻出版产业合作，例如《新闻出版总署（国家版权局）、福建省人民政府共同推进海峡西岸经济区新闻出版业建设合作协议》指出：“新闻出版总署鼓励福建省在对台新闻出版合作中先行先试，对福建业已开展的各项工作

---

① 国家统计局：《文化及相关产业分类（2012）》，http://www.stats.gov.cn/tjbz/t20120731_402823100.htm。

② 胡锦涛：《坚定不移沿着中国特色社会主义道路前进 为全面建成小康社会而奋斗——在中国共产党第十八次全国代表大会上的报告》，http://www.xj.xinhuanet.com/2012-11/19/c_113722546_6.htm。

③ 涂洪长：《国家批准 5 条支持福建先行先试、惠及台胞的新闻出版政策》，http://news.xinhuanet.com/2013-06/16/c_116162855.htm。

给予具体政策扶持”；[①]《福建省新闻出版业“十二五”发展规划》也提出要“实施闽台新闻出版交流合作工程，推进两岸新闻出版交流试验区建设，按照整体规划、分期实施、突出重点、有序发展的原则，策划一批高质量新闻出版项目入岛交流”。[②] 在这些政策的支持下，闽台新闻出版产业合作不断深化。例如海峡文艺出版社与台湾出版商共同策划、共同编辑、共同出版的“作家笔下的海峡27城”丛书，得到了海峡两岸的共同关注，台湾政要连战、宋楚瑜、王金平等分别题词祝贺；福建教育出版社《图文台湾》等多种涉台图书邀请台湾作者参与编撰，其中《台北故宫博物院与阳明山国家公园》等6种入选原新闻出版总署2012年农家书屋重点出版物图书推荐目录；海峡书局出版的《我的唐山》荣获中宣部第十二届“五个一工程”文艺类图书奖；福建科技出版社积极发展台湾作者，其中《中药材鉴定图典》由台湾中国医药大学教授负责审定，《台湾室内设计大奖作品》由台湾室内设计协会组织编写；鹭江出版社出版的《琉球传世汉文文献辑稿》由两岸知名学者联合编纂、两岸出版人通力合作，在两地同步发行；福建美术出版社则与台北天龙图书有限公司长期合作，推出了一系列以鉴赏类和绘画技法类为主的图书。据统计，截至2013年底，福建引进台湾出版物占全国总量的60%。

三　闽台新闻出版产业合作的现状

（一）闽台版权贸易不断扩大

版权贸易是闽台新闻出版产业合作的基本形式，2013年，闽台版权贸易无论是在数量上还是在质量上，都有了较大提高。2013年10月，仅在福建举办的第九届海峡两岸图书交易会上，就有285家台湾出版单位参加，展位数达到115个，最终达成138项图书版权贸易，协议版权出版总码洋6600万元，

① 《新闻出版总署和福建省人民政府签署建设合作协议》，《福建日报》，http：//www.gov.cn/gzdt/2008－11/19/content_1153653.htm。

② 福建省新闻出版局：《福建省新闻出版业“十二五”发展规划》，http：//www.fjxwcbj.gov.cn/show.aspx？ctlgid＝28652887&Id＝52723。

其中闽台版权贸易占了较大份额。具体而言，福建对台版权输出方面，2013年效果显著。其中，海峡书局对台输出图书版权达17种，数字版权达50种；鹭江出版社对台输出大量养生类图书的繁体版版权，繁体版《黄帝内经》等图书在台湾十分畅销，不断被加印重版。特别是，厦门外图集团对台版权贸易增长迅速，凭借其带动效应，目前资产净值7000万元，市值约6亿元，年营业额由起步时的不足200万元发展到2013年的5.8亿元（图书2.5亿元，其他贸易3.3亿元）。累计其版权输出，已超过650项，福建省对台版权输出情况具体如表1所示。

表1 2008~2012年福建省对台版权输出情况

项 目	2008年	2009年	2010年	2011年	2012年
合同输出品种数(种)	3	70	151	107	198
合同输出金额(万码洋)	42	1575	3624	1389.58	2571.38
实际在台出版印数(万册)	0.9	21	45.3	26.75	49.5

台湾对闽版权输出方面，2013年同样增量巨大。例如，2013年台湾十几家少儿出版机构、数十位作家，同福建少年儿童出版社签署了70多种图书版权转让协议；福建开办了致力于闽台出版合作的侨刊乡讯《书香两岸》，凭借其《版权纵递》专栏牵线搭桥，每年达成图书版权贸易400多项。另外，厦门墨客知识产权代理有限公司（原厦门外图集团版权部）在2013年正式运作，为今后台湾对闽版权输出提供了支持和便利。

（二）闽台出版物交易持续增加

出版物交易是闽台新闻出版产业合作的重要内容。一方面，2013年，福建强化针对台湾民众阅读偏好及习惯来输出或策划出版，直接推进出版物入岛销售计划。据统计，福建是对台图书输出最多的省份，2003~2012年，仅厦门外图集团对台图书输出就超过830万册，总码洋达3.7亿元人民币，与台湾几乎所有主要书商都建立了业务往来。2013年，厦门外图集团对台图书出口继续扩大，入台图书超过6700万码洋，占台湾简体字图书市场的比例超过50%。除此之外，福建其他出版社也积极推进对台图书销售。其中，福建人民出版社主要输出地方文化特色类、语言文字类、学术专著类图书，输出品种数达126种；福建科技出版社针对台湾读者偏爱中医药类图书的特点，输出《中药材鉴定图典》《看图识百草活用民间中草药》等图书18种，销售收入达36.1万元；福建美术出版社通过在台湾台闽书城设立图书专柜，全年实现对台销售图书310种、4700册、10.05万元。同时，就期刊而言，《福建画报》新增“宝岛速递”“赏味台湾”“台湾那些人”“台湾那些事”“台湾那些地”等平民视角生动活泼的栏目，受到了台湾同胞的好评；海峡书局的《孤独星球》，在台湾成为广受好评的旅游杂志品牌；海峡文艺出版社的原创漫画周刊《花样》，繁简版在两岸同步发行，单期发行量突破10万份，在两岸产生巨大影响；厦门外图集团主办的《两岸书香》在台湾采用征订与免费赠阅相结合的形式发行，其中征订占20%，是第一本在两岸公开同步发行的图书行业刊物，收到台湾业界广泛关注。

另一方面，2013年，台湾图书、报刊也通过海峡书局、闽台书城等机构继续输入福建。例如，厦门外图集团2013年进口台版图书达4000万元人民币，占全国台版图书市场的60%～70%；大龙树文化传媒有限公司主要引进台湾少儿图书，2013年仅在天猫网就推出500～600种台湾少儿图书，每天销售额达10000～30000元。

（三）闽台出版物合作开发成效显著

闽台出版物合作开发是闽台新闻出版产业合作的重要形式。图书方面，2013年，闽台图书“共同策划、共同投资、共担风险、共享权益”的“四共模式”进一步成熟和完善，优秀产品不断涌现。例如通过闽台合作开发，福建人民出版社累计向台湾地区销售图书达700多种、近百万码洋；福建少年儿童出版社推出了《台湾儿童文学馆》《海峡两岸儿童文学文库》《妈祖》《奇奇过大陆》《海峡两岸儿童文学交流史》，将两岸优秀少儿图书资源进行了充分整合。

报刊方面，截至2013年，福建有20家报刊入台交流。其中，福建画报社与台湾前锋招标日报社合作开发《海峡画报》，主打两岸题材，单期发行量达2万份，90%随《前锋招标日报》直接交到台湾读者手中，10%投放到往来闽台的“海峡号”高速客轮上，每月有近5万人阅读；厦门日报报业集团与台湾“中国时报”、《旺报》等多家主流媒体及《金门日报》等地方媒体合作，创办了《台海》杂志，以“两岸政商精英专属时事读本”作为自身定位，被新华社称为“祖国大陆第一份同时面对两岸的专业涉台杂志”，在台湾商界已初具品牌价值；《海西物流》则通过赠送与征订相结合的发行方式，经由在闽台商及其物流企业，每期入台约5000册，并且通过网站推广、email发送等方式推送杂志电子版，在台湾业内产生了较大影响。

（四）闽台经营实体紧密对接

合资开办出版企业，是闽台经营实体对接的主要形式。早在2004年，福建外文书店就曾与台湾图书出版事业协会合资开办了首家合资书店——闽台书城。2013年，闽台书城继续发挥闽台图书交流的桥梁作用，图书品种更加丰富，业务额不断上升，经营面积扩大至2000多平方米，并开辟了台湾原版图书专区及金门、澎湖、马祖出版物专柜。2012年，海峡出版发行集团与台湾城邦出版控股公司合资开办了海峡书局，2013年3月，海峡书局获得了互联网出版许可证和增值电信业务经营许可证，在福州和台北两地同步启动数字出版业务；2011年，大龙树文化传媒有限公司与台湾知名出版人、文化人合作成立了台湾龙图腾文化有限公司。2013年，经由龙图腾，在台推出《绘本中国精选一百》《龙少年文库》《龙少年故事》《龙少年漫画》《文化中国》《大历史》与《悠游大地》等一系列宣传中华文化的图书，引起台湾业界的高度关注。

另外，除合资开办出版企业外，2013年闽台还积极推动发行渠道联合构建。特别是福建新华发行集团与台湾天龙文创出版事业有限公司合作，共同打造闽版图书在台发行新渠道，具体包括举办“首届大陆闽版图书台湾巡回展”；以台湾天龙为总店，在台湾十余家知名书店内设立“福建之窗”专柜；利用台湾书店的网站，构建“电商”和“店商”结合、线上与线下互动的发行新方式等。2013年在台共计发行图书、杂志、音像制品1000种，码洋约50万元人民币。

（五）闽台交流合作平台有效搭建

平台搭建是闽台新闻出版产业合作的必备要件。2013 年，闽台新闻出版产业合作的一系列交流合作平台被有效搭建，取得了良好的社会效益和经济效益，主要如表 2 所示。

表 2　2013 年闽台新闻出版产业交流合作平台

平台	主办单位
2013 海峡论坛·海峡新闻出版业发展论坛	新闻出版广电总局、福建省人民政府
2013 海峡版权（创意）产业精品博览交易会	福建省人民政府、中国版权协会
2013 海峡两岸图书交易会	厦门市人民政府、福建省新闻出版局、中国出版协会、台湾图书发行协进会、台湾图书出版事业协会、台北市出版商业同业公会
2013 金门书展	福建新华发行集团、福建省出版工作者协会、台湾图书出版事业协会
2013 海峡两岸媒体峰会	福建日报社、台湾旺旺中时媒体集团、台湾联合报社

其中，2013 年，“金门书展”扩展到台湾金、马、澎三个离岛及台北、台中、高雄三个大城市，同时举办高层次、贴近台湾民众的“妈祖信俗和妈祖文化摄影图片展”等活动，有效发挥了“金门书展”的品牌效应。2013 年 1 月 30 日至 2 月 4 日，在第 21 届台北国际书展上，福建省外文书店则与子公司——福建闽台图书有限公司的 13 位台湾股东协商，设立了“简体馆”，成为闽台交流合作的新平台。据统计，台北国际书展期间，“简体馆”共供应了 172700 册的简体字图书，码洋共计 5321460.94 元，内容涵盖艺术、科技、社科、经济、历史、少儿、医药卫生、外语等专业和领域，获得了众多台湾读者和媒体的热情关注，许多书一经上架就被读者抢购一空。除此之外，福建少年儿童出版社举办的“海峡儿童阅读论坛”“海峡两岸青少年快乐读书会”“海峡两岸亲子夏令营”，厦门日报社和台湾旺旺中时传媒集团联合举办的“2013 两岸甜蜜季大型婚庆活动”等活动，事实上也发挥着闽台交流合作平台的作用。

四　深化闽台新闻出版产业合作的构想

（一）用活用好优惠政策

闽台新闻出版产业合作符合两岸人民的根本利益，国家新闻出版广电总局给予闽台新闻出版产业多项优惠政策，允许福建在对台新闻出版交流、合作中采取更加灵活开放的政策，先行先试，取得经验。例如在2013年6月的海峡论坛上，国家新闻出版广电总局发布了5条支持福建先行先试、惠及台胞的新闻出版政策，包括批准设立海峡国家数字出版产业基地，加强两岸在数字出版领域的合作；批准设立国家海峡版权交易中心，推进两岸版权贸易和版权产业发展；同意设立新闻出版总署教育培训中心福建分中心，促进两岸新闻出版人才交流和培训；允许在福建新闻出版单位从业的台湾业者参加出版职业资格考试，为在闽从业台胞提供工作便利；同意福建省新闻出版局开展加强国产网络游戏属地管理试点工作，为在闽网游企业提供便捷的行政服务。[①] 这些优惠政策的制定，既为台湾新闻出版企业落地大陆提供了便利，也为两岸新闻出版产业深入合作提供了宝贵契机。今后，闽台双方要用活用好、要落实这些优惠政策，在两岸新闻出版合作交流方面积极探索，进一步理顺交流合作的机制，推动优惠政策切实见成效。

（二）共同开发国际市场

未来，随着闽台新闻出版产业合作的不断深化，双方已不能仅仅着眼于台湾出版物入闽或福建出版物入台，而应基于双方的互补特质与合作机制，共同着力于国际市场开发。一方面，当前闽台新闻出版企业在海外各自拥有自身的销售渠道，互不关联，对国际市场的拓展也是各行其道，各打一方，没有发挥双方合力的优势，制约了华文出版物的国际竞争力。而就未来而言，随着中国

① 涂洪长：《国家批准5条支持福建先行先试、惠及台胞的新闻出版政策》，http：//news. xinhuanet. com/2013－06/16/c_ 116162855. htm。

国际地位的提高和中华文化影响力的扩大，东南亚和欧美将成为华文出版物的巨大市场。要占领这些市场，需要闽台业界精诚合作，优势互补，避免内耗，共同开发。另一方面，就简繁字体问题而言，在海外，公共图书馆和大学图书馆大多同时采购简繁字体图书，书店也只考虑是否适销对路而不在意字体简繁，汉语学习者则根据发展需要繁简图书通读。因而，简繁字体并不会影响闽台合作开拓国际市场，反而会使得图书品种翻倍。闽台业界如果能统筹简繁版本，采用共建海外分销中心等举措，将有效助力中华文化走出去和华文出版物国际化。

（三）深化闽台新闻出版人才交流

人才是新闻出版产业发展的基础保障。为确保闽台新闻出版产业合作的设想能够落到实处，就要以改革的精神、开拓的思维、创新的手段来制定人才政策，深化闽台新闻出版人才交流。

一方面，要充分利用台湾新闻出版人才引进的优惠政策，例如“同意设立新闻出版总署教育培训中心福建分中心”“促进两岸新闻出版人才交流和培训”“允许在福建新闻出版单位从业的台湾业者参加出版职业资格考试”等，努力引进台湾新闻出版人才落地福建。同时，也要利用目前台湾新闻出版政策的松动，发挥与台湾业界协会联系密切的优势，通过合办书店、策划工作室等形式，积极向台湾输送福建新闻出版人才，加强彼此了解，推动合作深化。

另一方面，也要注重营造良好的工作环境，聚集和用好闽台新闻出版人才。通常情况下，新闻出版产业遵循着“3T”原则，即技术（Technology）、人才（Talent）和包容（Tolerance），[①] 在其作用下，新闻出版人才纷纷向环境包容度高、人文关怀良好的地方聚集。据调查，闽台新闻出版人才对生活环境有所要求和期待，他们希望拥有舒适的生活，包括环境质量优质、文化休闲设施建设完善、可供选择的娱乐休闲方式众多等，因此应注重营造企业和行业的良好人文环境，努力为新闻出版人才提供类似“硅谷下午茶”般轻

① Richard Florida, *The Rise of the Creative Class*, New York: Basic Books, 2002.

松惬意的生活感受和人际氛围，也是深化闽台新闻出版人才交流的应有之义。

（四）构建海峡出版创意产业集群

为推动新闻出版产业升级换代，2013 年福建省已提出或在建多个出版园区项目，如海峡国家数字出版产业基地、海峡出版物流中心、海峡出版物数字信息投放平台、海峡创意印刷产业园、中国包装印刷（晋江）基地、南靖海峡印刷工业园、永安印刷工业园等。然而，从项目整合和产业升级的角度来看，这些园区基本上还局限于福建新闻出版产业自身，未能有效凝聚台湾业界的力量。因此，今后要进一步提升闽台新闻出版产业的竞争力，就必须融合闽台业界力量，整合两岸各出版园区项目，创新产业形态，推进海峡出版创意产业集群的形成。

关于产业集群，按照美国学者迈克尔·波特的观点，即同处或相关于一个特定的产业领域的企业和机构在地理上靠近并存在产业联系的产业空间组织形式。[①] 因此，出版创意产业集群就是新闻出版产业领域中众多相互独立又相互关联的企业和相关社会机构，为了达到资源共享、减少风险、降低成本、提高收益，而在某一个地理空间上集聚，并结成相互分工、相互合作、相互竞争的网络结构的一种现象。作为一种产业组织形式，出版创意产业集群具有互惠共生、竞争协同、资源互补、优势放大等特征。例如北京出版创意产业园首批有 32 家企业入驻，其中图书策划公司就有 27 家，如北京磨铁图书公司、北京时代华语图书公司等龙头企业，当年园区销售总码洋达 70 亿元，利税总额达 15 亿元，显示了良好的集聚效应。可以说，出版创意产业集群是当代出版创意产业发展的方向，也是闽台新闻出版产业合作新的制高点，对闽台新闻出版产业的未来合作形态有着关键意义，将发挥出巨大的作用，今后应予以大力推动。

---

① M. E. Porter, "Clusters and the New Economics of Competition," *Harvard Business Review*, 1998 (6): pp. 77 –90.

B.19

台湾东森集团：两岸电子商务及媒体交流的有力推手

赵 怡*

导言 前瞻新世纪产业发展 打造两岸幸福指标产业

东森集团之控股母公司为台湾证交所之上市公司，过去近40年以港埠仓储与散装航运为运营本业，在站上事业高峰的同时更着眼于未来。面对全球经济环境的剧变，全企业集团无不随着时代的脉动大步向前，迎向新世纪。面对国内外产业结构与经济环境的巨变，东森开始积极转型，除秉持创新求变的软实力，站稳脚跟，强化核心事业的经营外，并延伸触角至其他新兴事业，以垂直整合、多角化经营的创新思维，为企业注入新的活力与竞争力，成功地再造品牌生命力，为下一个十年的发展再创佳绩。

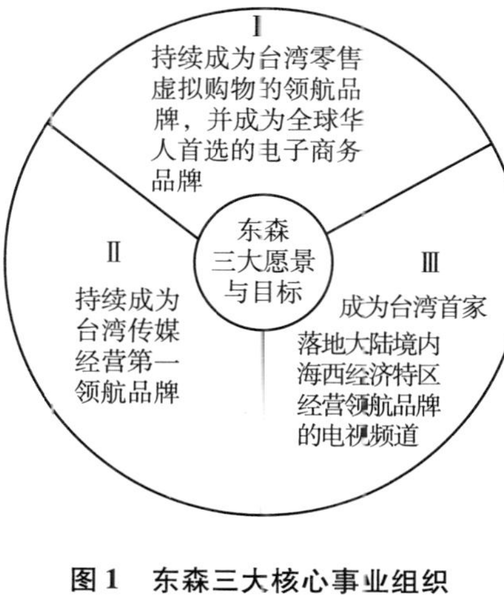

图1 东森三大核心事业组织

---

* 赵怡，上海交通大学教授、博士生导师，上海交大—东森两岸传播与社会发展研究中心主任。

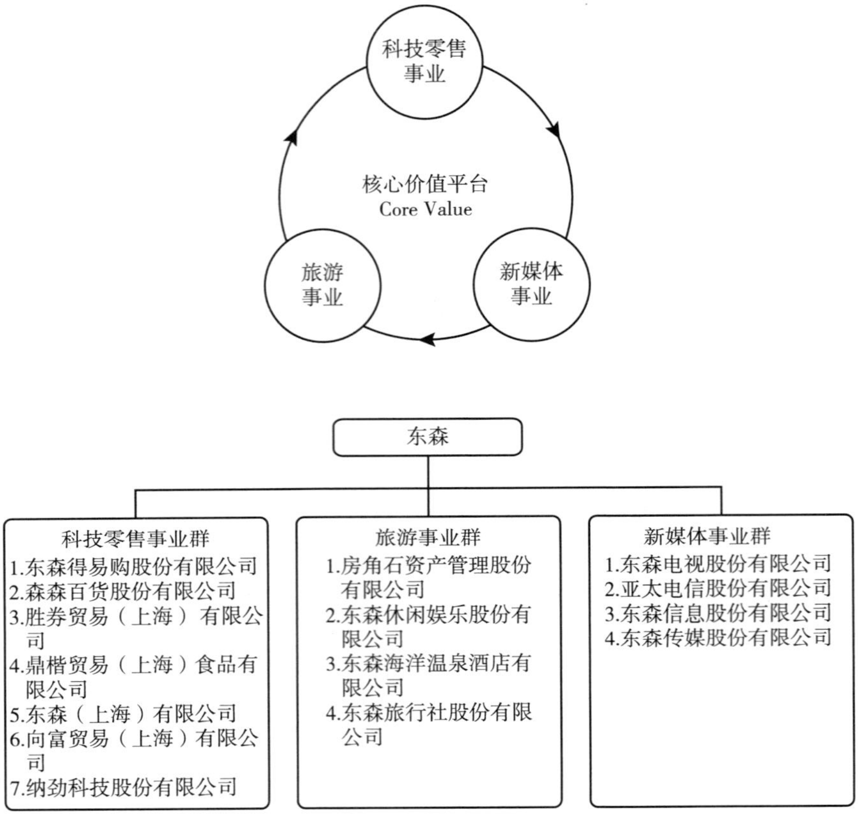

图 2　两岸电子商务交流概况

一　“中华无店面商务发展协会”致力于促进两岸产业界的交流

东森国际总经理廖尚文于 2013 年当选中华无店面商务发展协会理事长。中华无店面商务发展协会主要由台湾电视购物、网络购物与负责电子商务资金流、物流的厂商组合而成。中华无店面商务发展协会这几年密集推动电子商务资安平台、华文电子商务委托专案、国际合作交流，提供主管机关产业发展建议等重要会务。

新任理事长廖尚文（右）从现任理事长赵怡（左）
手中接受印信。（图/东森国际提供）

二 “中华无店面商务发展协会”主办“2013两岸电子商务产业合作及交流会议”

中华无店面商务发展协会于2013年与台北市商业会、财团法人资讯工业策进会，以及中国互联网协会、中国服务贸易协会电子商务委员会、中国国际电子商务中心共同主办“2013两岸电子商务产业合作及交流会议”，共邀请大陆116位电商企业知名领导人与政府相关部门负责人，出席会议，来访人数创历年新高，规模之大前所未见。

“2013两岸电子商务产业合作及交流会议”自9月10日起一连举行3天，中国“2013两岸电子商务产业合作及交流会代表团”一行上百人，在商务部副司长张佩东和工信部副司长董宝青的带领下，出席“两岸电子商务搭桥会议”。

所有与会代表皆认为，电子商务产业已是势不可当的世界潮流。中国工信部副司长董宝青认为，电子商务的“黄金10年”已经到来，两岸经济发展除了靠小三通、大三通外，更重要的是打通网络经济，让实体和虚拟经济合为一体，若能有效解决报关、通关、检疫、外汇结算与退税等问题，对于两岸联手推动全球跨境电子商务，将大有助益。

中国商务部副司长张佩东强调，台湾电子商务起步较早，有许多经验值得大陆同行学习，大陆方面也非常愿意和台湾的电子商务主管机关，共同解决发展两岸电商所遭遇的各项问题，而搭桥会议就是最佳沟通平台，“9月是丰收的季节，希望我们能携手将搭桥会，打造成促进两岸电商发展的亮点和样板。”张佩东表示，两岸发展电子商务产业的热情高涨，大陆政府已将电子商务列为产业战略，作为发展国家经济的制高点，两岸政府应针对政策、立法、跨境合作，进行深入沟通、解决相关问题，作为奠定两岸电商市场的重要基础。

中国商务部副司长张佩东（左四）、经济部商业司司长游瑞德（右五）、资策会执行长吴瑞北（右四）、台北市商业会理事长王令麟（右三），以及“中华无店面商务发展协会”理事长廖尚文（右一）等嘉宾，出席两岸电子商务搭桥会议。（图/“中华无店面商务发展协会”提供）

相较2012年于北京举办的两岸电子商务搭桥会议，仅签署2份合作意向书，2013年于台北举办的两岸电子商务搭桥会议签署多达13份合作意向书，双方展现高度合作意愿，成果显著。

三　东森集团于“天猫国际”网站上开设“东森严选”旗舰店

东森国际旗下森森购物于2013年7月15日宣布在网劲科技的媒合与串联下，B2C平台“天猫国际”网站上开设“东森严选”海外旗舰店，并提供台湾优质商品供大陆消费者选购。初期以“美食”“母婴用品”“美容保养彩妆”“养生保健”四类商品为主力，约有400多项商品。东森集团早在2004年左右就开始经营网络通路（当时的东森购物网），对消费者来说是多了一个服务的选择。

开店平台类型的天猫网，是阿里巴巴集团旗下淘宝网分支出来的B2C购物网站，原名淘宝商城，强调正品与服务高品质，网劲科技先前曾开设淘宝商城台湾馆，销售台湾特色商品，但因当时供货的台湾厂商无后援大举进攻中国市场，而致台湾馆逐渐淡出市场。如今网劲团队在东森集团的全力后援之下，以电视购物供货商为后盾，重回天猫战场，发展令人期待。

四　北京电商派代年会　东森积极布局两岸跨境网购

大陆电子商务行业最高规格的电商大会，2013年8月27日于北京热闹登场，看好政策松绑后的广大市场发展潜能，东森与台湾相关业者积极与会。东森已于淘宝天猫开设“东森严选馆”，将台湾优质商品销往大陆，获得耀眼成绩，现将进一步寻求与更多大陆平台业者及垂直电商合作，共同把两岸跨境网购的饼做大，未来目标则在全球华人市场。

由派代网主办的“2013年度派代电子商务年会”，27日起在北京新云南

资策会率台湾业者参与大陆派代电商盛会，东森由全球电子商务筹备处总经理彭振东（右五）率队参加。（图/东森新闻云提供）

皇冠假日酒店展开，台湾由资策会主办率团参加，东森与台湾知名电子商务相关业者积极与会，与大陆京东商城、腾讯、一号店、麦包包及当当网等电商大佬齐聚一堂。派代网 CEO 邢孔育特别欢迎台湾的业者共襄盛举，并积极引荐两岸业者互相探讨相关议题并创造商机。他认为台湾业者的特色一定在大陆市场有优势，在商品方面，受大陆消费者特别喜爱的台湾的食品、土特产品及农产品等，在解决了物流运送特别是冷链物流方面的问题后，定能占有一定市场，而精致化的消费者服务概念，更能于广大市场中创造差异化的市场。

腾讯电商运营部总经理助理谢云立及高级商务总监楼丽丽，在与东森全球电子商务筹备处总经理彭振东及东森购物副总梁静蓉同大陆业者对谈中表示，腾讯在跨境电子商务的布局将创造有别于淘宝天猫的特色。大陆两大电商腾讯与淘宝在行业发展上既竞争又合作，将摒弃门户之见，腾讯 QQ 网购及 QQ 网拍都已对接支付宝，在解决了跨境资金流问题后，台湾一定是腾讯跨境市场的第一个战场，非常乐见东森与腾讯在平台上商品或台湾专门店的进一步合作。

京东开放平台事业部王学松总经理则表示，京东决不会在跨境网络购物的发展上缺席，目前在新加坡也以预购模式加上实体店的运作实验性地开展跨境网购，故也看好东森与京东的合作，无论是东森网络购物于京东开设东森馆，或者将京东自营商品导入东森，商品无论是从台湾到大陆或从大陆到台湾，都将进一步实现商品通行全球无界限的目标。

五 “台湾电商福建行”加强与大陆产、官界的交流

为加强跨境电子商务发展，台北市商业会、“中华无店面商务发展协会”2013 年邀集 20 多家台湾电商相关企业，包括东森购物、富邦 momo、台盐、统一、UDN 买东西、玉山银行等知名企业共同组成访问团，在荣誉团长机电商会台北办事处主任李荣民、团长“中华无店面商务发展协会”理事长廖尚文带领下，于 2013 年 12 月 18 日到福建厦门参访，接连三天还前往泉州、莆田、福州等地进行交流研讨。

自 2013 年 6 月两岸服贸协议签订之后，为加速推展两岸跨境电子商务合

福建省副省长郑晓松（右）与台湾电商代表团荣誉团长李荣民（左）、团长廖尚文交换礼物。(图/东森新闻云提供)

作，身兼“中华无店面商务发展协会”理事长的东森董事长廖尚文，即多次向大陆商务部、工信部、厦门市商务局等中央、地方单位，提出台湾电商面临通关难、质检难、增退税难等三大障碍，希望争取大陆开放海运快速通关、质检。同时针对服贸开放台资企业赴福建设立 ICP 一事，向大陆官方提出将持股上限由 55% 提高为 67%，以利掌控经营主导权的诉求。

福建与台湾因为地缘、语言、文化相近，成为争取两岸共同发展跨境电子商务最积极的省份，各地方政府均积极向台商招手，透过释出优惠政策、打造电子商务产业园区等相关软硬体策略，期望建构闽台经济圈，共同在发展迅猛的电商产业中发挥“强强联手”的效益。

六　东森将前往厦门设立“全球电子商务网”争取首张台资 ICP 执照

东森积极布局两岸电子商务市场，并决定前往大陆福建，在厦门设立“东森全球电子商务公司”，将争取两岸签署服务贸易协议生效之后，第一张闽省台资 ICP 执照。东森除了将以长达 14 年无店面零售商务及虚拟通路零售经验，带领台湾中小企业共同前往大陆电商市场外，更将布局海外，透过东森集团与大陆当地国贸集团的资源整合，进军全球 15 亿华人零售市场。

筹划中的“东森全球电子商务公司”，将由东森国际子公司“上海东企”与大陆当地的国贸集团及福建友好企业共同出资设立，未来运用大陆广大腹地和国贸集团的雄厚资源，结合台湾优秀行销、IT 资讯、客服及营运人才，再透过东森美洲台、亚洲台等海外频道宣传，必定能够立足海峡两岸电商市场，更进一步成立开拓进美洲、印度尼西亚、菲律宾、马来西亚等全球零售市场。

七　促进两岸公益

1. 两岸小天使互访

为增进两岸学童彼此了解，特举办“两岸快乐小天使”“两岸和平小天使”活动，鼓励两岸学童以才艺会友，增进两岸和谐友谊。本活动自 2001 年起，至今已有 962 位两岸小朋友参加过此项活动。

2. 每年协办海峡论坛

东森集团自 2010 年起协办每年 6 月中旬于厦门所举办的海峡论坛，2012 年协办并参加首届“两岸公益论坛”，赵怡顾问于会中发表《两岸携手迈向公益社会》专题演讲，获得在场人士热烈回响，有效促进两岸民间交流和合作。

3. 协办“现代媒体的社会责任与公益角色”论坛

东森集团自 2012 年起协办由上海交大东森两岸中心所主办的“两岸传播与社会发展论坛”。2012 年协助筹备“现代媒体的社会责任与公益角色”分组论坛，东森国际廖尚文董事长、东森信息李传伟董事长均积极参与，加强两岸产官学界互动。

2013 年两岸公益论坛活动合影

2013 两岸传播与社会发展论坛开幕合影

八 立足台湾 放眼大陆 面向全球再创高峰

东森是一个走在未来的企业，成立近40年，总是不断挑战新舞台，打造新目标，东森总能引领潮流，创新价值，为企业的发展找到永续的未来。

过去，东森在台湾是以港埠仓储与散装航运为运营本业起家，20世纪90年代起，面对国内外产业结构与经济环境的巨变，东森开始积极转型，以垂直整合、多角化经营的创新思维，跨入媒体、物流、不动产、休闲旅游及零售等事业。同时，跟随两岸经贸互动日益紧密、大陆经济快速起飞的脚步，立足过去东森所创立及经营的成果，跨进两岸巨大的内需市场，运用东森团队的运营实力与创新思维、专业的胆识与诚意，期望为海峡两岸企业注入新的活力与竞争力，为海峡两岸华人市场引爆新亮点，并开创出属于东森品牌的崭新生命力。

东森立足过去传统产业发展所累积的经营实力，放眼未来，将全力打造零售、旅游、新媒体三大事业，以创造新兴产业荣景与发展为目标，朝向2017年总营业收入突破600亿元新台币的成长轨迹迈进。

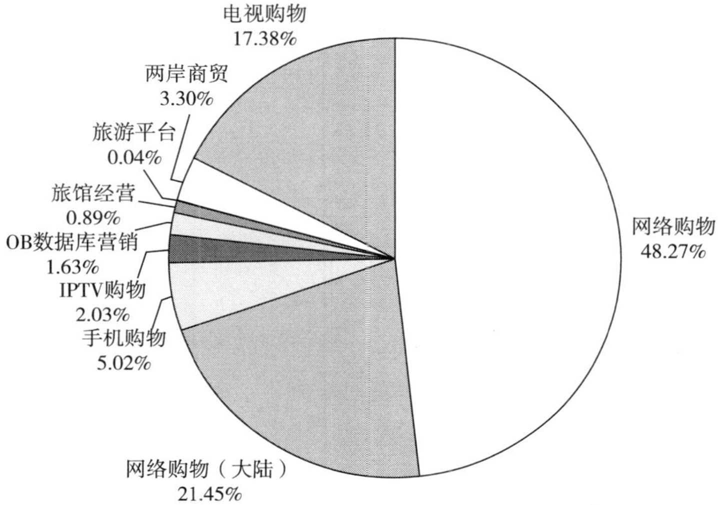

图3　预计2017年经营收入情况

九　东森两岸合作项目与未来展望篇

东森媒体集团在王令麟董事长指导下，秉持着“根留台湾、放眼大陆、布局全球”的信念，不断创新经营，自2001年起全力拓展大陆市场，并一本深耕两岸人民情谊的初衷，平等和互惠互利的精神，积极推动两岸媒体互动，组建两岸文化交流的新桥梁。期能在两岸关系展现新气象的大时代里，尽一份民间社会的力量。

十　小结：持续担任两岸商业文化合作的推手

东森及旗下各公司正积极布局未来，寻找成长的新思维与新动能。在两岸交流的角色上，我们愿肩负既有使命，担任两岸交流互动的桥梁，凝聚各方的智慧和力量，促进两岸产业对接，特别在电视购物、网络购物、旅游观光、技职教育等方面扩大合作，并担任推手的角色，致力于强化两岸经贸合作互利互惠和产官学界人士交流往来，努力构筑两岸交流合作的商贸及教育文化平台，用新格局和新视野开创两岸关系和平发展的新局面。

B.20

两岸影视合作专属平台 “海峡影视季”品牌效应渐显

谢清果*

2008年，两岸交流重新升温之后，两岸影视交流与合作迎来发展的第二个兴盛期。2009年，两岸影视交流的专业平台“海峡影视展播周”也在厦门诞生，如今更名为“海峡影视季”。

第三届海峡论坛海峡影视展映展播周首映式（图/厦门卫视提供）

一 从“海峡影视展播周”到“海峡影视季”

“海峡影视季”由国家新闻出版广电总局和福建省人民政府联合主办，福

* 谢清果，厦门大学新闻传播学院副教授，厦门大学传播研究所副所长。

建省广播电影电视局、福建省广播影视集团、厦门市人民政府承办，由厦门卫视担任执行单位。“海峡影视季”前身是2009年作为第一届“海峡论坛”重要组成部分而随之隆重登场的“海峡影视展播周”。

第二届“海峡影视展播周”以“传承弘扬优秀中华文化合作发展两岸影视产业”为主题，新增“明星走红地毯”仪式和“两岸影视制作业峰会”两项重要内容，邀请两岸影视界嘉宾100多人。2部台湾电影、2部大陆电影在福建影院展映108场，台湾1部电视剧、4部电视文艺片在福建电视台播出；福建拍摄的1部电视剧、4部电视纪录片在台展播；现场推介47个两岸影视合作洽谈项目，3个影视项目现场签订影视投拍协议，两岸影视交流合作发展平台作用逐渐显现。

第三届则因应两岸交流新形势，以“ECFA背景下的两岸影视合作发展”为主题，在内容上进一步丰富发展。厦门卫视现场进行直播或录播。峰会主会场主打业务洽谈；三个分会场（两岸影视合作发展论坛、中国武侠大师——纪念胡金铨诞辰80周年电影论坛、闽南语电影市场发展座谈会）着眼两岸影视发展，注重经验交流、观点碰撞。

第四届打出了“海峡影视季”的品牌，成为两岸影视综合性交流合作唯一平台；厦门卫视作为这一活动的执行单位，全程参与策划并执行了所有系列活动。厦门卫视海峡影视季核心编导团队还首创开幕式上“多维视觉秀”的开场舞，该舞运用正背投雾幕实幕相结合的技术手段，在舞台上营造出裸眼3D的震撼视觉效果。其后的两岸影视制作业峰会主论坛为“两岸合作与华语市场——两岸影视合作发展论坛”，分论坛为“新世纪台湾电影态势及其与大陆合作前景”。“海峡影视季”第一次进行两岸影视交流合作表彰，成为两岸影视交流合作的唯一表彰，引起两岸影视界高度关注。

第五届“海峡影视季”以“弘扬中华优秀文化，促进两岸影视繁荣”为主题，举办两岸影视展映展播、两岸新片发布会、两岸影视交流合作表彰颁奖典礼及红毯仪式等系列活动，还特别增设“两岸影视交流贡献奖”，着力打造成为展示、评奖、论坛、洽商等元素合为一体的两岸影视交流合作发展的新平台。厦门卫视参与策划并执行这一活动，共同打造“海峡影视季”交流平台，积极增进两岸影视交流合作。

二 借力“海峡影视季”品牌效应，推动两岸影视合作

众所周知，海峡两岸，尤其是闽台间的经济、文化、社会乃至政治联系必将越发紧密。从文化层面讲，闽台之间有着“五缘文化”优势，两岸影视人拥有共同中华文化资源。厦门卫视投资拍摄了大陆首部闽南语情景剧《一定爱幸福》，联合台湾万星传播倾力打造。聘请台湾资深导演郑名杰任总导演，主要演员有台湾八点档明星和厦门卫视著名闽南语主持人。电视剧语言上采用闽南语这一本土化策略，力求为两岸观众呈现一部原汁原味的闽南语家庭情景喜剧，同时，也开创了大陆自制闽南语电视剧的全新尝试。该剧既在厦门卫视黄金时段《海峡剧场》播出，又在台湾东森戏剧台每晚两集连播，实现入岛播出。该剧连续位居厦门地区 40 个电视频道黄金时段电视剧收视率榜首。最高收视率达到 9.74%，最高市场份额 19.28%，在厦门地区创造了收视神话，该剧第二季《幸福好滋味》再度实现两岸同步播出。

而“海峡影视季”旨在汇聚两岸影视资源，积极打造两岸影视精品宣传展示平台和影视产业合作洽谈平台，是海峡两岸影视界交流合作的重要活动，成为一个不断追求创新的两岸影视业交流合作的著名品牌。随着这一品牌活动的逐步开展，厦门卫视作为海峡影视季的执行单位，在参与共同打造“海峡影视季”交流平台的同时，借力“海峡影视季”品牌效应，不断提升影响力和美誉度，进一步推动两岸影视业深度合作，在两岸电视合作方面，力求合作双赢。

厦门卫视倡导两岸共同新闻理念，努力引导台海主流舆论，凝聚两岸人民共识，主动联手台湾中视联合推出两岸共同新闻栏目《两岸新新闻》，两岸共同播出。从 2013 年 5 月开始，厦门卫视《两岸秘密档案》节目在台湾中天台播出。

该节目作为一档深度解密类纪实栏目由卫视主导、台湾中天台协助摄制，在厦门和台北共同录制。节目透过编导深度采访，讲述人客观讲述，见证人专业解析，揭开两岸大人物和大事件不为人知的秘密。收视率极佳。此外，“两岸关注”作为厦门卫视年度品牌活动自 2006 年创办以来，已成为打造两岸舆

论制高点的重要平台。2013 年，厦门卫视携手台湾中视再次成功举办了“2013 两岸关注”年度特别活动。这次活动创新了两岸舆论交流模式，首次成立两岸媒体评议团，两岸舆论领袖与两岸关系研究权威首次强强联合，进一步夯实对台舆论前沿阵地，打造两岸关系舆论引导的制高点。

两岸影视交流合作，机遇与挑战并存。厦门卫视当紧紧抓住“海西”先行先试的战略机遇期，积极探讨两岸影视合作双赢模式，开拓创新闽台间影视交流的体制机制，进一步推动两岸影视合作交流，增进两岸文化认同感，共同弘扬中华民族优秀文化，从而造福于两岸民众。

B.21

热播剧《原乡》的合拍经验

高蜜拉*

“2014年，马上破四。”马年3月18日，电视剧《原乡》登陆央视一套黄金档，导演兼主演张国立如此期待。结果该剧播出至今惊喜连连，在最新出炉的大陆48城卫视黄金档电视剧收视排行榜上，《原乡》收视率高达4.61%，远超同期其他电视剧。由国殇、乡愁、故土以及亲人架构起的《原乡》打动观众，直戳泪点，其中不少“80后”年轻人也在一路追剧。有网友评价说：“这是一部有備度的电视剧，一部敢于面对历史的电视剧，是一部讲述两岸亲情的电视剧!”

一 两岸编剧倾力合作，忠于历史，不求流行

主创兼主演张国立接受记者采访时称，《原乡》的诞生“源于一次感动”。2008年，一篇关于台湾老兵坚持38年只为“回家看娘”的报告文学让他泪眼模糊，也让他萌生了把这些老兵的故事拍出来的念头。六年执一念。终于，在开放赴台老兵返乡25周年纪念的2014年，《原乡》得以与观众见面。

好的剧本是成功的一半。张国立找到曾经联手打造过《铁齿铜牙纪晓岚》的台湾编剧陈文贵操刀剧本，由被誉为“大陆第一编剧”的邹静之担纲文学策划，历时4年打磨而成。“许多反映老兵的电视剧多会从1949年写起，写一对青年男女因战乱而分散。几十年苦苦相思，最后相聚的故事。”陈文贵与张国立、邹静之想要摆脱这种套路，于是决定从1984年写起。设定这个年代背景，陈文贵有一点自己的小算盘，“我是1984年第一次到台湾，对台湾的感性认知从这一年开始，写起来比较有底气。”

---

* 高蜜拉，《两岸传播》特约记者。

然而陈文贵坦言，这么一来，也带出了新问题。“1984 年的老兵都已 50 岁，多数人还生活在底层，这么一群又老又穷的主角，既无‘高富帅’也无‘白富美’，与人们说的电视剧收视诀窍完全背道而驰。”庆幸的是，三位主创有着共同的想法：不去追求时下电视剧的流行元素，忠实于历史，坚持现实主义的创作方式。洪根生、杜守正这班老兵一生漂泊，一事无成，穷愁潦倒，一辈子的愿望只是回家去看看。于是故事围绕着回家这一种基本的愿望展开。

2010 年的夏天，《原乡》的故事终于定稿。陈文贵到了南太平洋岛国斐济开始创作剧本。没有网络，没有电视，摊开稿纸，他就用钢笔，多少悲欢离合一点点流淌到了笔尖。妻子与他相对而坐，帮着电脑入录。“许多次，我看到她敲着敲着，泪水盈眶。”陈文贵说，“剧本的写作原比想象中的要顺利。大段大段的戏，常常是一气呵成。”后来，分别在三亚、福州和厦门，剧本进行了三次集中讨论与修改。陈文贵叹道：“得失寸心知。如果说有什么遗憾，那就是老兵故事实在太多了，我们只能取沧海一粟，许多可歌可泣的故事人物，只能割舍了。”

二　两岸全实景拍摄　台湾拍摄地成文创园区

2013 年 4 月《原乡》开拍时，张国立说：“这是一部难拍的戏。从项目论证时，他就派了国豆常升公司的总经理马保华亲自出马担纲总制片人，公司资深制片主任张国强担任执行制片人。”“这是一场硬仗，战线长、转场多、大腕云集，又要牵动两岸的资源，只有这两位在电视剧制作行业工作二三十年的虎将加老将联手，我心里才觉得踏实。”

当年到台湾的老兵来自五湖四海，剧本中涉及的主要角色就有来自北京、重庆、山西、江西、河北、山东、福建等多地的人。剧中台湾的戏份不少，作为当年老兵联络大陆老家的中转站，香港的戏也很重。照目前一些电视剧的拍法，这些戏都可以选几个拍摄基地，通过搭景来完成，这样既省钱，又减少剧组转场中出现的延时风险和其他意外。然而，剧组最后确定：剧中共涉九地，全部实景拍摄。

台湾的戏基本占了《原乡》整部戏的1/3。老兵们生活的眷村是台湾的主场景。经过多次选择，剧组最后决定在台中一个废弃的眷村拍摄。“这个决定，的确是自找苦吃。”被废弃的居住地，无水无电杂草丛生，要把它恢复成当年的样子，不是一般的难度。但跟搭景相比，在这里拍摄更接近当年的状况。多难也要干。“好在台湾当地官员、合作方都给予了支持。”美术部门按历史图片资料将眷村“恢复原貌”。第一次找的人是做装修的，无法理解需求；后来又找了一批人重新做。大陆赴台湾的工作人员有限，到了现场也不分工种，有啥做啥，光恢复这个残破的眷村就花费了不少的资金。

《原乡》在央视热播后，台中市市长胡志强决定保留剧组拍戏的这个眷村旧址——雾中区光复新村，把历史发展的轨迹保留下来，通过文化创意，做成一个文创园区。现在戏也播完了，从台湾传来信息，这里不仅按规划做成了文化旅游园区，而且因为《原乡》拍戏时恢复了旧时的场景，其他剧组也在此拍戏了。

三　演职员超规定　赴台拍摄故事多

台湾导演罗长安早在2004年就与张国立合作过《铁齿铜牙纪晓岚》。两人至今合作多次。再次联手执导《原乡》，两人商量好分工合作：大陆场景由张国立拍，台湾场景交给罗长安。不过，拍摄过程中，罗长安突发疾病，不得不住院开刀，所以实际的拍摄就更改了计划：台湾场景由张国立拍，大陆场景反而是罗长安拍的。

《原乡》所有台湾演员和工作人员大大超出了之前任何一部两岸合拍戏的人员。按照两岸对等的条件，原本不能有这么多台湾演员和台湾工作人员参加，但是，最后国家新闻出版广电总局国际合作司司长马黎特别破例批准请求。

2012年6月7日，开机整整两个月零五天，剧组要移师台湾了。剧组留下最需要、最精干的队伍，以及其他赴台的对接人员共计52人，乘坐平潭到台中的直航客轮赴台。这趟航班被命名为“原乡号”航班，这也是客轮直航以来第一次命名一个航班。张国立被授予“荣誉船长”称号。

真要登船时，剧组工作人员傻了眼。这艘霸气的“原乡号”是客运船，暂时还没有货运业务。这就意味着，除去剧组成员的随身行李，所有的剧组设备都得工作人员靠人力一件一件搬上船，拍摄机器、轨道、摇臂、灯光、服装大大小小两百多件行李，除去剧组的女性，所有青壮年男士无论什么岗位的都成了场工，搬运这些拍戏的宝贝。到了台湾几天后，大家便没有了刚开始的新奇和热情。闷热的天气是大多北方人无法习惯的，蒸桑拿的感觉，有时候令人闷得喘不上气。

四　庞大演出阵容　“老戏骨”飙戏拉收视率

《原乡》能红火荧屏，除了好剧情和精良制作外，还有“老戏骨”的精彩飙戏，吸引观众。内敛、沉稳的张国立扮演从江西婺源到台湾的老兵洪根生，而陈宝国则扮演一个千方百计阻挠老兵回乡的长官路长功。剧情开端两位主要人物就因为豆场和身份的不同展开了一系列“针尖对麦芒”式的交锋，洪根生坚定不移地踏上归乡路，路长功则对其进行各种穷追堵截。张国立与陈宝国这对“国宝组合”，从影多年却鲜少搭档演电视剧的他俩，成了剧集矛盾中冲突最激烈的核心人物。

台湾演员杨千霈饰演年青一代的核心人物——洪根生的女儿晓梅。她的外公就是台湾老兵，“当我接到这个角色的时候，真的是做寻根之旅。”杨千霈感觉自己的这次拍摄就是帮助现在还在的老兵们和所有在天上没有办法回到老家的老兵们圆梦。

剧中“老兵团”中一员的傅友诚由台湾演员杨怀民饰演。“对我来说演戏30多年头一次碰上这样角色，小傅在剧中是一个疯了的人。我接触过很多老兵，我很了解，小傅只是很多老兵中一个缩影，小傅因为思念亲人而疯。这一份情一直是维系海峡两岸看不见的线。这部戏能让我们海峡两岸的情变得更深更浓。”

“历时五月，辗转九地。”张国立坦言，《原乡》是他投资最大、耗时最长、最花心思的一部作品。幸运的是，“天遂人愿，每一分付出都是值得的”。

B.22

文化切入合拍剧要找准卖点

袁勇麟*

近期央视一套黄金八点档首播台湾老兵寻亲大戏《原乡》，收视率节节攀升，再掀两岸合拍剧热潮。剧中最大看点是离乡去台几十年台湾老兵的不灭思乡情与动人寻亲路，然而在台湾眷村里这些“老芋仔”背后的台湾媳妇“蕃薯”——周市与美如的“台湾味”——闽南文化恐怕也是大陆观众兴致盎然的一个很重要的原因。①

台湾文化，由于地理的特殊性，受到多种文化的影响，而其组成也有原住民文化、闽南文化、客家文化等，其中，闽南文化是大宗。福建闽南地区（一般指厦门、漳州、泉州三地）和台湾一衣带水，在相当长的一段时期里，一代又一代闽南人漂洋过海移居台湾，逐渐成为台湾地区的主体居民，他们把闽南文化带到台湾，使其在台湾生根、传承、发展与创新，从而深刻影响了台湾文化的形成与发展。正如台湾学者黄清源所说：“台湾文化缘自闽南，闽南文化植在台湾。”因此，两岸合拍片要表现台湾文化，就必然涉及闽南文化。

一 《原乡》生动言说闽南文化

《原乡》特意选择台湾知名女演员潘丽丽出演女二号老兵洪根生的妻子周市，就是为了突出台湾地区闽南文化的特点。潘丽丽原来是杨丽花歌仔戏戏班的花旦，后改拍台语电视剧，深受台湾观众与闽南观众的喜爱。她一出场就

---

* 袁勇麟，福建师范大学协和学院院长，福建师大两岸文化发展研究中心教授。

① 人名“周市”，电视剧中字幕“网市”不符合这个名字在闽南话里的来源与意思，闽南话应该是“周市”。

“台湾（闽南）味”十足，特别是那一口台湾（闽南）普通话，那声音绝对是如假包换的。在她的戏份里，更时不时地脱口而出一些闽南方言、闽南俗语，如天寿（要命）、查姆图（女儿）、阿弟（对男孩的昵称）、芋仔（芋头）、蕃薯（地瓜）、生鸡蛋的没拉鸡屎的有（成事不足，败事有余）等。而剧中对周市性格塑造给人印象最深的是她的乐观与简单，正是这乐观与简单使得这部寻亲大戏显得不那么沉重，时不时还给观众喘息甚至是开怀一笑的机会。事实上，周市的这种性格就是闽南文化的一种深刻体现。闽南一向处于政治中心，又四面临海，因此，形成了开放包容、乐观开朗的海洋文化性格。而对于闽南女人来说，更是除了家庭儿女之外，别无其他可以挂心之事。因此，自然而然就更加乐观、简单了。周市这一人物非常生动地言说了闽南女人及闽南文化的一个特点。

一种文化的特征可以从风物、饮食、衣饰、民俗、戏曲、语言、建筑、民族性格等多方面来展现。《原乡》侧重于以语言及人物性格来体现闽南文化，至于其他，则没有涉及。相比较而言，同是两岸合拍片的《台湾往事》《云水谣》与《金门新娘》，对闽南文化的展现有不同的选择。

二　合拍剧中的闽南文化因素

《台湾往事》《云水谣》与《金门新娘》这三部片子中，最广为人知的当属2006年上映的《云水谣》了。《云水谣》不仅会聚了两岸强大的明星阵容如秦汉、归亚蕾、陈坤、徐若瑄、李冰冰、梁洛施等，更是以一段跨越海峡、历经60年历史跌宕和时代变迁却至死不渝的坚贞爱情征服了观众。而影片开头20世纪40年代台湾时代风貌的营造更是为人所称道，特别是那受到名导演奥利弗·斯通高度评价的6分钟长镜头。这6分钟长镜头最大限度地展现了20世纪40年代台湾的民俗民情，即闽南文化：歌仔戏、布袋戏、石条路、木屐、骑楼建筑、闽南话、闽南婚嫁等。另外，在接下来的几组镜头中电影还展示了闽南烧肉粽及菠萝、龙眼、香蕉、杨桃这些闽南风物。拍这部片子，导演尹力坦言：“最难的是台湾这一块儿，刘恒和我都不熟悉。”

拍摄于《云水谣》前两年的《台湾往事》同样成功地运用了闽南文化元

素，但它不是如《云水谣》一样仅止于开头几处，而是贯穿在整个影片当中。布袋戏、歌仔戏自然不可落下，然而《台湾往事》对闽南文化元素运用最出彩之处在于烧肉粽、闽南建筑、闽南腔普通话。《台湾往事》的导演必定对闽南文化下过功夫研究，而演员也力求真实展现当时的生活情状。主演蒋雯丽曾对记者说过，拍这一影片时，她对台湾生活不熟，因此，除了找来侯孝贤的《童年往事》恶补闽南话外，还在主要拍摄地漳州跟当地人学说闽南话、学习生活动作。影片中最令人拍案叫绝的闽南文化元素镜头是蒋雯丽包烧肉粽的画面。那场景、那动作真是地道得无可挑剔。主人公林清文自始至终的独白都是闽南腔普通话，而蒋雯丽也常“很不容易”地来几句，非常经典的是她那一句“谢谢”——声母“x”的发音是往前靠的——这是闽南腔普通话一个很大的特点。《台湾往事》比《云水谣》更早地展现了地道的民国时期闽南街景——两部影片都选择在保存完好的漳州市台湾路与香港路拍摄。除此，《台湾往事》还着力展现闽南大厝的特色：外是燕尾形屋脊，内是厅堂突出、横向布局、两边对称、穿斗式木构架，木雕精美。闽南大厝作为林家之宅，片中镜头较多。

《金门新娘》由福建电影制片厂拍摄，其导演就是《台湾往事》的编剧黄丹，这样的组合对闽南文化的熟悉程度自然是无可置疑的。因此，在《金门新娘》中，我们可以看到具有浓郁海岛特征的金门风情——大海、堤岸、石头房子。可以听到家长里短的闽南方言，而从特写镜头的闽南祠堂牌匾，再到分镜头的祭拜神明习俗，各种闽南文化元素散淡、随意地出现在整部影片当中，却始终连贯、彼此相缀，织成一幅哇美的现代闽南风情画。但在这部影片中，对闽南文化元素的最大强调还在于角色的心理情感与个性性格。《金门新娘》的制片人王利军坦言要用影片中的角色来体现闽南女人“吃苦耐劳，待在家里的观念”，他说：“闽南女人的贤惠，不会因为地位或受过的教育水准有所改变，骨子里就是承担，我要呈现的就是这种状态。”因此，我们才在影片中看到被丈夫抛弃、却能数十年苦苦独撑家庭的坚强婆婆，家境优越自身优秀而又识大体顾大局的温婉后妈林岳敏，性格反叛倔强，却还是将家务料理得井井有条的早熟女儿洪雨薇。

三　题材还很宽广

2010 年拍摄的《神医大道公》是以闽南文化保生大帝故事为题材创作的大型古装神话喜剧，是两岸正式开放影视合作政策后第一部大陆与台湾合作的电视剧，同时也是台湾主流电视台第一次以预购版权的方式参与两岸电视剧的合作。它不仅开创了两岸戏剧合作的新形式，也展现了同以上影片不同的闽南文化元素的另一种运用。这也说明，两岸合拍片还有十分广阔的表达空间。

随着两岸交流合作的日益加深，两岸合拍片必然越来越多，对闽南文化的演绎探索也必然更加频繁，希望有志于合拍片的两岸影视人，能够更深入地把握闽南文化，能够加深各方面的合作，更好地运用闽南文化打造影像传奇，创造出更多表现两岸历史人情、生存状态和生活情感的优秀影视，为两岸文化的合作交流做出积极贡献。

两岸文化产业合作与交流大事记

Chronology of Cross-strait Cooperation in Cultural Industries

B.23 2013年中华文化联谊会大事记

中华文化联谊会

1月8~22日　应台湾沈春池文教基金会邀请，中华文化联谊会与文化部艺术服务中心共同组派150人赴台举办“第四届当代中国画学术论坛暨第四届当代中国画学术展系列活动”，展出386件展品。台湾“政务委员”黄光男，“文化部”港澳台办党委书记、副主任张爱平出席展览开幕式。

1月10~15日　应台湾沈春池文教基金会邀请，文化部港澳台办党委书记、副主任张爱平以中华文化联谊会副会长身份赴台访问，与文化部文化交流司徐振德专门委员举行了两岸文化论坛第二次磋商，会见了“陆委会”文教处处长华士杰。

1月10日至2月7日　应台湾台中市旅行商业同业工会邀请，自贡市灯贸管理委员会一行24人携三组大型特色灯组赴台参加2013年台湾元宵灯会。

1月21~25日 应故宫博物院邀请，台北故宫博物院院长冯明珠一行7人到北京访问，与故宫博物院院长单霁翔举行了会谈，共同会见了记者。中华文化联谊会顾问、文化部副部长、国家文物局局长励小捷会见了冯明珠一行。

1月23日 中华文化联谊会名誉会长、文化部部长蔡武会见了在北京访问的台北故宫博物院院长冯明珠一行7人，文化部港澳台办主任侯湘华参加了会见。

2月12~21日 应台湾唐龙艺术有限公司邀请，中华文化联谊会与中国友好和平发展基金会共同组派115人赴台举办“欢乐春节·第三届海峡两岸春节民俗庙会”活动。文化部港澳台办副主任赵海生、台中市副市长蔡炳坤、台“文化部文化资产局局长”王寿来等出席开幕式并致辞。

3月4~9日 应中华文化联谊会邀请，台湾广艺基金会执行长杨忠衡率台湾表演艺术经营管理团一行20人到北京进行“艺游两岸”参访，了解大陆表演艺术政策及北京表演艺术生态。文化部港澳台办主任侯湘华会见了该团。

3月11日 文化部港澳台办主任、中华文化联谊会会长侯湘华会见了台湾世界宗教博物馆宗教艺术文化展代表团一行8人。

3月18日 文化部港澳台办副主任、中华文化联谊会副会长赵海生会见台湾唐龙艺术公司总经理王振亚一行。

3月30日至4月6日 应台湾台中大甲镇澜宫邀请，中华文化联谊会、福建省广播影视集团组派95人赴台举办“2013‘妈祖之光’大型电视晚会”并参加“妈祖绕境巡游”活动。

3月30日至4月16日 中华文化联谊会、中华全国台湾同胞联谊会、台湾文化会馆基金会在北京、上海举办“美丽台湾——台湾近现代名家经典作品展”，展出作品168件。台联党前主席苏进强以台湾文化会馆基金会执行长身份率台艺术家51人出席展览开幕等相关活动。文化部党组副书记、副部长赵少华等于4月2日出席展览开幕式，赵少华副部长4月3日会见了苏进强一行。

4月20日 应中国艺术研究院邀请，台湾佛光山文教基金会在京举办“星云大师一笔字书法2013年中国大陆巡回展”，展出星云书法作品360件。中共中央政治局常委、全国政协主席俞正声于4月20日会见星云法师，文化部部长蔡武、副部长赵少华同日会见了星云法师一行，文化部党组副书记、副部长赵少华等于 4 月 20 日出席北京站展览开幕式。文化部港澳台办主任张爱平陪同。

4 月 22 日至 5 月 12 日　中华文化联谊会、上海琉璃艺术博物馆在中国美术馆举办“琉璃之人间探索——杨惠姗张毅作品联展”，展出作品 46 件。文化部港澳台办副主任赵海生于 4 月 23 日出席展览开幕式。

4 月 28 日至 5 月 2 日　中华文化联谊会、莆田市人民政府在莆田举办第八届海峡工艺品博览会。

5 月 4 日、7 月 7 日、8 月 26 日至 9 月 26 日　中华文化联谊会、中国美术馆与台湾美术基金会、台湾美术馆分别在台湾美术馆和中国美术馆举办“交互视象——2013 海峡两岸当代艺术展”。

5 月 14 ~ 29 日　应台南市文化协会邀请，中华文化联谊会、厦门市中华文化联谊会组派厦门歌舞剧院、歌仔戏研习中心一行 75 人赴台进行“乡音之旅”演出。

5 月 26 日　中华文化促进会与台湾中华两岸文化创意产业发展协会在承德举办以“核心竞争力：创意创新创造”为主题的 2013 两岸文化产业（承德）论坛。

6 月 15 ~ 17 日　文化部党组副书记、副部长赵少华赴厦门出席第五届海峡论坛开幕活动，文化部港澳台办主任助理李保宗陪同。

6 月 15 ~ 17 日　文化部部长蔡武、副部长赵少华赴泉州出席由文化部、福建省人民政府主办的“2013 世界闽南文化节”开幕活动，文化部港澳台办主任张爱平、主任助理李保宗陪同。

6 月 19 ~ 22 日　文化部港澳台办主任助理李保宗赴上海出席海协会、海基会领导人第九次会谈，并出席“两岸服务贸易协议”签字仪式。

6 月 28 ~ 30 日　文化部港澳台办主任助理李保宗赴香港出席两岸关系研讨会。

6 月 29 日至 7 月 3 日　应台湾环境有限公司邀请，中华文化联谊会、上海文化联谊会等组派 70 人、100 件（组）展品赴台举办第三届“海派文化艺术节·上海非物质文化遗产精品展”和“两岸文化产业发展论坛”。

6 月 30 日至 7 月 30 日 应中华文化联谊会邀请，台湾戏曲学院 14 名学生来中国戏曲学院进行“艺传两岸”京剧培训。文化部港澳台办主任助理、中华文化联谊会副秘书长李保宗会见了培训师生。

7 月 8 ~ 17 日 文化部以中华文化联谊会名义与河北省人民政府联合举办“情系燕赵——两岸文化联谊行”活动，台湾 100 位文化界等知名人士赴石家庄、保定、蔚县、张北、承德等地参访，举办了两岸表演艺术传承与发展论坛，祭拜黄帝、炎帝、蚩尤三祖活动等。文化部副部长项兆伦、河北省副省长杨汭等出席开幕活动。文化部港澳台办主任张爱平出席闭幕活动。

7 月 21 日至 8 月 21 日 应中华文化联谊会邀请，台湾戏曲学院 19 名学生来中国杂技团进行“艺传两岸”杂技培训。

7 月 21 ~ 28 日 应中华文化联谊会邀请，台湾大学艺文中心主任参访团一行 20 人来内蒙古和北京参访。文化部港澳台办主任助理李保宗会见了该团。

8 月 19 ~ 25 日 应台湾“中华海峡两岸客家文经交流协会”和新竹县政府邀请，中华文化联谊会、福建省广播影视集团组派 110 人赴新竹举办“客家之歌·义薄云天”大型电视综艺晚会。

8 月 25 日至 9 月 26 日 中华文化联谊会与中国美术馆在中国美术馆举办 2013 海峡两岸当代艺术展。文化部副部长丁伟出席 8 月 26 日举办的展览开幕式，文化部港澳台办主任助理李保宗致辞。

9 月 4 ~ 8 日 应台湾中华文化总会邀请，中华文化联谊会、中国艺术研究院赴台举办汉字艺术节。文化部港澳台办主任助理李保宗等赴台出席开幕活动。

9 月 6 ~ 25 日 中华文化联谊会、广东省人民政府、台北市政府在广东举办“两岸城市艺术节——台北文化周”活动。台北市全民大剧团、台北市立国乐团、朱宗庆打击乐团、台北市立美术馆、狠主流多媒体数码艺术现代舞等一行 250 余人来粤展演。文化部副部长丁伟、广东省副省长陈云贤、台北市副市长陈雄文等出席文化周开幕活动，文化部港澳台办副主任孙建华陪同。

9 月 13 日至 11 月 28 日 中华文化联谊会分别组派“美丽广西”综艺团、大陆民乐名家小组、四川艺术职业学院、甘肃风情摄影展、天津相声小组等“文化小分队”赴台交流。

2013 年 9 月 16 日至 2014 年 1 月 11 日 中华文化联谊会组派京剧、杂技教师赴台湾戏曲学院进行“艺传两岸”授课活动。

9 月 17 日至 10 月 6 日 文化部以中华文化联谊会名义与台湾“中华两岸交流协会”、江苏昆山市政府在昆山举办首届“海峡两岸中秋灯会”。灯会以“花开并蒂、灯映两岸”为主题，以丰富多彩的灯会为核心，辅以文艺表演、彩车巡游、美食、游艺等活动。文化部副部长董伟、海协会会长陈德铭、海基会会长林中森等出席灯会开幕活动。

9 月 21 ~ 25 日 应河南文化联谊会邀请，台湾豫剧团和专家、学者一行 63 人到河南演出并举办“第十届海峡两岸河洛文化暨豫剧发展理论研讨会”。文化部港澳台办副主任赵海生参加有关活动。

10 月 7 日 文化部副部长、国家文物局局长励小捷会见来天津出席东亚运动会开幕活动的台湾“行政院政务委员”黄光男，文化部港澳台办主任助理李保宗作陪。

10 月 16 日 文化部港澳台办主任助理李保宗会见台湾“两厅院”董事长朱宗庆。

10 月 24 ~ 27 日 文化部副部长项兆伦以特邀嘉宾身份出席在南宁举办的第九届两岸经贸文化论坛。文化部港澳台办主任助理李保宗以特邀专家身份出席。

10 月 24 ~ 28 日 由中华文化联谊会、福建省文化厅、厦门市人民政府主办的“2013 海峡两岸民间艺术节”在厦门举办。台湾明华园戏剧总团等 280 余人参加艺术节。文化部副部长项兆伦出席开幕活动，文化部港澳台办主任助理李保宗陪同。

10 月 25 ~ 28 日 由文化部、中央台办、国家新闻出版广电总局、福建省人民政府主办的第六届海峡两岸（厦门）文化产业博览交易会在厦门举办。文化部副部长项兆伦出席开幕活动，文化部港澳台办主任助理李保宗陪同。

10 月 26 日至 11 月 8 日 中华文化联谊会组派大陆艺术家 25 人赴台进行“艺绘两岸”艺术创作。

11 月 7 日 文化部副部长丁伟会见台湾中华两岸文化艺术基金会会长庄汉生，文化部港澳台办副主任蒲通陪同。

11 月 8 日　文化部副部长丁伟会见了前来参加北京文博会的台中市副市长蔡炳坤和台北市文化局局长刘维公一行，文化部港澳台办主任助理李保宗陪同。

11 月 11 ~ 17 日　应台北市文化艺术促进协会邀请，文化部党组副书记、副部长杨志今以中华文化联谊会顾问身份赴台湾访问，出席“首届海峡两岸文化遗产节”开幕活动，会见国民党荣誉主席吴伯雄、海基会会长林中森、文化部副部长洪孟启等。

11 月 12 日　文化部以中华文化联谊会名义与浙江省人民政府共同举办的“首届海峡两岸文化遗产节・护生画集展”在台中开幕。文化部副部长杨志今出席开幕活动，文化部港澳台办主任助理李保宗陪同。

11 月 21 ~ 24 日　文化部以中华文化联谊会名义与浙江省人民政府、台湾商业总会在台北举办第四届海峡两岸文化创意产业展，同时举办文化创意产业发展研讨班。首次采取主宾省形式组展，浙江、重庆等 90 余人、130 余展位参展。文化部副部长项兆伦出席开幕活动，文化部港澳台办副主任蒲通陪同。

12 月 4 日　文化部副部长杨志今会见台湾佛光山如常法师等，文化部港澳台办主任助理李保宗参加会见。

12 月 7 日　文化部副部长董伟参加由中华文化联谊会等单位主办的中华两岸书画艺术交流展及研讨会开幕活动，文化部港澳台办主任助理李保宗陪同。

B.24

2013年两岸文化交流与产业合作大事记

段 莉*

1月4日 台湾文创发展基金会在北京"拉斐尔艺术中心"举行了一场两岸文创交流座谈会。

1月6日 2013海峡两岸著名书画摄影艺术家作品展在台北开幕。

1月14日 以"让艺术与设计走进生活"为主题的"2013福州海峡创意设计周"在福州三坊七巷开幕，300多件大陆创意精品集中亮相，两岸设计师同台交流。创意设计周的作品展共分三个部分："当代圆满——汉艺廊全球设计巡展""新生活——让设计与艺术走进生活""老手艺——传统工艺的造诣"。

1月17日 国家广电总局发布《关于加强海峡两岸电影合作管理的现行办法》，明确台湾电影引进合拍条件。

1月22日 故宫博物院院长单霁翔22日在北京会见了到访的台北"故宫博物院"院长冯明珠，两岸故宫博物院深入探讨了2013~2015年的合作计划，数字化参展将成为双方合作的方向之一。2014~2015年，台北故宫的数字化作品将参与北京故宫的数字展厅，大陆观众可以通过数字化方式欣赏台北故宫藏品。单霁翔院长也表示，北京故宫下一步将在数字化展示方面做出努力，把已经完成的倦勤斋、养心斋修复工程通过数字模式整体搬到台北。在实操方面，计划把故宫书画装裱、临摹技艺整体搬到台北。此次会见是两院新院长上任后的第一次会见。会见中，两岸故宫就2015年故宫博物院建院九十周年等议题进行了交流，同时，台北故宫还就特展"乾隆皇帝的艺术品位"向北京

* 段莉，上海交通大学文化产业管理专业博士研究生。

故宫商借乾隆及其妃嫔肖像、西洋钟等文物赴台展出。

2月19日 台湾影片《阿嬷的梦中情人》在台北举行首映记者会，20日在北京首映。这是ECFA《海峡两岸经济合作框架协议》签订后，两岸首次“同档”上映台湾电影。

2月22日 2013年海峡两岸民俗文化节将在福州登场，打造“两台、两线、两园”的格局，即两个表演区域、两条巡游路线、两个技艺展示，是海峡两岸民俗文化节自举办以来规模最大、项目最多、参与台湾队伍最多、参演民间艺术团体最多的一次。本届民俗文化节共分为五大板块：中心场展演、非遗（民俗）手工技艺集市、民俗队伍巡游、福州民间武术大擂台、茉莉花茶茶艺展示。

3月21日 新华社消息，为积极推动两岸两会互设办事机构的规划与商谈，海协会副秘书长与台湾海基会副秘书长近日再次就相关事宜交换意见。双方同意将互设办事机构正式列入两会协商议程，适时启动业务沟通。

3月23日 由台湾海峡两岸交流协会、香港中华书法协等会主办的2013“长安之子”两岸艺术交流参访活动启动仪式暨西安旅游美术馆开馆仪式在西安举行。

3月23日 中华两岸旅游文化创意产业基地建设协商会议在枣庄市台儿庄古城召开。

4月4日 “妈祖之光·祈福”大型电视晚会在台中上演。

4月11日 首任台湾巡抚刘铭传故居在安徽肥西被授牌成为“海峡两岸交流基地”。

4月13日 “2013海峡旅游文化发展论坛”在福州落幕，针对中国旅游文化产业的发展、闽台文化对海峡旅游产业的促进作用，经济学界、旅游界、文化界的多位顶级专家学者齐聚榕城，围绕海峡旅游业、文化业、地产业的发展形势展开讨论。多位两岸知名的专家学者共同探讨了海峡旅游的“两定义、四作用”。过去的一年，福建已成为海峡两岸旅游交流合作的主要平台、两岸游客往来的主要集散地和目的地，越来越多的中外游客经福建口岸往来两岸。2012年，福建省全年旅游总人数1.67亿人次，旅游总收入1916.94亿元，环比增长接近20%。海峡旅游显示出人均旅游消费增加、产业转型升级明显，旅游经济发展质量提升的三大特点。

4 月 15 日 主题为“两岸新兴产业和现代服务业的发展与合作”的“2013 海峡两岸经贸论坛”在福建厦门举行。

4 月 19 日 第二十三届全国图书交易博览会在海南举行，“台版图书”首次亮相。

4 月 24 日 “2013 京台文化创意产业展”在台北举行。北京 60 多家文创企业在台北礼品暨文具展上形成一个亮眼的专区，以动漫网游、旅游文博、传统工艺、出版发行为四大主题，展示北京文创产业的面貌，建构京台文创产业合作的平台。

4 月 25 日 第三届大陆、台湾及香港《经济日报》财经高峰论坛在香港举行。

4 月 26 日 “两岸产业高峰会议暨 2013 年台湾·广西经贸文化合作论坛”在高雄举行。

4 月 28 日 两岸音乐家在国家大剧院上演“交响南音”为纪念南音晋京三百周年，两岸音乐家联手创作“交响南音”专场音乐会《陈三五娘》，为人们带来传统与创新相结合的独特艺术享受。中国古老乐种“南音”与西方交响乐完成一次交融。

4 月 28 日 中华文化联谊会、莆田市人民政府举办的第八届海峡工艺品博览会在莆田开幕，同期举办首届中国（莆田）沉香原木投标会，进行了香道文化展示、刺绣现场表演、宜兴紫砂壶现场演示等。

5 月 2 日 两岸青年电影创作论坛在台北举行，大陆、台湾和香港的影视专业人士、学者与青年电影创作者等 40 多人与会，针对“两岸学生数字影像创作与文化影像表达”展开探讨。

5 月 2 日 第七届“台湾·浙江文化节”开幕记者会在台北举行。两岸合作打造的昆剧《范蠡与西施》将作为本届文化节重头戏，在台北、高雄、台南、嘉义巡回展演。

5 月 4 日 由中国美术馆、台湾美术馆联合主办的“交互视像——2013 海峡两岸当代艺术展”，在台湾美术馆举行，而后于 8 月 26 日至 9 月 25 日转至北京中国美术馆继续展出。

5月10日 以“创新合作、成就梦想”为主题的第四届两岸青年创新创业论坛在台湾东方设计学院举行。

5月13日 “艺术圆融——首届两岸艺术大师作品联展”在北京开幕，朱炳仁、杨奉琛、郑发祥、李沃源等四位两岸艺术家携百余件佳作参展。

5月17日 由中国国际贸易促进委员会福州市支会、台湾中华美学经济发展协会等联合主办的“文创福州——两岸文化创意产业研讨会”在福州举行。

5月19日 祖国大陆第一家艺术品拍卖公司——上海朵云轩在台北设立台湾办事处。

5月23日 由枣庄市台办、台儿庄区政府、台湾旺旺中时传媒集团联合主办的“相约台儿庄创意总动员”2013两岸文化创意产业发展论坛在台儿庄古城举行。本次论坛的主题是“青春·创意·梦想”，签署了两岸文创交流备忘录。

5月26日 两岸媒介文化发展协同创新基地揭牌仪式暨首届闽台媒介文化发展高峰论坛在福州举行，首届闽台媒介文化发展高峰论坛以“华语媒体的传播影响力与两岸协同创新”为主题，14位来自海峡两岸的媒体主管和知名学者发表演讲。

5月26日 第十三届中国·承德国际旅游文化节期间，由中华文化促进会、中华两岸文化创意产业发展协会、承德市人民政府联合主办，文化产业（中国）协作体、鼎盛文化产业投资公司共同承办的“第三届两岸文化产业（承德）论坛”举行。该论坛以“创意·创新·创造”为主题，深入探讨文化产业发展的核心竞争力，采取现场观摩、对话洽谈等方式，突出产业对接、企业对接、项目对接等，旨在打造具有品牌价值的常态化的信息交流和产业合作平台，为推动两岸文化产业快速发展提供服务和支撑。

5月26日 中华文化促进会与台湾太平洋文化基金会联合主办的“2013两岸（南通）人文对话”活动在江苏省南通举行，海峡两岸的教育工作者围绕“学生品德教育”这一主题，展开深入交流与探讨。这是2013中国南通江海国际博览会重要活动之一。

5月27日 “2013海峡两岸城市发展论坛：青岛—远见”在台北举行，

主题为“国际会展交流—城市行销与持续发展”。

5 月 31 日 2013 海峡两岸炎帝神农祭祀大典在台湾嘉义市灯会广场举行。本次祭祀大典主题为“千里迎圣祖、万民庆神农”，由嘉义市大天宫举办。

5 月 北京市台办、北京市文化局、北京市政府新闻办与台北市文化局、台北市文化基金会等单位共同主办“2013 两岸城市文化互访系列——北京周”系列活动。北京“优戏剧”等北京知名民间戏剧团体为台湾观众带来蒲松龄、鲁迅、老舍、韩寒等作家的六部多元风格精彩话剧，在台北、桃园等地共演出 18 场，“美丽北京·美丽台湾”书画篆刻精品展于 5 月 24 ~ 28 日在台北市松山文创园区同期开展。

6 月 1 日 首届两岸青年戏剧节在北京举行，来自香港、台湾的 6 个剧团于至 6 月 30 日在北京木马剧场轮番呈现 18 场演出，展示港台戏剧文化。本届戏剧节是两岸历年来规模最大的小剧场交流活动，共有 12 部两岸的优秀作品，分别于 5 月在台湾、6 月在北京展演。台北演出单元已于 5 月 20 日收官，期间上演的《1988——我想和这个世界谈谈》等六部大陆话剧，引发台湾戏剧界的讨论和关注。

6 月 6 日 “走进台湾——2013 郑州市戏迷擂台赛”在登封迎仙阁广场启动，正式拉开了 2013 年度郑州市戏迷盛会的大幕。

6 月 7 日 第五届两岸电影展在台北光点华山电影馆开幕。

6 月 11 日 2013 年中国龙舟公开赛（上海普陀站）暨第十届上海苏州河城市龙舟国际邀请赛暨第一届上海—新北龙舟文化交流活动在苏州河梦清园环保主题公园段隆重举行。根据上海市龙舟协会与新北市体育总会签订的协议，将共同承办两岸龙舟文化交流活动，首期 4 年，两地轮流举办。

6 月 13 日 海峡两岸首家合资原创青少年漫画供应商——厦门华亿漫画创意有限公司（简称“华亿漫画公司”）签约成立。

6 月 16 日 “2013 海峡两岸（平潭）沙滩文化节”在平潭龙凤头海滨浴场拉开序幕。本届沙滩文化节的主题是“美丽平潭 共同家园”，由广场文化、沙滩休闲、台湾美食、沙雕园区四大板块组成，活动历时 100 天。

6 月 16 日 由两岸的 73 家单位共同举办的第五届海峡论坛在厦门举行，论坛设大会活动、基层交流、文化交流、经贸交流等四大版块 28 项活动。此次论坛大陆方面宣布了31项促进两岸交流合作的政策措施，内容涉及两岸人员往来、赴台旅游、就业、基层调解、文化交流、版权交易、两岸直航、台企融资等多个领域。其中包括新设立11家海峡两岸交流基地、设立首批10家海峡两岸文化交流基地、同意在福建省设立国家海峡版权交易中心、在福建开展“加强国产网络游戏属地管理试点”、在福建设立海峡国家数字出版产业基地等。论坛发布31项惠民政策，国务院台办发言人范丽青6月26日例行发布会上表示，可以讨论两岸交往中实务部门行使公权力的问题。

6月16日 以“弘扬闽南文化，增进合作交流”为主题的2013年世界闽南文化节在泉州市举办。闽南文化广泛分布于我国东南沿海和台港澳地区，以及东南亚许多国家，是连接海峡两岸人民和海内外闽南儿女的重要精神纽带。泉州是闽南文化的主要发祥地。本次活动海峡色彩浓厚，得到了台湾方面积极响应。中国国民党副主席林丰正等台湾知名人士参加了本次活动。来自台湾的多个南音社团、布袋戏团近200人、专家学者20人、各界人士近300人参加了文化节的活动。

6月18日 “2013两岸侨史交流与合作研讨会”在陕西西安市召开。

6月20日 由中华文化发展促进会、中国社会科学院台湾研究所、台湾两岸统合学会主办，台湾二十一世纪基金会、台湾大学政治学系、香港中国评论通讯社协办的“北京会谈”两岸关系研讨会在北京开幕。台湾二十一世纪基金会董事长高育仁在致辞时表示，建议尽早建立两岸和平协商机制，作为两岸关系和平发展中的沟通平台，定期磋商、探索两岸关系中的政治课题，进而进行两岸政治上“合情合理安排”的探讨与协商。

6月21日 海峡两岸关系协会会长陈德铭与台湾海峡交流基金会董事长林中森在上海举行两会恢复协商以来的第九次会谈。双方签署《海峡两岸服务贸易协议》，两岸服务贸易协议的签署有利于推动两岸服务贸易正常化和自由化进程，相互开放服务业市场，促进共同发展。协议规定了两岸服务贸易的基本原则、双方的权利义务，未来合作发展方向及相关工作机制等内容。协议明确了两岸服务市场开放清单，在早期收获基础上更大范围地降低市场准入门槛，为两岸服务业合作提供更多优惠和便利的市场开放措施。大陆对台开放共80条，台湾对大陆开放共64条，双方市场开放涉及商业、通信、建筑、分销、环境、健康和社会、旅游、娱乐文化和体育、运输、金融等行业。

6 月 21 日 两岸“两会”领导人第九次会谈在上海举行，是两岸“两会”2008 年恢复制度性协商以来第五次在大陆举行会谈，海协会会长陈德铭与海基会董事长林中森共同签署了海峡两岸服务贸易协议及其附件。

6 月 21 日 以“为了艺术为了爱”为主题的“第六届海峡两岸合唱节”在台湾新竹市举行。合唱节由中国音乐家协会、福州市政府与台湾新竹市政府等主办，特邀两岸四支队伍展演，共 22 支合唱团参加，参赛和参演的合唱演艺人员超过了 1500 人。

6 月 28 日 第七届海峡两岸文化创意产业高校研究联盟论坛在台湾政治大学举行台湾专题会议。本次论坛以“两岸文创政策高阶论坛：全球文创元素之保存与创新”为主题。

6 月 29 日 由上海交通大学和上海市文化广播影视管理局、台北市文化局、台北教育大学共同举办的“非物质文化遗产的保护与开发：合作与愿景——两岸文化（创意）产业论坛”，在台北举行，同日在台北举办了上海非物质文化遗产精品展。

7 月 6 日 天津市文化产业协会与台湾文化创意产业联盟协会联合举办的深化津台文化创意产业合作签约仪式在迎宾馆举行。市政协主席何立峰，市委常委、市委宣传部部长成其圣，台湾文化创意产业联盟协会理事长林盘耸、名誉理事长李永萍，台北市前副市长林建元出席。根据协议，双方将在天津建立“津台文化产业合作交流园区”和“两岸文化创意产业人才培训服务基地”。合作交流园区将引进台湾发展文创产业的理念，对天津的工业遗址进行改造利用，打造集文化创意、设计展示、文化娱乐于一体的文化产业园区。人才培训服务基地设在南开大学滨海开发研究院，将利用台湾在文创方面的师资和课程模式，为两岸培养文化产业专门人才。同时，红桥区、东丽区有关部门还分别与台北市电脑商业同业公会、台湾花莲文化创意园区签署了关于加强微电影等产业领域交流的合作协议，约定共同推进相关产业发展。此外，津台双方还举行了文化创意产业合作对接会，两地有关人士就文化创意产业合作进行了充分交流洽谈，在多个方面达成了意向。

7 月 9 日 由中华文化联谊会和河北省人民政府共同主办的“情系燕

赵——两岸文化联谊行”活动在河北石家庄开幕。100 余位台湾文化教育界人士与大陆文化界代表共聚河北，感受燕赵文化的深厚底蕴。

7 月 21 日 由江苏省广电总台携手台湾中天电视，台湾正声广播电台共同举办的 2013 首届海峡两岸歌会在南京举行发布仪式。海峡两岸将共同举办歌手选秀活动，打造“海峡两岸歌会”文化品牌，两岸三家媒体共同进行制作，因此在“海峡两岸元素”运用上得天独厚，将“台湾元素”与“大陆元素”的文化融合推向新的境界。“2013 首届海峡两岸歌会”在 8 月 13 日举办，江苏卫视、江苏电视台综艺频道，台湾中天电视在海峡两岸同步播出。

7 月 31 日 “2013 两岸妈祖佑南疆祈福活动暨第四届琼海市南海传统文化节”在琼海市举办。活动以“牵手耕海，圆梦中华”为主题，包括开幕式、文艺晚会、海洋文明与妈祖文化论坛、琼台交流合作签约仪式、两岸妈祖巡游、祈福大会、开捕仪式、琼台海产品与美食购物展示以及各类群众文体活动等内容，旨在以妈祖文化为纽带，厚植两岸同胞亲情，促进两岸交流合作。

8 月 3 日 以“青春碰撞、年华创想”为主题的两岸动漫嘉年华活动在福州举办，该活动是首届“海峡青年节”活动的重要项目，包括角色扮演、人偶表演、两岸动漫游戏成果展示、签名场等活动。

8 月 4 日 “2013 两岸文创汇”在福州举行，活动分为两岸青年文创精品展和两岸青年文创论坛两部分。两项两岸文创项目在“两岸青年文创精品展”开幕仪式上成功签约。台资企业福州联森创意科技有限公司入驻福州海峡文化创意产业园。

8 月 5 日 首届海峡两岸文化发展论坛在福州举行，20 多位来自台湾师范大学、台湾政治大学、台湾世新大学等高校学者和 40 多位大陆文化教育界专家学者与会，本届论坛的议题是“两岸视域中的传统文化与文化传统”，其中不乏对两岸文化产业的关注，如台湾艺术大学校长谢颙丞在论坛上介绍从数字典藏到数字出版的产业链流程，他认为，两岸应通过数字典藏与出版应用来传承发展中华文化。

8 月 13 日 由江苏省广电总台携手台湾中天电视、台湾正声广播电台共同举办的 2013 首届海峡两岸歌会在南京举行。

8 月 13 日 2013 年两岸互联网发展论坛在北京开幕，近 400 位两岸互联网业界人士和专家围绕“电子商务时代下的两岸经济合作”这一主题进行探讨交流。论坛还发布了《共同推进两岸电子商务发展倡议书》，倡议两岸业者抓住两岸关系和平发展的重要机遇和传统产业加速进军电商的关键时期，积极探索两岸产业发展的方向和模式；拓展两岸产业融合的深度与广度、提升两岸经济合作的层次；积极推动互联网技术、应用和商业模式创新；强化两岸创新合作与人才交流机制建构；积极推动两岸产业转型升级，联手打造在全球市场的核心竞争力。

8 月 16 日　第十二届“闽南风海峡情”两岸青少年文化交流活动在台北圆满落幕。230 多名两岸青少年参加了此次活动。此次交流活动以福建省青少年宫协会交流团、闽中西南美术主题交流团、“嘉庚建筑”交流团三个不同主题交流团，赴台开展走进嘉庚建筑图片展、“海峡筝飞”DIY 主题活动等交流活动，增进了两岸青少年彼此的了解。活动由福建省青少年宫协会、财团法人金门县社教文化活动基金会主办。

8 月 19 日　中关村——台湾绿色科技文化产业联盟成立大会举行，中关村国际环保产业促进中心作为联盟理事长单位分别与台湾相关单位签署了项目合作协议。该联盟由中关村国际环保产业促进中心、北京市台湾同胞联谊会、台湾绿色生产力基金会，以及 50 多家两岸优势企业与机构共同发起建立，以“搭建两岸绿色科技文化产业交流的平台，传播绿色文明和中华优秀文化”为宗旨，将致力于促进环境保护与资源再生利用、开展绿色科技研究，建立绿色科技资源，开放共享平台等。成立大会后，有关单位举办了主题为“节能环保”“文化创意”的两场研讨交流活动。

8 月 26 日　由中国美术馆、台湾美术馆、中华文化联谊会、财团法人台湾美术基金会联合主办的“交互视象——2013 海峡两岸当代艺术展”亮相中国美术馆。这一展览是延续性的两岸交流项目，每两年举办一届，展览包括 36 位艺术家，其中 18 位来自大陆，18 位来自台湾。

8 月 27 日　“瞬间看到历史台媒眼中的两岸交流图片展”在福州展出 100 幅珍贵历史新闻照片，以近 30 年来两岸交流大事记为主轴，呈现不同时段背景下两岸交流的历史变化。此次展出照片由台湾旺旺中时媒体集团、联合报系等媒体提供，展出是“光影的故事两岸交流交往图片巡回展”的组成部分，它主要通过《两岸传媒》这个跨越两岸的平台，整合两岸资源，在两岸巡回展出两岸交流交往新闻摄影作品。此次福州首展后，巡回展将在大陆各台商聚集区进行展出。2014 年，主办方将整合大陆的历史图片赴台湾展出。

9 月 6 日　中华文化联谊会、广东省人民政府、台北市政府在广东举办“两岸城市艺术节—台北文化周”活动。台北市全民大剧团、台北市立国乐团、朱宗庆打击乐团、台北市立美术馆、狠主流多媒体数码艺术现代舞等一行 250 余人来粤展演。

9 月 17 日　以“湖湘韵味、湘台情缘”为主题的“2013 湖南两岸文化创意产业合作周”在台湾成功举行，掀起了一股强劲的“宝岛湖南风”。此次合作周是湖南省首次在台湾举办的以文化创意产业为主题的大型交流活动。合作周期间，成功举办了湖湘艺术精品展示、湖南电视优秀节目展播、湘台文创产业合作研讨会等活动。参访团参访了 3 家台湾新闻媒体、2 个行业协会和一批文创企业和园区；湘书、湘绣、湘茶、湘瓷和湘影等 5 个板块的展览共开展专场表演 48 场次，生动展示了湖南的文化魅力；湖南省出版界携 318 种、2274 册湘版精品图书赴台参展；合作周期间，湖南广播电视台与台湾中天电视台合作，连续 4 天在中天娱乐台晚间时段展播《天天向上》《奇舞飞扬》《快乐男声》等 4 组优秀电视综艺节目；长沙望城区与台湾新北市莺歌区、长沙文化产业协会与台湾亚太文化创意产业协会、长沙天心文化产业园与台北华山文创园区签订了合作备忘录，湖南广播电视台与台湾 TVBS 电视台签署合作备忘录，湖南湘绣城等一批湖南文化企业与台湾相关企业达成合作意向，湘绣、湘瓷和湘茶分团与台湾 50 多家相关企业机构建立联系，初步达成了合作发展或代理营销意向；长沙市文化产业协会与亚太文化创意产业协会，天心区文化产业示范园与华山文创园，望城区铜官镇与新北市莺歌镇分别签订战略合作框架备忘录，共同推进双方文化创意产业发展。

9 月 25 日　大陆电视剧《兰陵王》近日在台湾热播，国务院台湾事务办公室发言人杨毅 25 日在北京应询表示，支持两岸合拍电视剧。这有利于加强两岸的文化交流，有利于增进两岸同胞的了解，大陆方面对此持积极和开放的态度。《兰陵王》近日登陆台湾，播出短短 6 天，平均收视高达 2.75%，创下古装剧在台播出最高纪录，23 日在播出大结局时收视更冲到 4.15%，并创下

5.52%的瞬间收视率。当天举行的例行新闻发布会上，有台湾记者问，《兰陵王》等大陆电视剧在台湾非常受欢迎，两岸文化交流方面会不会更加开放。杨毅回应，近年来有不少台湾的电视剧在大陆播出，也有很多大陆优秀的电视剧在台湾热播，“我听说有的电视剧播过七遍”。希望有更多的台湾电视剧在大陆播出，有更多的大陆优秀电视剧在台湾播出。

9 月 由台湾 14 家媒体的记者和台湾“陆委会”代表组成的参访团赴福建参访，参访团此行的目的是要深入了解在闽台商的生存和发展状况，以及 ECFA 签署后的具体成效、两岸“小三通”的发展历程和未来前景、金门供水事宜的后续协商等有关情况。此次参访团是由台湾媒体自发组织，这在大陆范围内尚不多见。

10 月 1 日 首届“高雄特色周”亮相北京，18 家台湾高雄企业以特色物产迎接广大游客，之前，北京已连续两年在高雄举办了“北京特色周”。

10 月 6 日 中共中央总书记习近平在印度尼西亚巴厘岛会见台湾两岸共同市场基金会荣誉董事长萧万长。习近平强调，两岸双方应该坚持走两岸关系和平发展的正确道路，倡导“两岸一家亲”的理念，加强交流合作，共同促进中华民族伟大复兴。

10 月 6 日 中台办、国台办主任张志军在印度尼西亚巴厘岛与台湾大陆事务主管部门负责人王郁琦进行了简短寒暄，双方以官职互称。张志军表示两岸有关部门应加强交流沟通，共同努力推动两岸关系和平发展，造福两岸同胞。王郁琦提出希望与张志军实现互访，张志军表示赞同，欢迎王郁琦在适当时候到祖国大陆参访。

10 月 9 日 台湾茶业遂川文化产业创意园正式动工，该项目由台湾德昌营造股份有限公司投资，计划总投资 5 亿元，年创税收 5000 万元，分二期开发，第一期为茶业精深加工、茶文化展示及推广，第二期为发展观光休闲旅游业。

10 月 10 日 福建泰和市首家台湾主题文化公园——泰和泰鑫台湾文化公园在泰和县龙江新区正式开工建设。泰鑫台湾文化公园项目投资 3 亿美元，是泰和县龙江新区核心区建设的重点项目，占地面积达 213.6 亩，建设包括台湾风情商业街、综合商业大卖场、酒店式公寓、滨水商业街、演艺中心及文化交流中心等，是一个集综合商业、酒店、写字楼、文化产业等功能为一体的城市综合体。该项目预计 2014 年底完成商业地块开发，2015 年引进 50 家以上台湾住户入驻经营，项目正式运营后，两年内将实现商业税收 500 万元以上。

10 月 10 日　第八届中国厦门国际佛事用品展览会开幕，350 多家台湾佛事用品制造企业共聚厦门，宣传品牌、展示产品、创造商机。

10 月 11 日　第二届海峡杯全国书画作品展在福建厦门美术馆开幕，来自海峡两岸的 393 件书画作品展现了两岸多姿多彩的书法艺术和风土人情。

10 月 11 日　首届两岸和平论坛在上海举行，两岸 120 多位专家学者和有关人士就两岸政治关系、两岸涉外事务、两岸安全互信、两岸和平架构等四个议题展开讨论，并形成了《首届两岸和平论坛纪要》。论坛由全国台湾研究会、台湾二十一世纪基金会等 14 家两岸民间团体和学术机构共同举办，主题为“两岸和平、共同发展”。国台办发言人表示，首届两岸和平论坛为新形势下开展两岸民间政治对话搭建了一个重要的平台，具有开创性的意义。祖国大陆支持和鼓励两岸和平论坛继续发挥两岸民间政治对话重要平台的作用，促进两岸智库和各界有识之士加强沟通研讨，不断积累共识，共同促进两岸关系和平发展。

10 月 11 日　“十万游客邮轮两岸行”活动在福建厦门国际邮轮中心正式启动，首发团 1200 多名游客乘坐丽星邮轮“双子星号”展开为期 4 天的环海峡邮轮旅游。

10 月 14 日　第五届海峡两岸暨港澳地区艺术论坛在河北承德开幕。

10 月 16 日　“十一”黄金周期间大陆居民赴台个人游首超团队游，共有 4.33 万名大陆游客赴台旅游，同比增长 14.28%，其中个人游 2.36 万人次，同比增长 144.25%。2013 年前 9 个月，大陆居民赴台个人游同比增长逾 200%，人数达 168 万人次，同比增长 15%，团队游基本持平，个人游达 35 万人次。

10 月 16 日　海峡媒体井冈山峰会召开，台湾 16 家媒体和祖国大陆 15 家媒体代表与会，共商促进海峡两岸媒体合作交流大计，谋求突破两岸媒体交流合作发展缓慢的现状。

10 月 20 日　第十三届海峡两岸及港澳新闻研讨会在湖北武汉举行，来自大陆及港、澳、台新闻界的100多位专家和业内人士，围绕“多媒体融合时代的传播策略”，对传统媒体转型和新媒体发展进行研讨。

10月24日 2013海峡两岸民间艺术节在福建厦门开幕，本届艺术节首次邀请华东七省市对台文化交流基地文艺表演院团和专家参与，将以往主要局限于闽台两地的交流扩展至更大范围。

10月25日 第六届海峡两岸文化产业博览交易会在厦门开幕，两岸2295家企业、上万名客商参展。本届文博会与第九届海峡两岸图书交易会、第六届厦门国际动漫节、2013海峡两岸民间艺术节、2013中国厦门国际运动健身器材展同期举办，形成“两会两节一展”的大文博会格局，参展企业（含演出团体）达2295家，总展览面积9.5万平方米，其中台湾企业和演出团体达到973家，设置展位近1200个。文博会为期3天，期间将举办200多项丰富多彩的活动，包括“文化产业投资论坛”“亚洲六城创意设计论坛”“两岸文创产业发展论坛”“海峡两岸数字内容产业采购对接会暨产业大会”“第十八届两岸四地华文出版年会”等。其中文化产业投资论坛以“文化对接资本智造美丽中国”为主题，会期首次举办了两岸高校设计展，首评“中华工艺精品奖”。第六届海峡两岸（厦门）文化产业博览交易会产业投资签约项目126个，总签约额375.4亿元，签约项目整体质量有较大的提升，其中合同项目68个，合同金额达到169.8亿元，比增达66%。四天的展览现场成交活跃，文博会主会场与各分会场文化商品与文化服务现场交易含现金交易订单交易总成交额为7.4亿元，同比增长22%。第九届海峡两岸图书交易会现场订购销售图书4230万码洋，达成138项图书版权贸易，协议版权出版总码洋6600万元；第六届厦门国际动漫节签约及合作意向金额11.6亿元；2013中国厦门国际运动健身器材展展会达成的合同交易额和现场销售总计1.86亿元。

10月25～28日 第九届海峡两岸图书交易会在福建厦门举行，本次会议主题为“书香两岸·情系中华”。

10月26日 海峡数字内容产业大会Mobi-X在厦门举办，大会聚焦当前数字内容产业和资本市场最火热的X因素，移动游戏，从开发者、渠道商、运营商、游戏引擎等角度来分享各自经验，同时对接开发者与渠道商和运营商。海峡两岸六大电信运营商：中国移动、中国联通、中国电信、中华电信、远传电信、台湾大哥大参会，现场通过文博会的国家级平台公布了业内十佳游戏评选结果。

10 月 26 日　武当山与阿里山、太极湖与日月潭“两山两湖”友好合作签约仪式在湖北武当山举行。会上，武当山旅游经济特区与阿里山所在地台湾嘉义县观光协会，以及日月潭所在地台湾南投县观光协会分别签署战略合作协议。双方协议将继续建立旅游营销合作机制，充分利用宣传媒介，积极宣传对方的旅游资源和特色旅游产品。协议双方还将建立互访交流机制加强合作与沟通，确保各项工作落到实处、并长期在经验上进行深入交流和推广。

10 月 26 日　自 2013 年 9 月起，在祖国大陆各类全日制普通高等学校、科研院所接受普通高等学历教育的全日制台湾学生纳入城镇居民基本医疗保险范围。

10 月 26 日　“2013 两岸青年文学会议”在台北开幕，这是继 2011 年首届会议在北京举行之后的第二届，也是首次在台湾举办。共有近 60 位两岸作家、学者与会，多数为 1970 年后出生，来自祖国大陆的作家、评论家有 23 位。

10 月 27 日　第九届两岸经贸文化论坛在南宁闭幕，本届论坛以“扩大交流合作，共同振兴中华”为主题，邀集海峡两岸三百多位精英，就如何推进两岸经济科技合作，加强两岸文化产业合作，以及深化两岸教育交流合作展开深入探讨。吴伯雄在谈到两岸文化产业合作时说，随着大陆经济的表现与大中华经济圈的成型，中华文化已逐渐成为全球关注焦点与学习的对象。由于文化产业的发展来自深厚的文化底蕴，两岸均同属拥有五千年历史的中华文化圈，有相同的文化血缘与地缘关系，对文化产业的发展，将有广泛合作的契机，盼望透过这次的机会，让两岸文化产业发展出互补共荣的结果。中国国民党国政研究基金会教育文化组召集人李建兴报告了本组两岸专家学者对进一步加强两岸文化产业合作提出的七项建议。其中包括筹设对等互利的两岸文化产业合作发展工作小组；加强两岸文化界高层管理者以民间身份互访，形成交流机制；推动签署两岸文化创意产业合作协议；建立四种相关平台；加强知识产权及个人隐私的保障；秉持对等开放原则，建立双向合作商转模式；建议加强双向技术合作及人才交流。

11 月 1 日　第十五届中国·湄洲妈祖文化旅游节在“妈祖故乡”福建莆田湄洲岛开幕，来自海峡两岸上万名妈祖信众会聚湄洲，共谒妈祖。

11 月 2 日　第九届湘台经贸文化交流合作会在湖南长沙开幕，台湾和湖南就现代农业、文化创意产业等方面共商深化合作，并签署 13 个合作项目，金额逾 35 亿美元。

11 月 7 日　文化部副部长丁伟在京会见了台湾“中华两岸文化艺术基金会”会长、中国国民党中央评议委员、两岸文化艺术交流小组主任庄汉生。双方就进一步推动两岸文化艺术交流和文化产业合作广泛交换了意见。庄汉生对此表示赞同，他还向丁伟副部长介绍了两岸共同举办“两岸情　心连心——中华两岸书画艺术交流展暨研讨会”的有关筹备情况。

11 月 9 日　第二届海峡两岸文化创意产业研讨会在马尾开幕，研讨会由福建省亚太合作与经济发展研究会、福州大学阳光学院、台湾亚洲大学联合举办。来自台湾的中国科技大学、台南大学、屏东教育大学、台北师范大学、台中教育大学等十余所高校的专家学者与福建省社科院、福州大学、福建师范大学同仁一起，探讨发展以中华文化为核心的创意文化产业。

11 月 13 日　国台办发言人表示，大陆政府支持台湾发展人民币离岸市场，两岸有关方面正就建立货币互换安排开展相关研究。

11 月 21 日　第四届海峡两岸文化创意产业展在台北南港展览馆隆重开幕。中华文化联谊会顾问、文化部副部长项兆伦，浙江省海峡两岸经济文化发展促进会名誉会长吕祖善，中华文化联谊会副会长、文化部港澳台办公室副主任蒲通，台湾商业总会理事长张平沼，台湾文化主管部门相关负责人许秋煌以及两岸文化产业机构、企业代表，海内外采购商等近百人出席了开幕式。

11 月 23 日　由中国网络电视台（CNTV）与福建省旅游信息中心联合出品的首部两岸合拍微电影《花开彼岸》在中国网络电视台“DV 看两岸”活动平台首播。

11 月 24 日　“2013 海峡两岸文化产业人才培养与战略合作分论坛”在福建举行，与会的两岸学者专家们围绕闽台文化产业人才培养比较研究、文化产业人才培养发展战略研究、闽台文化产业发展前瞻三大专题展开研讨，推动两岸文化产业人才教育合作。会上，各位专家围绕闽台文化产业人才培养比较研究、文化产业人才培养发展战略研究、闽台文化产业发展前瞻三大专题展开研讨。会议集结了《两岸文化产业人才培养与战略合作研讨会论文集》。

11 月 25 日 由福建日报报业集团和台湾旺旺中时媒体集团主办的第五届海峡媒体峰会在台北举行。多位两岸媒体人在会上呼吁，两岸媒体合作应继续向前“迈大步”，尽快实现媒体互设常驻机构，实现新闻交流常态化。

11 月 26 日 内蒙古“草原情、宝岛行”交流合作活动在台北启动，活动包括台北内蒙古旅游推介会；在台北、台中、南投举行专场文艺演出；赴阿里山与邹族民众座谈交流、采茶、互动表演，访问邹族小学；考察南投埔里镇农会、台南市，并举行内蒙古企业采购农产品签约仪式。

11 月 28 日 第二届两岸现代商业服务业合作发展会议在青岛举行。两岸现代商业服务业合作发展会议为两岸部长级的机制性会议。第一届会议于 2012 年 6 月在台北成功举办。本次会议是两岸现代商业服务业合作发展会议首次在大陆举办。本届会议在大陆城镇化进程不断加快和《海峡两岸服务贸易协议》签署的背景下召开，以建立两岸合作新机制为目的，针对两岸商业服务业机遇与发展、两岸电子商务合作展望及台湾中小服务业企业服务大陆城镇化建设三项议题展开研究讨论。

11 月 迄今持续时间最长的两岸文化交流项目——首届“海峡两岸文化遗产节”在台中市开幕。除《护生画集》文物展、话剧《最后之胜利》外，还将带去民族管弦乐组曲《山水化境——富春山居图随想》音乐会、《老照片，新北京》展览等共计七大系列活动，将一直持续到 2014 年 6 月，覆盖台北、台中、台东、高雄、台南等台湾重要县市。

12 月 1 日 由中华海峡连锁经营协会主办的“台湾文化创意产业海西合作论坛”在福州举行。论坛努力搭建两岸文化创意产业链之间优势资源互动交流的平台，两岸专家、业者共同研讨，希望携手开启两岸文创经济新时代。

12 月 11 日 两岸文化创意产业合作论坛在台北国际会议中心举办，两岸业界逾 200 人出席。论坛希冀为两岸产业促进合作，协助两岸企业共创双赢。论坛将围绕文化创意为品牌创造价值，掌握健康新时代迎接两岸新财富等议题，研讨双方合作的途径。论坛邀请大陆上百位具有实力的企业家与会，透过论坛与台湾产业对接，以协助两岸文创、健康等产业开展交流、研讨，从而建立两岸产业投资合作、资源互补、人际沟通的合作平台。台湾海基会董事长林中森在论坛上表示，2013 年 6 月，“两会”领导人第九次会谈签署了两岸服贸协议，相信台湾人民最终会作出理智的抉择。该论坛分别举办两岸文创产业、健康产业、品牌产业投资合作洽谈会，就双方开展技术合作、融资并购、上市发展等内容进行交流。

12 月 12 日　2013“海峡两岸导游之星”大赛在福建厦门举办，本次大赛由福建厦门、泉州、漳州和台北、高雄、台中、澎湖等地的旅游协会和主管部门共同主办。

12 月 16 日　由内蒙古自治区文化产业促进会主办、中华两岸台蒙经济文化交流协会承办的首届“台湾·内蒙古文化周”在桃园县平镇市开幕。本次活动是内蒙古自治区政府代表团进行《草原情·宝岛行》内蒙古赴台湾交流活动的落实内容之一，也是其在台湾地区举办的首届综合性文化交流活动，为期 5 天的文化周活动将分别在台北、南投、嘉义、台南、高雄、花莲等地开展“天籁·来自内蒙古大草原的歌声”文艺演出，同时举办红山文化文物图片展、中国篆刻作品展、内蒙古书画作品展、蒙古民族服饰展、民族手工艺品和蒙医蒙药展览等一系列活动，让台湾民众近距离了解内蒙古，欣赏草原文化和民族艺术。

12 月 16 日　两岸城市甜蜜季第二季爱情微电影脚本征集活动在福建厦门开评，通过专业人士评选和网络公开投票等形式，有三篇作品被推选为“年度最美爱情故事脚本”。两岸城市甜蜜季活动至今已成功举办三届，两岸参与人数达上万人次，今年两岸首次合推、合拍的是草根爱情微电影。

12 月 20 日　2013 两岸非物质文化遗产博览在珠海开幕，本届博览会由珠海市文化产业协会、珠海天下国际会展有限公司联合主办，博览会汇集两岸千余项非物质文化遗产项目在珠海市展演，为支持展览活动圆满成功，少林寺方丈释永信派遣少林武僧参加博览会，云南省文化厅选送的翡翠雕刻、滇红茶制作技艺、贝叶经、黄龙玉雕、苴却砚、乌铜走银、纳西族东巴画、白族扎染等国家级非物质文化遗产传承人携作品亮相展览会；香港、澳门以及台湾的特色产品也将在展会期间隆重推出，特别是珠海平沙镇政府推荐的台湾农民创意产业园的香水莲花以及衍生的创意产品也将亮相展会。

12月22日　“2013海峡两岸媒体前瞻论坛”在北京开幕。论坛邀请人民日报、新华社，台湾旺旺中时媒体集团、联合报系等两岸70多家报纸、通讯社、电视、广播媒体及部分网络新媒体主要媒体负责人、新闻院校学者及两岸关系研究专家约100人出席，围绕两岸关系和平发展新形势下媒体所应承担的责任展开研讨并将提出共同倡议，成为两岸间一个全媒体的交流平台。

12月24日　“两岸书画交流展”在北京台湾会馆开展。此展由北京市台联策划组织，新华书画院、中国未来研究会油画院以及来自台湾的艺术家们共同参展，包含油画、水墨画、书法和摄影等80余幅精美作品。

12月29日　台湾当局统计显示，2013年前三季度，大陆民众赴台从事文教交流的人数超6.7万人次，包括美术、民俗、音乐、文化创意产业等方面的交流盛宴在两岸各地不断上演，综艺节目《我是歌手》火爆大陆，在台湾也广为关注，不仅报纸大篇幅报道相关资讯，还有电视台直接转播决赛，收视率比平常时段增长了近220%，大陆电视剧《甄嬛传》的主演接连赴台，更引发热潮。两岸文博会、两岸汉字艺术节、两岸文化创意产业展等一系列两岸文化交流品牌活动不断形成，实现定期化交流。年初在台北成功举办由学术高峰论坛、美术展、专题研讨会和两岸交流笔会等系列活动组成的“当代中国画学术论坛”，成为迄今学术水平最高、展览规模及影响最大的美术专业活动之一。

12月　“2013双城新年公益音乐会”在北京、台北、新北等地陆续上演。台湾师范大学首度与大陆北京大学等三所知名学府携手，为两岸听众演绎具有台湾特色与国际典范的乐曲，带来一场场音乐飨宴，更为两岸文化交流吹来一股清新之风。

两岸共识

Cross-straits Common Understanding

B.25
第九届两岸经贸文化论坛共同建议

（2013 年 10 月 27 日）

由中共中央台湾工作办公室海峡两岸关系研究中心与中国国民党国政研究基金会共同主办的第九届两岸经贸文化论坛，于 2013 年 10 月 26 ~ 27 日在广西南宁举行。中共中央政治局常委俞正声和中国国民党荣誉主席吴伯雄出席论坛并致词。国共两党有关方面负责人，其他党派代表，两岸经济界、科技界、文化界、教育界等方面人士和专家学者约 350 人出席。两岸有关部门主管人士作为特邀嘉宾和特邀专家出席论坛。

与会人士聚焦本届论坛“扩大交流合作，共同振兴中华”的主题，就推进两岸经济科技合作、加强文化产业合作、深化教育交流合作三项议题，展开深入讨论。会议认为，自 2012 年第八届两岸经贸文化论坛以来，两岸在反对“台独”、坚持“九二共识”的基础上，形成更多共识，政治互信得到增强，各领域交流基础更加坚实，合作不断深化，两岸关系和平发展继续保持良好趋势。新形势下，两岸应继续扩大深化经济、科技、文化、教育等领域的交流合作，加强优势整合，提升应对外部挑战的竞争力，实现共同发展与繁荣，造福两岸同胞，携手致力实现民族振兴。与会各界人士经过充分交流研讨，提出以下共同建议。

1. 积极推进两岸经济合作框架协议后续协议商谈和落实，加速两岸服务贸易协议生效实施。继续推进两岸货物贸易、争端解决协议商谈，建立公平、透明、便利的贸易投资环境，争取早日实现两岸经济关系正常化、制度化和自由化。

2. 鼓励和支持海峡西岸经济区、平潭综合实验区、昆山深化两岸产业合作试验区、上海自由贸易试验区等与台湾自由经济示范区开展广泛合作，相互借鉴，融合发展。

3. 两岸应共同面对国际经济形势深刻变化带来的机遇与挑战，在密切两岸经济合作基础上，探讨和协商同亚太区域经济整合进程相衔接的适当方式和可行途径，提升两岸经济实力及全球竞争力。

4. 着力加强两岸产业合作。进一步发挥两岸经济合作委员会及其产业合作工作小组作用。加强规划协调，促进建立两岸产业规划对接机制和产业政策协调机制，共同制定相关产业技术规范与标准。建构垂直和水平分工并行的两岸产业分工合作体系。

5. 推动加强两岸企业合作。引导两岸企业相互参股、合作研发，建立合作新模式。支持两岸企业家通过各种交流平台加强相互合作。

6. 深化两岸金融合作。完善两岸金融监管合作机制和货币清算机制，进一步相互开放金融市场，合作维护两岸金融市场稳定。支持两岸金融机构相互参股、互设机构，加强理论研究、信息、业务、人才等方面的交流合作，开发消费金融、财富管理、物流金融等新产品新业务。

7. 进一步深化两岸农业合作。支持两岸农业交流合作，推动两岸农业合作制度化。进一步扩大两岸农产品贸易，加强农产品检验检疫合作，为两岸农产品进出口设立便捷通道。推进两岸农业新品种、新产品研发和新技术交流合作，共同提高农业科技水平，提升国际竞争力。

8. 统筹规划、大力推动两岸科技交流合作，尽快研究商签两岸科技交流合作协议，实现科技交流合作的制度化。推动两岸科技界建立更紧密和稳定的合作关系，更好地发挥两岸科技互补优势，共同提高科技发展水平。

9. 研究加强两岸科技合作的平台建设，为科技合作创造更好条件。加强两岸科技研究发展机构的交流，鼓励共同建立研发中心。推动建立两岸高新园区交流合作机制，鼓励开展各种形式的交流合作，促进科技成果转化。鼓励两岸文化科技创新交流，推动文化和科技融合。支持两岸科技中介服务机构加强合作，共同为两岸科技产业发展和企业转型升级服务。

10. 加强两岸新能源、可再生能源开发利用及环保科技、生物科技合作，促进相关产业共同发展，提升国际竞争力。鼓励两岸就能源需求研究合作开发和相互支援的途径。发挥两岸可再生能源产业链上的互补效果及国际竞争优势，强化合作，提升效益。

11. 进一步完善两岸旅游交流合作机制，提升和丰富两岸旅游交流合作平台功能与内涵。推动两岸旅游业逐步实现产业化合作，重点开展旅游投资、金融服务、智慧旅游等合作。扩大旅游交流规模，提升旅游服务品质，保障两岸民众旅游消费权益，创造更佳旅游环境。

12. 继续落实两岸医药卫生合作协议。加强两岸医药品安全管理及研发工作，整合发挥两岸医药品研发优势，因应两岸公共卫生及医药需求，按照医药品安全管理公认标准确定的原则，合作推动双方技术标准及规范的协调性，以提升医药品的安全、有效性。鼓励两岸合作试点医院开发“远距医疗”和“健康云”，提高两岸医疗服务水平。

13. 持续推动两岸文化交流合作的制度化、机制化。研究商签文化交流协议以及文化产业、出版交流、文物交流等文化领域相关协议。继续营造有利于两岸文化交流的政策环境，进一步调整妨碍两岸文化交流的限制性规定。

14. 深化两岸文化产业交流合作，提高两岸在文化、创意领域交流的规模与品质。扩大两岸文化产业人才交流，加强两岸高校合作开展文化产业学科建设，共同培育文创人才。促进两岸文化企业合作，支持举办两岸文化产业博览会及相关论坛。合作建立两岸创意城市网络及文化生活创新促进平台。

15. 促进两岸影视交流合作，加强制度化建设。拓宽两岸广电媒体交流合作渠道。继续支持两岸合拍电影、电视剧。加强两岸影视演职人员及创作人才双向交流。

16. 加强两岸出版交流与合作。推动建立出版交流合作机制，积极扩大出版物贸易和版权贸易。持续推动传统出版合作，加强动漫、网游、数字出版、手机出版等新兴业态合作。进一步落实与完善两岸知识产权保护合作协议，共同维护两岸出版市场秩序，保障业者权益。加强两岸新闻出版产品开发、华文出版物国际营销渠道建设、新闻出版国际化人才培养等方面的合作，提升中华文化在国际上的影响力。

17. 提升两岸教育交流合作制度化水平，研究商签两岸教育交流合作协议。推动两岸全面实现学历互认，扩大交换学生及高等教育专业师资交流，审慎探讨发展两岸双联学制与开放大陆学位生参加台湾技术士技能检定。鼓励两岸搭建更多教育交流平台，建设两岸同源大学联盟。支持开展形式多样的合作办学，加强两岸学生服务平台功能，为学生就学、就业提供更多方便。

18. 共同弘扬中华优秀传统文化。加强合作，推动传统文化与精神的教育工作。鼓励两岸各级各类学校开展中华传统文化教学研讨及师资培训。鼓励两岸合作编写国学教育书籍。支持举办以中华传统文化教育为主题的两岸青少年交流活动。

19. 结合两岸产学研资源，合作创建青年创新创业机构。鼓励两岸青年开展创新创业交流，举办竞赛活动。推动两岸青年创业团体互访，建构两岸青年创新创业交流平台，加强培育人才，形成创新创业社群聚落。鼓励两岸青年创办新兴产业新创公司，共同参与国际竞争。

附　　录

Appendix

B.26

海峡两岸服务贸易协议

为加强海峡两岸经贸关系，促进服务贸易自由化，依据《海峡两岸经济合作框架协议》及世界贸易组织《服务贸易总协定》，海峡两岸关系协会与财团法人海峡交流基金会经平等协商，达成协议如下。

第一章　总则

第一条　目标

本协议致力于：

一、逐步减少或消除双方之间涵盖众多部门的服务贸易限制性措施，促进双方服务贸易进一步自由化及便利化；

二、继续扩展服务贸易的广度和深度；

三、增进双方在服务贸易领域的合作。

第二条　定义

就本协议而言：

一、“服务贸易”指：

（一）自一方内向另一方内提供服务；

（二）在一方内向另一方的服务消费者提供服务；

（三）一方服务提供者通过在另一方内的商业存在提供服务；

（四）一方服务提供者通过在另一方内的自然人存在提供服务。

二、“服务部门”指：

（一）对于一具体承诺，指一方承诺表中列明的该项服务的一个、多个或所有次部门；

（二）在其他情况下，指该服务部门的全部，包括其所有的次部门。

三、“人”指自然人或法人。

四、“法人”指根据两岸任一方相关规定在该方设立的实体。

五、“服务提供者”指两岸任一方提供服务的任何人。如该服务不是由法人直接提供，而是通过分支机构或代表处等其他形式的商业存在提供，则该服务提供者（即该法人）仍应通过该商业存在享有本协议所给予的待遇。此类待遇应扩大至提供该服务的存在方式，但不需扩大至该服务提供者位于提供服务的一方之外的任何其他部分。

六、“服务消费者”指接受或使用服务的任何人。

七、“措施”指两岸任一方的规定、规则、程序、决定或任何其他形式的措施。

八、“一方影响服务贸易的措施”包括关于下列事项的措施：

（一）服务的购买、支付或使用；

（二）与服务提供有关，且该方要求向公众普遍提供的服务的获得和使用；

（三）另一方的人为在该方内提供服务的存在，包括商业存在。

九、“商业存在”指任何类型的商业或专业机构，包括以下列方式在一方内提供服务：

（一）设立、收购或维持一法人；

（二）设立或维持一分支机构或代表处。

第三条　范围

一、本协议适用于双方影响服务贸易的措施。

二、本协议不适用于：

（一）公共采购；

（二）在一方内为行使公共部门职权时提供的服务；

（三）一方提供的补贴或补助，或者附加于接受或持续接受这类补贴的任何条件。但如果前述补贴显著影响一方在本协议下所作具体承诺，另一方可请求磋商，以友好方式解决该问题。应另一方请求，一方应尽可能提供与本协议下所作具体承诺有关的补贴讯息；

（四）两岸间航空运输安排，即《海峡两岸空运协议》与《海峡两岸空运补充协议》及其后续修正文件所涵盖的措施及内容；

（五）与两岸间航空运输安排的行使直接有关的服务，但不包括《海峡两岸经济合作框架协议》及其后续协议项下的服务贸易市场开放承诺表所列措施；

（六）双方有关海运协议的相关措施，但不包括《海峡两岸经济合作框架协议》及其后续协议项下的服务贸易市场开放承诺表所列措施；

（七）双方同意的其他服务或措施。

三、世界贸易组织《服务贸易总协定》关于自然人流动的附件经必要调整后适用于本协议。

四、双方各级业务主管部门及其授权的机构应履行本协议项下的义务和承诺。

第二章　义务与规范

第四条　公平待遇

一、一方对于列入其在世界贸易组织中所作服务贸易具体承诺减让表、《海峡两岸经济合作框架协议》附件四“服务贸易早期收获部门及开放措施”

及本协议附件一“服务贸易具体承诺表”的服务部门，在遵守前述减让表、开放措施或承诺表所列任何条件和资格的前提下，就影响服务提供的所有措施而言，对另一方的服务和服务提供者所给予的待遇，不得低于其给予该一方同类服务和服务提供者的待遇。

二、本条第一款不适用于一方现有的不符措施及其修改，但该一方应逐步减少或消除该等不符措施，且对该等不符措施的任何修改或变更，不得增加对另一方服务和服务提供者的限制。

三、根据本条第一款所作的具体承诺不得解释为要求任一方对于因相关的服务或服务提供者的非当地特性而产生的任何固有的竞争劣势作出补偿。

四、一方可对另一方的服务和服务提供者给予与该一方同类服务和服务提供者形式上相同或不同的待遇，以满足本条第一款要求。如此类形式上相同或不同的待遇改变竞争条件，且与另一方的同类服务或服务提供者相比有利于该一方的服务或服务提供者，则应被视为较为不利的待遇。

五、关于一方影响服务贸易的措施，除符合世界贸易组织《服务贸易总协定》第二条第二款规定的豁免外，该一方对另一方的服务和服务提供者所给予的待遇，不得低于该一方给予的普遍适用于其他任何世界贸易组织成员的同类服务和服务提供者的待遇。

六、本条第五款不适用于一方现有的不符措施及其修改，但该一方应逐步减少直至消除该等不符措施，且对该等不符措施的任何修改或变更，不得增加对另一方服务和服务提供者的限制。

第五条　讯息公开与提供

一、一方应依其规定，及时公布或用其他方式使公众知悉普遍适用的或针对另一方与服务贸易有关的措施。

二、应另一方请求，一方应依其规定，及时就已公布并影响另一方服务提供者的措施的变化提供讯息。

三、一方不得要求另一方提供一经披露即妨碍执行相关规定或有违公共利益，或损害特定企业正当商业利益的机密讯息。

第六条　管理规范

一、一方对已作出具体承诺的部门，应确保所有影响服务贸易的普遍适用措施以合理、客观且公正的方式实施。

二、双方应依其规定赋予受影响的服务提供者对业务主管部门作出的决定申请行政救济的权利，并确保该行政救济程序提供客观和公正的审查。

三、对已作出具体承诺的服务，如提供此种服务需要取得许可，则一方业务主管部门应依其规定在申请人提出完整的申请资料后的一定期间内，将申请的审核结果通知申请人。应申请人请求，该一方业务主管部门应提供有关申请的讯息，不得有不当迟延。

四、为确保有关资格要求、资格程序、技术标准和许可要求的各项措施不构成不必要的服务贸易壁垒，对于一方已作出具体承诺的部门，该方应致力于确保上述措施：

（一）依据客观及透明的标准，例如提供服务的能力；

（二）不得比为确保服务品质所必需的限度更难以负担；

（三）如属许可程序，则该程序本身不成为对服务提供的限制。

五、一方可依其规定或其他经双方同意的方式，承认另一方服务提供者在该另一方已获得的实绩、经历、许可、证明或已满足的资格要求。

六、在已就专业服务作出具体承诺的部门，一方应提供适当程序，以验证另一方专业人员的能力。

第七条　商业行为

一、一方应确保该方内的任何垄断服务提供者在相关市场提供垄断服务时，并未采取违反其在本协议附件一及《海峡两岸经济合作框架协议》附件四中所作承诺的行为。

二、一方的垄断服务提供者直接或经关联企业，参与其垄断权范围外且属该方具体承诺表中服务的竞争时，该方应确保该服务提供者不滥用其垄断地位在该方内采取违反此类承诺的行为。

三、一方有理由认为另一方的垄断服务提供者的行为违反本条第一款或第二款规定时，在该方请求下，经双方协商，可由另一方提供有关经营的讯息。

四、一方在形式上或事实上授权或设立且实质性阻止少数几个服务提供者在该方内相互竞争时，本条第一款及第二款规定应适用于此类服务提供者。

五、除本条第一款至第四款所指的商业行为外，服务提供者的相关商业行为可能会抑制竞争，从而限制服务贸易。在此情形下，一方应就另一方请求进行磋商，以期消除此类商业行为。被请求方对此类请求应给予充分和积极的考虑，并尽可能提供与所涉事项有关且可公开获得的非机密讯息。被请求方依其规定，在与请求方就保障机密性达成一致的前提下，应向请求方提供其他可获得的讯息。

第八条　紧急情况的磋商

若因实施本协议对一方的服务部门造成实质性负面影响，受影响的一方可要求与另一方磋商，积极寻求解决方案。

第九条　支付和转移

除本协议第十条规定的情况外，一方不得对与其具体承诺有关的经常项目交易的对外资金转移和支付实施限制。

第十条　确保对外收支平衡的限制

一方对外收支出现或可能出现严重失衡时，可依规定或惯例暂时限制与服务贸易相关的资金转移和支付，但实施该等限制应遵循公平、非歧视和善意的原则。

第十一条　例外

本协议的任何规定不得解释为妨碍一方采取或维持与世界贸易组织《服务贸易总协定》规则相一致的例外措施。

第十二条　合作

双方应本着互惠互利的原则，加强各个服务部门的合作，以进一步提升双方服务部门的能力、效率与竞争力。

第三章　具体承诺

第十三条　市场开放

对于本协议第二条第一款所指的服务提供模式的市场开放，一方对另一方的服务和符合本协议附件二及本协议其他所列条件的服务提供者给予的待遇，不得低于该方在本协议附件一及《海峡两岸经济合作框架协议》附件四中列明的内容和条件。对以本协议第二条第一款第一项、第三项所指模式提供的服务，如一方就其作出市场开放承诺，则该方应允许相关的资本移动。

第十四条　其他承诺

双方可就影响服务贸易，但不属于依本协议第十三条列入具体承诺表的措施，包括资格、标准、许可事项或其他措施，展开磋商，并将磋商结果列入具体承诺表。

第十五条　具体承诺表

一、双方经过磋商达成的具体承诺表，作为本协议附件一。

二、具体承诺表应列明：

（一）作出承诺的部门或次部门；

（二）市场开放承诺；

（三）本协议第十四条所述其他承诺；

（四）双方同意列入的其他内容。

三、本协议附件一所列金融服务部门的开放承诺方式不受本条第二款规定的限制。

四、本协议附件一及《海峡两岸经济合作框架协议》附件四所列服务部门及市场开放承诺适用本协议附件二关于服务提供者的具体规定。

第十六条　逐步减少服务贸易限制

一、为逐步减少或消除双方之间涵盖众多部门的服务贸易限制性措施，促进服务贸易自由化，经双方同意，可在互惠互利的基础上，就服务贸易的进一步市场开放展开磋商。

二、依据本条第一款展开磋商形成的结果，构成本协议的一部分。

三、任一方均可在本协议规定的开放承诺的基础上自主加速开放或消除限制性措施。

第十七条　承诺表的修改

一、在承诺表中任何承诺实施之日起三年期满后的任何时间，一方可依照本条规定修改或撤销该承诺。如该承诺不超出其在世界贸易组织承诺水平，则对该承诺的修改不得比修改前更具限制性。

二、修改一方应将本条第一款所述修改或撤销承诺的意向，在不迟于实施修改或撤销的预定日期前三个月通知另一方。

三、应受影响一方的请求，修改一方应与其进行磋商，以期就必要的补偿性调整达成一致，调整后结果不得低于磋商前具体承诺的总体开放水平。

四、如双方无法就补偿性调整达成一致，可根据本协议第二十条规定解决。修改一方根据争端解决结果完成补偿性调整前，不得修改或撤销其承诺。

第四章　其他条款

第十八条　联系机制

一、双方同意由两岸经济合作委员会服务贸易工作小组负责处理本协议及与服务贸易相关事宜，由双方业务主管部门各自指定的联络人负责联系，必要时，经双方同意，可指定其他单位负责联络。

二、服务贸易工作小组可视需要设立工作机制，处理本协议及与服务贸易相关的特定事项。

第十九条　审议

自本协议生效之日起十二个月后，双方可每年召开会议审议本协议，以及双方同意的其他与服务贸易相关的议题。

第二十条　争端解决

双方关于本协议解释、实施和适用的争端，应依《海峡两岸经济合作框架协议》第十条规定处理。

第二十一条　文书格式

基于本协议所进行的业务联系，应使用双方商定的文书格式。

第二十二条　附件

本协议的附件构成本协议的一部分。

第二十三条　修正

本协议修正，应经双方协商同意，并以书面形式确认。

第二十四条　生效

一、本协议签署后，双方应各自完成相关程序并以书面通知另一方。本协议自双方均收到对方通知后次日起生效。

二、本协议附件一所列内容应于本协议生效后尽速实施。

本协议于六月二十一日签署，一式四份，双方各执两份。四份文本中对应表述的不同用语所含意义相同，四份文本具有同等效力。

附件一　服务贸易具体承诺表（略）

附件二　关于服务提供者的具体规定（略）

海峡两岸关系协会财团法人海峡交流基金会

会长　陈德铭　　　董事长　林中森

法律声明